2030
밀레니얼
세대는 이렇게
재테크
한다!

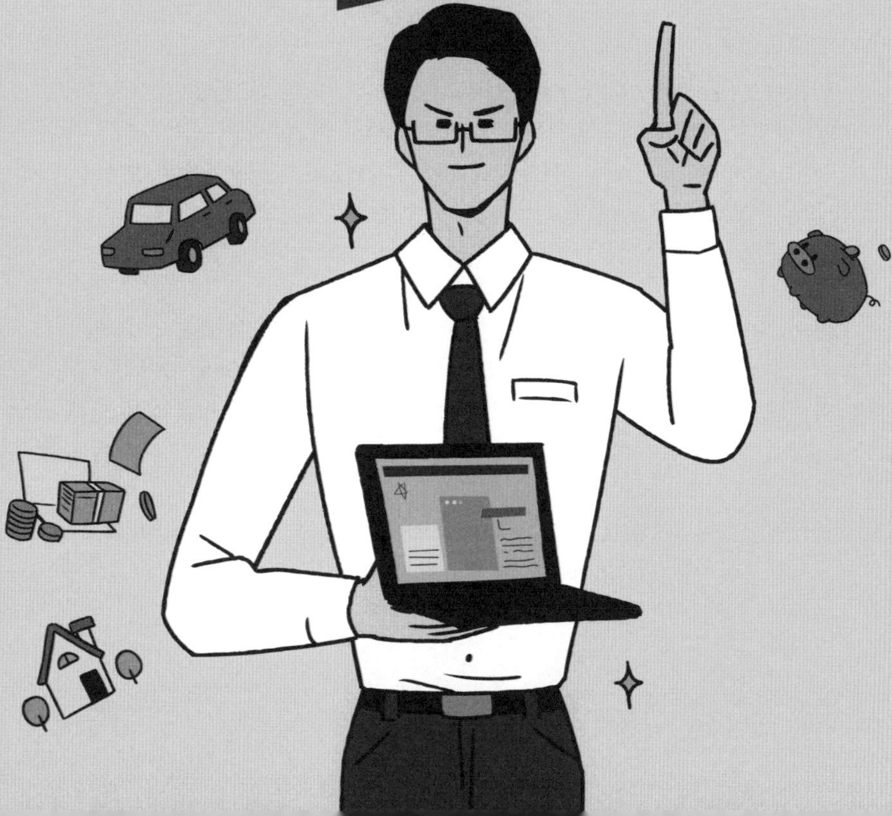

"가방도 사고 팔찌도 사고 피부 관리도 하고 싶었는데,
결국엔 큰 아이에게 악기를 사주고,
큰 언니가 투석한다고 하길래 보태고 나니 그 돈은 온데간데 없어졌습니다."

실제 1,000만 원이라는 돈이 갑자기 생겼을 때 친구 차경이의 말이다.

"난 날 위해 제일 먼저 옷과 액세서리를 사고, 우리 딸들과
신랑에게 용돈 주고, 친구들한테 시원하게 한턱내고 싶습니다."

만약 1,000만 원이 갑자기 생긴다면 이렇게 실천하고 싶다는 친구 남숙이의 말이다.

"100만 원은 옷을 사고 나머지 돈으로
자동차를 사는 데 보태서 여행을 다니고 싶습니다."

1,000만 원이 갑자기 생겼을 때 사회초년생 고객 인우 씨가 하고 싶은 일이다.

필자는 13여 년 전 우연히 "행복을 찾아서"라는 영화를 보고 감동을 받았는데 가끔 힘들 때마다 꺼내 보는 영화다. 우리가 사실 살아가면서 추구하는 가장 첫 번째 목표는 이 영화의 제목처럼 "행복"이라고 생각한다. 물론 저마다 행복의 기준도 다를 것이고 삶의 방식과 가치관도 다르겠지만, 한 가지 확실한 것 중 하나가 "행복"을 이루기 위한 수단으로 "돈"이 차지하는 비중은 크다는 것이다.

서두에 "만약 1,000만 원이 생긴다면 무엇을 하고 싶니?"라는 질문을 했을 때 그 대답이 필자가 생각하는 이론상 "40%는 저축을 하고, 30%는 펀드에 투자를 하며, 10%는 주식에 투자를 하고, 10%는 금을 사며, 나머지 10%는 나 자신과 주위를 위해서 돈을 쓰겠다."라고 모범적인 답안을 말하는 사람은 없다.

보통 돈이 생기면 자기 자신을 위해 써야 한다고 생각한다. 하지만 언니의 병원비를 도와준 친구와 주위 사람을 행복하게 해줄 수 있다는 상상만으로 행복한 친구, 아직은 젊기에

자기 자신만을 위해서 소비하겠다는 젊은 고객까지… 어떤 것도 "행복"이라는 관점에서 잘 못된 답은 없다.

"행복을 찾아서"라는 영화에 이런 대사가 나온다.
"누구도 너에게 '너는 할 수 없어'라고 말하도록 내버려두지 마. 너에게 꿈이 있다면 그걸 지켜."라고….

필자 또한 어릴 때 꾼 꿈을 어려운 가정환경으로 중도 포기했었지만, 지금은 수많은 꿈 중 많은 것을 이루었다. 그래서 사람들의 꿈을 지켜주고 싶어 '돈'을 매개로 다양한 사람들을 만났고, 각자의 돈 이야기를 듣기 시작했다. 그들은 자신이 생각하는 '목표' 달성을 위해 아끼고, 투자하며, 다양한 제도로 혜택을 받아 '삶의 목표'를 이뤄 조금이라도 '행복'을 찾고자 했던 사람들이었다. 이렇게 실제 상담을 바탕으로 쓴 이 책을 통해 돈에 대한 기본적인 마인드를 정립하고, 자신의 재무목표를 세우며, 현재의 지출을 점검해보고, 다양한 제도를 활용할 수 있는 방법을 찾아보고자 한다. 또한 자신에게 꼭 맞는 금융상품을 선택하여 직접 투자해볼 수 있기를 기대해본다.

이 책은 '재테크의 고수'가 더 부자가 되기 위해서 보는 책이 아닌, 대출 없이 내 집을 마련하고 약간의 비상금으로 걱정 없이 살 수 있는 '평범한 부자'가 되고 싶은 밀레니얼 세대인 사회초년생의 돈 관리부터 '부자 아빠와 부자 엄마'가 되고 싶은 모든 평범한 가장들이 참고하고 활용하여 자신들의 꿈을 키우고 실천할 수 있도록 구성하였다.

이 책을 통해 필자 역시 마지막 꿈을 꼭 이루고 싶은 게 있다. 현재 항암치료를 받으면서 '암'이라는 병마와 힘들게 싸우고 계신 '위대한 나의 어머니'가 꼭 오래오래 곁에서 함께 해주셔서 나의 꿈을 함께 쟁취할 수 있었으면 좋겠다.

마지막으로는 이 책이 날마다 출근하는 월급쟁이 그대들의 재테크 고민을 현실적으로 해결해줄 수 있기를 바란다.

서혁노

Contents

Contents

01

월급쟁이!
재테크에 관심을
가져야 하는 이유

직장인!
그대는 왜 돈 이야기를
불편해할까?

ⓦ 직장생활 10년 차에 월세 전전하는 재우 씨

사람에 따라 돈에 대한 생각이 다르고, 그로 인해 돈의 가치도 달라진다. 그러다 보니 지출도 제각각 다르다. 재우(가명) 씨는 직장생활 10년 차에 30대 중후반에 들어섰지만 아직도 월세 생활을 면하지 못했다. 그렇다면 월세에 사는 재우 씨의 생활패턴이 잘못된 것이라고 할 수 있을까?

어릴 때부터 우리는 자신이 원하는 것을 다 얻지 못했다. 그러다 직장생활로 돈을 벌게 되면서 자신이 하고 싶은 것들을 하나둘씩 해나갈 수 있게 되었다. 우선 내가 편히 쉴 수 있는 공간인 주거를 구입하고, 건강한 몸을 유지하기 위해 운동도 하며, 스트레스를 풀기 위해 지인과 밥을 먹기도 한다. 또한 자신을 좀 더 가치 있는 사람으로 만들기 위해 독서를 하고, 문화생활을 즐기며, 외국어를 공부하기도 한다. 때로는 재테크 강연도 듣는다. 자신을 꾸미는 일에도 소홀할 수 없기에 미용실에 가서 머리스타일도 바꿔보고, 두피에 맞는 기능성 샴푸도 써본다. 빠듯한 직장생활 와중에도 가끔씩 재충전을 위해 놀이동산을 찾고, 여행도 다녀온다.

'나'를 위해 정말 필요한 기본 지출만 했는데, 과연 이렇게 쓰인 돈 중에 잘못된 지출이 있었을까? 이러한 항목들을 가계부 쓰듯 목록에 나열하면 매달 나가는 월세, 관리비 · 전기세 · 수도세, 교통비, 식비, 외식비 및 용돈, 기호식품, 생필품, 경조사비용, 의류, 미용비, 보험료 등 도합 200만 원 이상의 지출이 발생한다.

급여를 500만 원 이상 받는 고액 연봉자가 아닌 일반인에게는 지출을 빼면 겨우 50만 원 정도의 돈이 남는데 이것도 학자금을 상환하면 남는 것이 없다. 대출 상환을 다하고 나서 이제는 저축 좀 해보려고 했더니 그마저도 여자친구와 '좋은 추억'을 만드는 데 돈이 필요하다.

과연 재우 씨가 잘못된 지출을 한 것일까?

₩ 결과에만 열광하는 우리들

재우 씨가 자동차까지 샀다면 아마 지금도 빚에 허덕였을지 모르는데, 오히려 현재의 상황을 칭찬해야 하는 건 아닐까? 보통 남이 나의 연봉이나 급여에 대해 궁금해하고, 내 돈의 가치를 따질 때에는 어떤 일을 해서 얼마만큼 벌었는지만을 생각한다. 이처럼 대개 돈에 대한 접근은 가볍게 이뤄진다. 돈을 얼마나 벌고, 그 돈으로 어떤 차를 타며, 어느 집에 사는가에 대한 생각밖에 없다. 결과 위주로만 보게 되는 것이다. 누구와 경쟁하며 어떠한 과정을 밟아왔는지에 관심 갖는 사람은 오직 나밖에 없다. 그렇기 때문에 더 좋은 것에 대한 부러움만 생기게 되고, 나의 일에 대한 허탈감만 커지게 된다.

이렇듯 우리가 돈 이야기에 불편함을 느끼고 민감해하는 이유는 돈을 어떻게 벌고 그로 인해 어떤 스트레스를 받았으며, 이를 통해 얻은 아픔을 공유하며 함께 해소하려는 게 아니라 얼마를 벌고 어떤 것을 샀는지에만 관심을 갖기 때문이다. 이는 결과만이 중요한 대학 입시를 보는 듯한 기분을 느끼게 한다.

물론 결과가 중요하다. 월급에 있어서 결과는 얼마만큼 모아서 내가 목표로한 것을 하나, 둘씩 이루는가이다. 가령 월급을 모아서 차량을 구입한다든지 월세에서 전셋집으로 이사를 갔다든지, 학자금대출을 전액상환했다든지…. 그런데, 이 결과의 끝은 대한민국에서는 다들 비슷한 것 같다. 자가마련 내지는 월세받는 부동산인 투자용 부동산의 매입 등이다. 하지만 그러한 결과를 내기 위한 노력이라는 과정도 분명 박수받아야 한다.

Ⓦ 월급 힘들 게 모아봤자 집 한 채 사기 어려워

이처럼 우리는 월급이 노동력과 시간을 투자해 얻는 돈이라는 것 외에 다른의미를 찾기 힘든 세상에 살고 있다. 물가가 올라도 너무 오른 현재의 서울에서우리가 받는 월급은 아끼고 아껴 모은다고 한들 아파트 한 채 사기 힘든 액수이며, 낮춰 잡아도 신축 빌라 하나 구입하기도 쉽지 않다. 하다못해 작은 오피스텔 한 채 사기도 어렵다.

재우 씨는 취업 후 많은 시간을 오로지 회사에 충성하며 곁눈질 한 번 하지않고 열심히 살았다. 그런데 재우 씨의 절친 남호가 너무 얄밉게 느껴졌다. 부모님의 성화에 못 이겨 미분양 아파트를 대출받아 구입한 후 매월 이자 내기가빠듯하다면서 밥값이며 술값 모두 재우 씨에게 미루던 친구가 지금은 상상도할 수 없는 자산을 소유하고 있는 반면, 재우 씨는 아직도 서울의 월세에서 벗어나지 못하고 있으니, 요즘 들어 계속 김건모의 "서울의 달"이라는 노래가 귓가를 맴돈다.

조금 다를 수는 있지만 대다수 사람들의 재무목표에는 주택 마련과 관련된 주택자금 모으기, 대출 상환, 투자용 주거 주택 등 자가 주택에 관련된 재무목표가 가장 꼭대기에 포진한다. 이것이 가장 중요하다는 것을 누구보다 개인 스스로가 더 잘 알고 있다. 그런데 상담을 진행하다 보면 의외로 꽤 많은 분들이 목표달성을 위한 저축을 하지 못한다고 한다. 저축을 하지 못하는 가장 큰 이유는 당연히 "생활비" 때문으로, 미래도 중요하지만, 당장 생활비가 중요해서 저축을 못한다고 한다. 물가가 계속 오르다보니 아무래도 월급이 올라도 늘 제자리 같은 느낌이 든다.

🏦 나이는 밀레니얼 세대지만, 소비는 Z세대처럼 하지 못하고 있는 재우 씨

필자가 학창시절과 사회생활을 막 시작할 때에는 6, 70년대 생의 X세대가 소비의 중심이었다. 그 후 2000년대 시대를 지나면서 1980년대부터 2000년대에 출생하여 2007~2008년발 전 세계적인 글로벌 금융위기 이후 사회생활을 시작한 밀레니얼 세대가 소비를 이끌어가고 있다. 밀레니얼 세대를 좀 더 세분화해 보면 1995년 이후 출생한 Z세대 등으로 나누어지는데, 밀레니얼 세대 중에서도 Z세대 같은 경우에는 '나를 중심'으로 생각하고 '오직 나'를 위한 소비를 한다. 재우 씨는 전형적인 밀레니얼 세대에 속한다. 모바일 기기를 이용한 소통에도 익숙하고, 거의 하루 종일 스마트 폰을 끼고 살며, 자신의 일상생활을 디지털 기기를 활용해서 친구들과 소통을 한다.

하지만 뭔가 계속 아쉬운 생각이 든다. 현재 재우 씨는 전체 인구의 40% 이상 분포하고 있는 40대 이하이며 경제활동의 주체인 밀레니얼 세대이지만, 다른 또래의 밀레니얼 세대처럼 주식도 하고, 갭 투자를 통한 부동산 투자도 하며, 부를 축적하지 못했다. 그렇다고 밀레니얼 세대의 가장 어린 세대인 Z세대처럼 자기 일에 재미를 느끼고 열정적이지도 않은 것 같았다. 곰곰이 자기 자신을 들여다보니 말은 근사하게 '밀레니얼 세대'이지만 직장생활 10년 차에 아직도 '월세'를 벗어나지 못한 재우 씨의 현실 때문에 더욱더 그런 기분을 느낀 듯하다.

02

10년 동안 저축했지만, 은행 잔고는 제자리걸음 수준

적금할 맛 나는 세상? VS 적금할 맛 안 나는 세상!

최근 "응답하라 1988"을 재방송으로 본 적이 있는데 성동일 씨가 17% 금리 저축상품에 가입하는 장면이 나왔다. 17% 금리로 매월 50만 원씩 10년을 꼬박 정기저축을 했다는 가정하에 이자와 지급액을 계산해보자. 총 불입액은 6,000만 원이고, 세금 공제 후 이자와 지급액의 경우 아래 표와 같다.

17% 금리 시 이자와 지급액

과세기준	세금 공제 후 이자	지급액
비과세(0.0%)	5,142만 5,000원	1억 1,142만 5,000원
저율과세(1.4%)	5,070만 5,050원	1억 1,070만 5,050원
세금우대(9.5%)	4,653만 9,625원	1억 653만 9,625원
일반과세(15.4%)	4,350만 5,550원	1억 350만 5,550원

위의 내용처럼 10년 대비 원금만큼 이자가 붙는다면 적금할 맛이 날 것이다. 그러나 2020년 현재 우리는 2% 미만의 금리 시대에 살고 있다. 매월 50만 원씩 10년을 2% 금리에 꼬박 정기저축을 했다는 가정하에 이자와 지급액을 계산해보면 다음과 같다. 총 불입액이 6,000만 원일 때 세금 공제 후 지급액을 보면

"응답하라 1988"에서 나온 17% 금리의 적금과 2020년 현재 2% 금리의 적금과는 고작 이자 12% 차이지만, 지급액은 약 4,000만 원가량 차이가 난다.

2% 금리 시 이자와 지급액

과세기준	세금 공제 후 이자	지급액
비과세(0.0%)	605만 원	6,605만 원
저율과세(1.4%)	596만 5,300원	6,596만 5,300원
세금우대(9.5%)	547만 5,250원	6,547만 5,250원
일반과세(15.4%)	511만 8,300원	6,511만 8,300원

결과를 보면 10년이라는 시간이 지나고 보니 이자 금액이 10배 차이가 난다. 예전처럼 저축을 해서 어느 정도 시간이 지나면 엄청난 이자가 붙는 시기에 사신 부모님 세대들은 아직도 은행이 최고라고 하는데, 정작 2%의 금리도 괜찮다고 생각하는 2020년의 우리에게 저축의 꿈을 꾸기에는 이자가 너무 적다. 그러다 보니 저축을 등한시하고 소비를 하는가 보다. 여행도 가고, 차도 사고, 비싼 월세 집에 살고….

아주 간단한 논리로, 이자가 높을 땐 은행에 저축하고, 지금처럼 이자가 낮을 땐 은행의 기능이 돈을 보관하는 금고 기능밖에 되지 않기 때문에 이자에 대한 기대는 하지 않는 게 좋다. 하지만 우리가 간과하고 있는 기능이 하나 더 있는데, 그것은 은행이 돈만 보관하는 곳이 아니라 돈을 융통해주는 기능이 있다는 것이다. 요즘처럼 저금리 시대에는 돈을 빌려 물가상승률 이상 수익이 나는 다른 대상에 투자하는 것도 좋은 방법인데, 최근에는 이런 투자 방식을 선호하는 사람들로 넘쳐나고 있다. 특히 젊은 층의 주식과 부동산 투자가 늘고 있다. 이들은 '한방 투자'에 대한 관심이 높다보니 전통적인 방법인 절약과 저축은 뒷전에 있다. 하다못해 차량 구매도 소비가 아닌 나 자신을 업그레이드 할 수 있는 투자대상이라고 생각하는 젊은이도 있다.

최근 중고 벤츠 차량을 구매한 고객과의 상담에서 벤츠 차량 구매에 대한 속사정 얘기를 들을 수 있었다. 자신이 벤츠를 타는 이유는 뜻밖에도 어떤 차를 소유하는지에 따라 만나는 여자친구가 달라지기 때문이라고 한다. 소형차보다는 중형차, 국산차보다는 외제차일 때 본인의 이상형에 가까운 여자를 만날 수 있다는 말과 더불어 데이트 비용도 차가 좋을수록 여자친구가 계산하는 횟수가 늘어나서 벤츠 차량을 구입했다고 한다.

은행 금리로 돈을 차곡차곡 모아 저축해 결혼을 하는 재테크만 있는 게 아닌 좋은 배우자를 만나서 연애·결혼을 하는 것도 하나의 재테크라고 보는 것이다. 그러다 보니 즐기고 쓰면서, 돈을 쉽게 불릴 수 있는 방법을 찾는 모양이다. 이렇게 돈을 불리면 지겨운 월급쟁이 생활에서 벗어나 가게를 차리든가 작은 건물이라도 사서 월세 소득으로 생활을 하고 싶어 한다. 은행의 금리가 낮다 보니 돈을 모으기 위해서 아끼고 절약해서 조금씩 불려나가는 게 아닌 한방에 인생이 바뀔 수 있다고 생각하고 점점 편리하고 쉬운 방법을 찾으려고 하는 것이다.

🆆 쉽게 일하고 많은 돈을 벌 수 있을까?

세상에 쉬운 일은 있다. 다만, 급여가 적을 뿐! 많은 이들이 쉽게 일하면서 돈을 많이 벌기를 원한다. 필자가 성장하던 시기에는 저축만이 살길이라고 생각했고, 돈을 안 쓰고 모아서 월세에서 전세로, 전세에서 자신의 집을 마련하는 순서로 대부분 살았다. 하지만 IMF를 겪으면서 특히 부동산의 경우 경매를 통해 자가 마련을 하면서 투자 마인드가 바뀌었다. 그렇게 비쌌던 부동산이 싼 값의 경매로 나오는 것을 보면서 10년을 전후로 각종 큰 위기(2007~2008년 금융위기, 2020년 코로나 사태 등)가 터지면 바로 융통할 수 있는 현금 등의 유동자산으로 공격적 투자를 했을 경우 시장 수익 이상의 소득을 가져갈 수 있게 되었다.

비단 투자 마인드만 바뀐 게 아니다. 사람들도 바뀌었다. 더 이상 60~70년대의 가난과 함께 하는 사람들도 아니고, 80~90년대 개발 부흥이 일어나다 IMF를 겪은 세대도 아닌 2000년대의 풍족한 삶을 살고 있는 사람들로 바뀌었다. 가끔 평일에 홍대에 가보면 중ㆍ고등학생들을 많이 보는데 '이 친구들은 어디에서 돈이 생겨 저렇게 지출을 할까?'라는 생각이 든다. 아르바이트를 해서 모은 돈으로 소비하는 친구들도 물론 있겠지만 대부분 부모로부터 받은 용돈으로 지출하는 경우인데 맞벌이 부부가 많아지면서 엄마, 아빠가 준 카드로 지출하는 청소년들이 많아졌다. 요즘은 자녀가 한 명인 경우가 많아서 부모가 자녀를 애지중지 키우는 경우가 많다. 부모는 이러한 용돈에 자녀 교육비까지 과도하게 떠안아야 하는 현실에 부딪히고 있다.

홍대에 있다가 연남동에 가보면 또래의 전업주부들을 많이 볼 수 있다. 그들은 자녀들이 고등학교를 졸업해서 조금은 시간적ㆍ정신적으로 여유 있는 모습이다. 재미있는 사실은 중간 세대가 보이지 않는다는 것이다. 물론 주말에는 커플이나 친구들끼리 모임을 갖는 젊은 세대들을 볼 수 있긴 하지만 평일에는 이마저도 드물다. 카페에서 차 한 잔 마시면서 파란 하늘을 보고 지나가는 사람들을 구경하는 여유로운 삶을 누구나 꿈꾸지만, 급여통장이 가득 차 있지 않는 한 돈을 벌기 위해 일터로 먼저 향해야 한다.

ⓦ 10년 전으로 다시 돌아간다면 부자가 될 수 있었을까?

은행의 금리도 물가도 바뀌었고, 소비하는 사람들의 성향과 트렌드도 바뀌었는데, 나만 똑같다면 무엇이 문제일까? 또한 시간을 돌린다면 과연 무엇을 어떻게 해야 할까?

처음에 언급한 재우 씨가 지난 10년 동안 모았던 돈은 현재의 월세 보증금뿐이다. 지나고 보니 재우 씨에게 지난 10년은 금방 지나간 시간이었고, 뭔가 남지도 않을 소비만 주야장천했다. 그러나 재우 씨는 아주 당당히 말한다. 10년 전 은행 이자가 4%도 채 되지 않았기 때문에 아끼고 저축해봤자 원금에서 조금밖에 이자가 붙지 않았고, 그마저도 물가상승률을 대비해서 생각하면 오히려 마이너스 투자라고 말이다. 하지만 재우 씨는 비상금조차 없다.

또 만약에 재우 씨가 미래에 투자하는 데 10년이라는 시간을 보냈으면 어땠을까? 10여 년 전 연남동은 지금의 모습과는 많이 달랐다. 아주 오래된 빌라와 장마가 오랜 시간 오면 물에 잠기는 반지하의 작은 가게들, 낡은 시장들이 있었다. 현재의 인스타그램에 핫한 가게와 연트럴파크는 상상도 할 수 없는 지역이었다. 홍대 상권이 과부하에 걸리면서 홍대와 인접하고 비교적 임대료가 저렴한 연남동으로 가게가 이전하게 되었고, 때마침 서울 시장이 도심재생사업의 일환으로 새로 짓는 재개발이 아닌 연남동 특유의 저층주택과 군데군데 골목길의 특성을 살린 도심재생과 홍대 공항철도 개통을 추진하게 되었다. 여기에 경의선 숲길까지 조성되면서 연남동은 한층 활기를 띠게 되었다.

지금 생각하면 3박자를 넘어서 개발될 수 있는 모든 환경을 4박자, 5박자 다 갖추었다고 본다. 이런 계획안이 처음 나왔을 때 인근의 낡은 단독주택이나 자투리땅을 산 사람들이 지금은 몇 배의 차익을 얻어 부자가 됐다. 조급하게 짧은 기간에 고수익을 기대하다 보면 오히려 마이너스 투자가 되는 경우가 많다.

10년이라는 시간을 두고 투자를 한다면 결과는 달라진다. 우리의 재우 씨가 현재 이런 결과를 알고 과거 10년 전으로 돌아가면 부자가 되었을까? 결과를 봤으니 아마도 '빚'이라도 내서 투자를 했을 것이다. 그러나 재우 씨는 이런 모든 계획을 알고 있었어도 부자가 못되었을 거다. 투자를 하려고 해도 최소한의 목돈이 없었기 때문이다. 그렇기 때문에 돈을 모으는 가장 좋은 습관인 저축은 기본이다. 그러나 과거에 높은 금리에서는 저축만의 재테크가 가능했지만 현재의 저금리 시대에는 저축만으로는 돈을 불려나가기는 힘들다.

03

월급쟁이 월 소득 실수령액을 좌지우지하는 항목

₩ 내 통장은 오늘도 텅텅

우리는 급여에 관해서 불편한 진실에 둘러싸여 있다. 도대체 왜 내가 피땀 흘려서 일한 대가가 급여 날이 지나면 텅텅 비는 걸까? 일단 급여를 받기 전 빠져나가는 소득세 부분과 4대 보험에 대해서는 뒤에서 다루기로 하고, 시간이 지나면서 급여는 조금씩 올라가는데 '왜 자꾸 해가 지날수록 급여가 그대로일까?'라는 생각을 하는 요인들을 찾아보자.

통장이 텅텅 비는 이유에는 여러 가지 요인이 있다. 의식주를 기준으로 끝없이 올라가는 주택 값과 한 해 한 해 뛰는 전세와 월세, 전기세, 수도세, 교통비, 밥값, 술값, 의류비 등. 누가 말했던가… "이유 없는 지출은 없다고…." 여러 가지 연유의 지출이 많은 것도 한몫한다. 늦잠을 자서 가령 출근이 늦어져 택시를 탔다든지, 직장 내 업무 스트레스로 커피를 마셨다든지, 또한 생각지도 않았지만 "특별세일"로 업무용 의류(?)를 갑자기 살 수도 있다. 이렇듯 이유 아닌 이유의 지출이 우리의 통장을 텅텅 비게 하는 1차적 요인이며, 2차적 요인으로는 나의 의지와 상관없는 사회적 현상이다.

은행 금리를 좌지우지하는 기준금리

　최근 몇 년 사이에 소폭 인상되었던 기준금리가 서서히 0%대의 금리와 가까워지고 있다. 글로벌 경기둔화로 인해 0%대 금리 시대가 곧 다가올까 봐 걱정이다. 기준금리는 중앙은행인 한국은행이 물가와 경기변동에 따라 시중에 풀린 돈의 양을 조절하기 위해 인위적으로 결정하는 금리인데, 쉽게 말해서 시중은행의 금리를 좌지우지하는 기준이 되는 금리라고 생각하면 된다.

　당연히 기준금리가 오르면 시중은행의 금리도 오르고, 기준금리가 내려가면 시중은행의 금리도 내려간다. 이런 기준금리의 변화는 이자소득자뿐 아니라 주택장만을 위해서 대출을 받은 주택소유자에게도 굉장히 중요하다. 은행의 대출 금리 1~2% 인상으로 인해 상환하는 사람 입장에서는 아이 사교육까지도 못 시킬 상황이 올 수 있고, 금리 인상과 인하 여부에 따라 주택 구입을 망설이던 잠재 고객의 결정에 변동이 생기면서 부동산 시장의 흐름이 바뀔 수도 있다.

　1970년대 개발 붐이 한창이던 시점에 은행 금리는 연 25%까지 올라갔을 때도 있었다. 국가의 건설개발과 맞물려 시중의 자금들을 은행으로 끌어모아 이 자금으로 국가 및 기업은 SOC 산업 및 기업의 신산업 자금으로 활용해 기업도 커 나갈 수 있었다. 이 시기를 지나서 우리나라 최초의 아시안게임과 올림픽이 열렸던 1980년대에는 은행 금리가 17% 정도였고, 1차 신도시 개발로 인해 전국에 신도시, 아파트 바람이 한창 거세던 1990년대에는 13~15%의 은행 이율을 주다가 IMF를 겪으면서 은행 금리는 한 자릿수로 훅 떨어졌다.

　2000년대 초까지만 하더라도 7~8%의 금리 상품이 나왔으나 2007~2008년 전 세계적인 금융공황을 겪으면서 우리나라의 금리는 5% 미만, 즉 3~4%의 금리를 유지하다가 현재 1~2%의 금리 기조를 보이고 있다. 과거 특히 "응답하라" 시리즈의 시대 배경을 상징하는 숫자 '19'가 앞에 붙던 시기에는 부모님 말

씀대로 저축만 해도 미래의 어떤 목적을 달성할 수 있었다. 물가상승률보다 몇 배나 많은 이자를 지급했기 때문이다.

그런데 2000년 이후로 돈을 벌어온 우리의 재우 씨는 은행에 저축해봤자 1% 대의 이자 수익을 내는 게 고작이다. 물가상승률보다 낮은 금리라면 저축을 해 봤자 별 이득이 없다는 핑계로 저축하지 않았다.

그렇다면, 지금 우리는 저축을 하지 말아야 할까?

저축만큼 절약 습관을 갖추게 하고, 목돈을 만들 수 있는 좋은 상품은 없다. 그렇다면 저축을 잘할 수 있는 방법을 찾아보자. 요즘처럼 4초(超)(초고령화, 초저금리, 초저출산, 초고세금) 시대에 비과세 상품, 특판 상품, 가산금리 상품 등 적금 상품을 필요에 따라 자판기 음료수처럼 손쉽게 뽑아낼 수 있다면 얼마 나 좋을까?

현대 사회는 고령화와 실업 등을 해결하기 위해 복지혜택을 점차 늘리고 있다. 문제는 출산율은 점점 낮아지고 있다는 것이다. 이로 인해 세금을 내는 사람의 숫자는 계속 줄어드는 데 반해 복지혜택을 제공해야 하는 상황들은 점점 늘어난다. 오늘날 우리는 증세를 할 수밖에 없는 필연적 상황에 부딪히며 살아가고 있다. 제일 좋은 증세 방법 중 하나가 소득세 부과이다.

은행에 적금을 하면 '이자'라는 소득이 발생하고, 거기에 따른 '이자소득세'라는 세금이 발생한다. 그렇기 때문에 지금처럼 금리가 낮을 때에는 최대한 이자소득세를 적게 부과하는 상품 순으로 가입해야 한다. 비과세 저축 상품이 있으면 가장 먼저 가입을 고려해야 하고, 그다음으로 1.4% 세금을 떼는 농·수·신협과 새마을금고의 조합원 저축, 세금 우대 저축 순으로 저축해야 한다.

은행은 고객이 맡긴 돈에 대한 이자와 고객에게 빌려준 돈의 대출금리의 차이인 예대마진을 통해 수익이 발생하는 구조다. 은행 입장에서는 고객에게 대출이자를 많이 받는 게 수익 측면에서 효과적이다. 이를 위해 은행은 계속 외부에서 자금을 조달하려 할 것이고, 타 은행보다 조금이라도 높은 이자를 지급해서라도 고객을 유치하려 할 것이다. 이러한 경우 특판 상품을 출시하며, 일부 제한된 인원을 대상으로 하지만 시중금리보다 꽤 높은 금리의 상품을 출시하기도 한다. 또한 기술력의 발달로 모바일 연동이나 통신사 연계 시 우대금리를 제공하는, 기간 한정적인 가산금리 상품도 출시되고 있다. 지금부터 돈을 모아서 재테크를 해야 하는 재우 씨는 이러한 방법을 활용해서 저축을 해야 한다.

그런데 금리처럼 모든 게 내린 건 아니다. 오히려 많은 항목은 올랐다. 현재 6,000원 하는 자장면 가격은 불과 2000년 초반만 하더라도 3,000원밖에 하지 않았다. 또한 당시에 대중교통 비용도 600원밖에 하지 않았으며, 삼겹살 1근(600g) 값도 3,000원밖에 하지 않았다. 지금으로서는 상상도 할 수 없는 가격이다.

"내 월급 빼고는 다 올랐다."라는 말이 있다. 물가가 매년 오르다 보니 불과 1~2년 전 7~8,000원에 살 수 있던 상품들이 이제는 1만 원에 구입해야 하는 상황까지 왔다. 그만큼 실물 자산의 가치가 상승한다는 건데, 과연 그만큼 급여는 인상되었을까? 물론 어떤 이는 물가상승률에 상응하는 수준으로 급여가 올랐을 수도 있지만 대다수는 그 이하일 것이다.

이렇게 물가가 상승하면 화폐가치는 하락한다. 물가는 보통 상품이나 원자재의 가격 상승과 통화량의 지나친 증가, 물가오름세 심리 확산 등의 이유로 상승하게 된다. 물론 물가상승의 가장 중요한 원인으로 물건을 사려는 사람이 증가하는 데 반해 공급이 수요를 따라가지 못하는 경우가 있다.

자장면 40년새 150배 올랐다
2004-08-12

1960년 시내버스 요금이 8원이던 시절 자장면 한 그릇값은 3배 이상 비싼 20~30원이었다.

하지만 2000년 들어 시내버스 요금은 600원이지만 자장면 값은 5배나 비싼 3,000원으로 역전됐다. 40년 동안 버스료는 75배 오른 반면 자장면 가격은 무려 100~150배나 껑충 뛰어올랐기 때문이다.

11일 서울시정개발연구원이 펴낸 월간 서울연구포커스 15호중 '1960년대부터 2000년까지 서울시민 가계지출의 변화'에 따르면 시내버스 요금은 65년 8원에서 시작해 70년대 15~80원으로 올랐고 80년대까지 계속 200원 미만이었다가 92년 이후 200원을 넘어 98년 500원, 2000년 600원, 현재 800원까지 인상됐다.

서민들이 체감하는 물가 수준을 잘 보여주는 지표 가운데 하나인 자장면 값은 68년 50원, 74년 138원, 80년 350원 등 90년 상반기까지 매년 20%씩 인상돼 91년 1,400원, 93년 2,000원대를 기록한 뒤 90년대 후반 3,000원대로 올랐다. 이밖에 택시 기본요금은 72년 90원, 80년 500원, 82년 600원, 89년 700원, 94년 1,300원에서 2001년 1,600원으로 각각 올랐다. 63년부터 2000년 사이 쌀값(80kg 1가마)은 3,010원에서 20만 2,532원으로 약 67배 증가했다.

지하철이 처음 개통된 1974년 당시 지하철 1호선 기본구간 요금은 30원. 이후 81년 100원, 86년 200원, 93년 300원, 95년 400원, 99년 500원으로 올랐다. 지난달 1일 단행된 대중교통체계 개편과 함께 구간제가 폐지되면서 12km 이내 기본요금은 800원(교통카드 기준), 6km마다 100원씩 추가되는 거리비례제로 바뀌었다.

한 택시기사는 "20년 전만 해도 기본요금을 받으면 자장면 한 그릇 사먹을 정도는 됐는데 지금은 두 배는 뛰어야 겨우 한 그릇 먹을까 말까한 형편"이라고 말했다.

* 이처럼 16년 전 기사에서도 물가상승에 대한 우려를 표했다.

출처 / 서울신문

Tip

통계청 – 통계로 시간여행

아래 사이트에서는 원하는 연도의 물가를 한눈에 쉽게 파악할 수 있다.

국가통계포털(http://kosis.kr/visual/statisticTimeTour)

아래 사이트에서는 현재 판매되고 있는 제품의 월별 · 분기별 가격 추이를 볼 수 있고, 지역별 외식상품의 가격을 통해 물가를 확인할 수 있다.

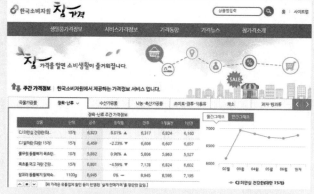

한국소비자원 참가격(https://www.price.go.kr/tprice/portal/main/main.do)

금리와 물가는 어떤 관련성이 있는 걸까?

　시중은행의 금리가 계속 떨어지면 은행에 저축하는 비율이 낮아진다. 그 대신 대체 투자상품 수요가 늘거나 시중에 자금이 풍부하게 움직인다. 결국에는 시중에 통화량이 증가하는데, 가계는 저축할 돈으로 소비를 늘린다. 당연히 기업의 입장에서는 제품이 잘 팔리니 생산량을 증가시킬 것이다. 그러다 보면 일하는 직원과 제품을 만드는 기계가 부족하여 고용을 늘리고 투자를 확대한다. 고용 인원과 설비투자 금액이 올라가면 당연히 기업주의 입장에서는 제품 가격을 올린다. 이렇듯 금리와 물가는 큰 틀에서 보면 역의 상관관계를 갖고 있지만, 금리에 대한 정의를 살펴보면서 금리와 물가의 관계를 조금 더 구체적으로 살펴보고자 한다.

　먼저 금리란 빌려준 돈에 대한 이자나 빌릴 때 내야 하는 사용료, 즉 이자를 말한다. 그렇다면 금리를 올리는 게 좋을까, 아니면 내리는 게 좋을까? 은행에 예금이나 적금을 하려는 입장에서는 금리를 올리는 게 좋고, 은행을 통해 돈을 빌리는 사람 입장에서는 금리를 내리는 게 좋다. 이를 투자에 적용해보면 금리가 오르는 사이클에서는 돈을 빌려 투자하기보다는 은행에 돈을 맡기는 게 더 유리하며, 금리가 내려가는 사이클에 있다면 은행 등에 돈을 예치하는 것보다는 돈을 빌려 투자하는 것이 나을 수 있다. 이런 기준하에 정부의 금리정책을 통한 경기부양책은 결정된다.

　금리가 오르는 사이클에서 개인은 저축을 많이 하지만, 역으로 개인이 아닌 대출을 받고 있는 기업은 금리상승으로 인해서 대출비용이 상승한다. 이는 곧 기업이 대출을 받아서 공장이나 생산량을 확장하고, 곧 고용으로 가는 기업의 투자형태가 더이상 늘어나지 않고 줄어드는 현상이 발생한다는 것이다.

개인은 은행의 이자가 높아서 소비를 줄이고 은행에 저축과 예금을 하며, 기업은 은행의 이자가 계속 올라가다 보니 시중의 돈이 돌지 않고 은행에 묶이게 된다. 이로 인해 수요가 줄어들고 경기불황이 발생한다. 물가가 지속해서 하락하면 결국 소비자들이 물건 가격이 더 내려갈 때까지 소비를 기다리는데, 이는 기업의 입장에서는 가격을 낮추는 요인이 된다.

소비가 침체되면 경기불황에서 벗어나오기 힘들어지는데, 이런 현상을 디플레이션이라고 한다. 즉 디플레이션이란 물가하락으로 인해 경기불황이 오는 현상이다. 참고로 디플레이션이 예측될 때에는 금리를 내려 시중에 돈이 돌게 한다. 경기불황에서 수입 원자재 가격이 상승하면 물가가 상승하는 경우도 발생하는데, 이를 스태그플레이션이라고 한다. 이렇듯 물가와 금리는 아주 특별한 상관관계를 나타내고 있다.

ⓦ 금리와 역의 상관관계에 놓인 주가

기본적으로 금리와 주가, 채권, 부동산은 반비례의 관계다. 우리나라 주식 시장은 1980년도에 100포인트로 출발해서 현재 2,000포인트 초반 대를 형성하고 있다. 참고로 2002년 분할 전 네이버와 삼성전자의 주가가 각각 2만 원, 14만 원대였으니 엄청나게 뛰긴 뛰었다〈2020년 7월 17일 종가 네이버 27만 6,000원(1/5 분할 후 가격), 삼성전자 5만 4,400원(1/50 분할 후 가격)〉.

현재처럼 기준금리가 내려가고 은행의 금리가 떨어지면 은행에 있던 돈은 채권 투자로 이동하게 되는데, 이렇게 채권을 통해 어느 정도 수익을 올리면 채권을 매도하고 부동산 규제를 지켜본 후 부동산으로 옮겨 탄다. 당연히 대출금리까지 떨어졌으니 투자하기 좋은 시기다. 그러다가 부동산 규제가 시작되면 주식 시장으로 투자자금은 다시 이동한다.

주식을 통해 얻는 수익이 등락을 통해 4% 내외일 때 은행의 예금금리가 4%로 올라갔다고 가정해보자. 평상시 엄청나게 노력해서 기껏 올린 수익이 4%인데, 은행에 돈을 예치해서 쉽게 4%의 수익을 가져온다면 사람들은 대부분 "안정적인 수익의 투자"를 선호할 것이다. 그러므로 은행의 금리가 올라가는 상승 시기에는 많은 사람들이 주식 시장에서 돈을 빼서 은행에 예치하기 시작하고, 이때 주식 시장은 하락한다. 물론 금리 상승 시기에 경기회복이 겹치면 기업의 실적 호전으로 인해 풍부한 유동성이 주식 시장으로 공급되어 주가를 끌어올리는 예외 상황도 발생한다.

채권 시장 또한 마찬가지다. 채권 투자는 크게 채권의 가격 변동으로 인한 수익과 명시되어 있는 이자로 수익을 받아간다. 물론 채권 자체가 돈을 갚아야 한다는 증서이기 때문에 발행하는 주최의 신용도, 시장에서의 가격 변동의 위험성은 공존한다. 여기서 채권의 수익을 낼 수 있는 일부분인 채권 이자는 고정금리다. 3%의 이자를 주는 상품의 채권을 구입하면 회사가 망하지 않는 한 만기 시 3%의 확정금리를 받는다. 그런데 채권 투자의 또다른 수익구조인 채권 가격은 변동한다. 특히 금리의 변동과는 밀접한 관계가 있다. 예를 들어 A라는 기업이 3% 이자로 회사채 1,000만 원을 발행했다고 가정하자. 그런데, 금리 상승기에 접어들면서 한 달 후 다른 기업들이 발행하는 회사채 채권은 6% 금리로 회사채를 발행한다고 하면(기업의 신용평가는 같다는 기준) 사람들은 어느 기업의 회사채에 투자할까?

결국 이자가 적은 A기업의 회사채 채권은 사람들이 외면할 것이고, 거래를 하기 위해서는 A기업의 회사채는 50만 원을 할인한 950만 원에 채권을 팔아야 한다. 즉 이자 변동이 없는 채권은 또다른 수익의 한 부분인 채권가격의 변동으로 인해 금리 하락 시에 더 우대받는 상품이다.

이처럼 금리 하락기에는 부동산을 사서 보유하다가 금리 상승기가 도래하면 매도해서 주식 시장에 투자하는 것이 좋다. 그러다가 금리가 정점으로 치닫게 될 때는 보유하고 있는 주식은 처분하고, 높은 금리의 은행 예금상품으로 자산을 보유해야 한다. 이런 기본적인 투자구조 속에서 국가의 경제성장률이라는 데이터를 접목하여 주식 시장을 예측해야 한다. 아무리 금리가 떨어지더라도 경제가 성장하지 않으면 단기적인 상승 요인밖에 되지 않는다.

ⓦ 정부 정책을 눈여겨봐야 하는 이유

오를 때로 오른 서울, 경기 지방의 아파트를 제 돈 내고 사는 사람은 드물다. 갭투자라든지, 아님 주거용 주택일 경우 가장 보편적으로 하는 방법이 대출을 받아 구입하는 것이다. 즉 금리 인상은 곧 대출을 끼고 주택을 산 사람들과, 앞으로 대출을 끼고 주택을 살 사람들에게는 대출이자에 대한 부담감을 준다. 따라서 부동산 수요가 줄어들어 가격 하락을 부추긴다. 반대로 금리가 하락하면 부동산 수요자가 늘어나고, 이는 곧 부동산의 상승 시기를 부추긴다. 이러한 부동산의 변화는 정치적인 영향과 인구 밀도가 높은 지리적인 특성 이외에도 금리 하락 시기와도 맞물려 있다.

2008년 세계적인 금융위기가 있고 나서 새로 출범한 정부에서는 기준금리를 올렸다가 내렸다가를 반복했다. 그로 인해 은행 금리가 5% 밑으로 떨어지기 시작했다. 여기에 발맞추어 부동산 완화정책도 펼쳤다. 예대마진으로 먹고사는 은행의 입장에서는 정부규제의 완화를 호재 삼아서 돈을 시중에 풀었다. 때마침 기준금리의 인하로 담보대출 이자는 떨어졌고, 거기에 맞추어 정부에서는 각종 부동산 부양책을 폈다. 정부의 정책에 반한 투자를 해서 돈을 버는 경우는 거의 없었다. "빚내서 집을 사라"고 할 정도였으니.

이러한 금리 인하와 부동산 정책으로 인해 많은 사람이 역세권 낡은 주택을 사들여서 월세를 받을 수 있는 원룸 형태로 다 바꾸었고, 이로 인해 현재까지 서울과 수도권 등의 청년들의 주거비 부담이 늘어날 수밖에 없었다. 이뿐만 아니라 단독주택 등을 사들여 다세대 빌라를 새로 지으면서, 뛰는 아파트 값만큼이나 빌라 가격마저 올랐다. 이 때문에 청년들은 높은 월세로 인해 저축을 할 수도 없었을 뿐더러 아파트는 진작 포기했고, 빌라마저도 가격이 자꾸 올라가다 보니 재우 씨처럼 결혼을 자꾸 늦추게 되었다.

사실 이런 부동산 가격에 기름을 부은 게 하루가 다르게 치솟는 서울시의 아파트 값인데, 은행 금리가 25%에 육박했던 1970년대에 강남 신도시 개발로 시작된 아파트 건설 붐으로 아파트는 이제 서울과 수도권을 넘어 전국적으로 주택의 유형으로 자리 잡았다. 필자가 어렸을 때만 하더라도 아파트는 조금 산다는 사람들의 주택 구조였는데, 지금은 우리나라의 대표적인 주거 형식이 되었다. 사실 이런 아파트는 작은 면적에 여러 사람들을 살게 하기 위해 만든 공동주택이며 19세기 미국 뉴욕에서는 이민자를 수용하기 위해 만들었다. 그런데 왜 우리나라에서는 아파트 값이 이렇게 자꾸 겁 없이 올라가는 것일까?

그 이유는 1기 신도시(평촌, 분당, 일산, 중동, 산본)의 성공에서 찾을 수 있다. 1기 신도시는 학교 · 대형마트 · 교통수단의 3박자를 갖춰 편리한 생활을 영위할 수 있다는 장점으로 성공할 수 있었다. 이로 인해 아파트는 주거 목적의 주택이기도 했지만 시간이 지나면서 오르는 집값으로 투자의 가치가 있다고 판단하였다. 은행의 금리가 점점 떨어지면서 대출의 문턱도 많이 낮아졌으며, 저축의 금리로는 치솟는 물가를 따라가기에는 힘들다는 생각도 있었다. 또한 일자리를 찾아서 서울과 수도권으로 사람들이 몰려들면서 수요에 따른 공급량 부족으로 아파트 가격은 계속 상승했다.

금리는 점점 내려가고 이제는 물가상승률 밑으로 떨어지는 마이너스 금리로 인해 돈 많은 사람의 전유물로 여겨졌던 아파트 투자가 누구나 갭 투자로 가능한 투자수단이 되었고, 정부의 부동산 완화정책과 맞물려 아파트뿐만 아니라 다른 모든 주택류(類)도 가격이 올라가면서 소위 말하는 부동산 폭등이 이뤄졌다.

이러한 상황으로 사람들은 아파트를 투자 내지는 투기 목적으로 보고 있다. 사람들의 이러한 인식이 바뀌지 않는 한 아파트의 가격은 떨어지지 않는다. 많은 사람들이 투기가 아닌 주거의 목적으로 봐야 오를 대로 오른 주택의 가격이 제자리를 찾을 것이다. 그래야 오늘날의 재우 씨가 저축을 하고 결혼을 하며 아이를 낳을 수 있다.

04

월급보다 높은
집값, 교육비, 세금

🏦 내 집 마련이 꿈인 부부

여기서는 실제 재무 상담사례를 예로 들어 집값 문제를 살펴보려고 한다. 내집 장만이 꿈인 수도권에 살고 있는 30대 부부의 평균 실수령액은 500만 원이다. 초등학교 아들을 두고 있는 이 부부는 현재 전세대출을 5,000만 원 받은 상황에서 1억 5,000만 원의 빌라에 전세로 살고 있다. 이 부부의 가계부를 보면 다음과 같다.

정기지출	
주거비	20 만 원
통신비(인터넷,TV포함)	15 만 원
아이 교육비	25 만 원
태권도나 음악,미술학원	15 만 원
교통비(차량유지비 포함)	35 만 원
보장성보험료	35 만 원
식비	100 만 원
생필품비	5 만 원
남편 용돈	30 만 원
아내 용돈	30 만 원
아이 용돈	5 만 원

대출 상환	35 만 원
할부 지출	20 만 원
비정기지출	
경조사비(1년 통계치)	10 만 원
의류, 미용비	20 만 원
자동차 관련(보험,세금,오일,포함)	15 만 원
여행,휴가비,명절 비용	30 만 원
총 지출액(비소비성 지출 제외)	**445 만 원**
월 잉여자금	**55 만 원**

재무목표

1순위	내 집 장만
2순위	대출 상환(내 집 장만 시)
3순위	교육비
4순위	노후

부모님한테 물려받은 돈이 없는 보통의 우리인 흙수저들은 기본적으로 이 부부와 비슷한 가계 흐름을 보인다. 아내가 아르바이트도 아닌 맞벌이를 해도 결국에는 저축할 수 있는 여력이 55만 원인 것이다. 그렇게 큰 소비도 없는데 말이다. 내 집 장만하기가 참으로 어려운 현실이다. 급여 상승률만큼 물가가 상승하고 아이 교육비가 늘어나며 단순하게 부부의 저축 여력이 55만 원이라는 가정하에 10년간 저축을 해도 55만 원 × 12개월 × 10년 = 6,600만 원밖에 되지 않는다.

1억 원(지금까지 모은 순 자산) + 6,600만 원(10년간 저축해서 모을 돈) = 1억 6,600만원

집값이 10년 동안 뛰지 않는다는 가정하에 25평대 수도권 아파트 시세를 4억이라 해보자. 주택 장만을 하게 되면 이 부부는 40대 후반에 2억 3,400만 원의 부채가 발생(전세자금 미상환 시)하여 3.5% 대출금리 기준으로 원금균등 상환 30년 시 매월 133만 8,194원의 지출이 더 생긴다. 결국 물가상승률과 소득상승률을 감안하지 않고 보면 현재의 55만 원 저축 여력에 10년 동안 열심히 모아서 주택 구매를 하더라도 약 79만 원의 마이너스 현금 흐름을 갖게 된다. 어두운 현실이다.

그래서 한두푼이라도 비용을 줄일 수 있는 항목을 찾는 것이고, 이왕 이런 결과가 나오는 거 좀 더 젊을 때 대출을 받아서 집값이 폭등하길 바라는 마음으로 구입하는 것이다. 그래서 자꾸 수요층이 늘어나게 된다. 임대주택에 입주하지

않고 아파트를 산다면, 분양 제도를 활용하는 게 어찌 보면 가장 싸게 주택을 마련할 수 있는 방법이다. 하지만 시간이 지날수록 집값은 뛰고 경쟁자가 많아지다 보니 당첨을 확신할 수 없어, 비교적 저렴하지만 앞으로 오를만한 집을 찾게 되는 것이다. 집값을 잡지 못하는 요인 중에 하나가 우리 자신에게도 있다는 사실도 잊어서는 안 된다. 물론 정부에서 대량의 아파트를 공급하여 분양한다면 문제가 생기지는 않겠지만 말이다.

ⓦ 월급보다 높은 교육비

결혼을 하고 나서 주택문제를 해결했다고 하더라도 자녀의 사교육비 또한 만만치가 않다. 어린 자녀를 둔 부모라면 누구나 자녀에게 해줄 수 있는 것이 무엇일지 고민한다. 맛있는 것을 사주는 것일 수도 있고, 올바르고 건강한 아이로 자라기를 바라는 것일 수도 있으며, 좋은 학교에 보내는 것일 수도 있다. 이처럼 부모는 자녀가 미래에 불편함을 겪지 않도록 어릴 때부터 여러 가지를 준비해주기 위해 노력한다.

물론 저출산으로 인한 학교의 학생 수 감소로 사교육 참여율이 2007년 77.0%에서 2016년 67.8%으로 지속적으로 감소했다. 이후 2017년 71.2%, 2018년 72.8%로 다시금 증가하고 있지만, 1인당 사교육비의 총액은 크게 바뀌지 않았다. 2018년 기준 사교육 참여학생 1인당 사교육비는 월평균 39만 원을 지출하고 있으며, 월평균 50만 원 이상 지출하는 학생 비중도 21%가 넘는다. 고등학생의 경우 월평균 50만 원 이상의 사교육비 지출로 2007년 대비 대략 19만 원 정도 증가했다.

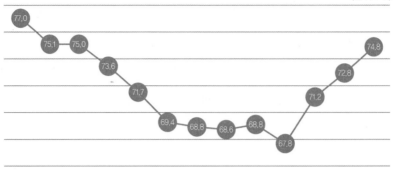

사교육 참여율

(단위 : %)

77.0 75.1 75.0 73.6 71.7 69.4 68.8 68.6 68.8 67.8 71.2 72.8 74.8

2007 2008 2009 2010 2011 2012 2013 2014 2015 2016 2017 2018 2019

초중고 사교육비

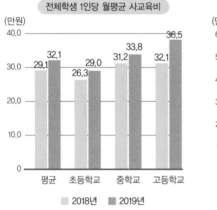

전체학생 1인당 월평균 사교육비

(만원)

	평균	초등학교	중학교	고등학교
2018년	29.1	26.3	31.2	32.1
2019년	32.1	29.0	33.8	36.5

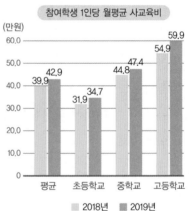

참여학생 1인당 월평균 사교육비

(만원)

	평균	초등학교	중학교	고등학교
2018년	39.9	31.9	44.8	54.9
2019년	42.9	34.7	47.4	59.9

하지만 실제 재무상담을 해보면 통계청 자료와 실제 자녀에게 들어가는 교육비는 상당히 차이가 난다. 아무리 의무교육인 초등학교를 다니고 있지만 영어, 음악, 미술, 태권도, 수학 등에 쓰는 사교육비만 대략적으로 40~60만 원 수준인 게 현실이다.

물론 이보다 적게 나가는 경우도 있지만 대략적으로 통계청의 발표보다는 많은 금액이 사교육비로 지출되고 있다. 이는 바로 자녀 교육비는 '옆집 아줌마'가정한다는 우스갯소리가 나올 정도로 '혹시나 다른 아이들보다 내 아이가 뒤처지지 않을까' 하는 염려에서 시작된다.

그렇다면 저출산으로 인구 수 및 학생 수가 줄어든다고 하는데 왜 이렇게 사교육비는 증가하는 것일까? 결국에는 자녀의 성공적인 취업과 상관이 있다. 우리가 속칭 좋은 직장이라고 하는 공기업, 대기업 등은 경계가 많이 허물어졌다고 하지만 스펙, 그중에서도 가장 기본인 학벌을 여전히 중요시한다. 그러다 보니 학력 수준이 높을수록 더 좋은 직장, 더 많은 연봉을 받는 것은 대한민국의 부정할 수 없는 현실이다. 예로 들어 고졸 근로자의 급여를 100만 원으로 본다면 대졸자는 150만 원, 대학원 졸업자는 250만 원 등 학력에 따라 임금 수준은 꽤 차이가 난다.

어린아이를 편의점에서 혼밥으로 때우게 하고 밤늦게까지 학원을 보내는 부모의 마음은 대부분 자녀가 돈을 잘 벌 수 있는 좋은 직장을 구하도록 해주기 위해서다. 분명히 돈을 모으는 데 있어 습관도 중요하지만, 남들보다 높은 급여도 무시할 수 없다는 것을 부모들은 잘 알고 있다. 이러한 사교육비로 인해 다른 재무적인 이벤트를 준비할 수 없는 상황에 빠지기 때문에 결국 아무런 준비 없이 노후를 맞이하는 경우가 많다.

₩ 세금이 실수령액을 줄어들게 한다

우리가 받는 급여 중 실수령액은 여러 가지 세금과 보험을 제하고 산출되는데, 그중 가장 큰 비중을 차지하는 것이 '국민연금'이다. 하지만 출산율은 떨어지고, 고령화는 더욱 심화되고 있기 때문에 증세를 피할 수는 없다. 국민연금 소득대체율은 1988년 70%에서 시작하여, 2007년 법 개정으로 2008년 50%로,

이후 매년 0.5%씩 20년 동안 낮아져 2028년부터는 40%까지 떨어지게 된다.

소득대체율이란?
국민연금을 40년간 납입했을 때 노후에 받을 수 있는 연금수령액이 연금을 납입했던 기간의 평균 소득 대비 얼마인지를 나타내는 비율이다.

소득대체율 40%라는 의미를 좀 더 단순하게 말하자면, 국민연금 보험료를 40년 동안 냈을 때 평균 소득이 100만 원인 가입자의 연금 수령액은 40만 원이라는 것이다. 소득대체율을 조정한다는 것은 그만큼 국민연금의 적립액이 부족하다는 말이다. 즉 고령화 사회로 인해 복지 예산은 점점 늘어나야 하는데, 세수가 적기 때문에 결국 증세를 하든가, 연금액을 줄여야 한다는 소리다. 비단 국민연금만의 문제는 아닐 것이다. 시간이 지날수록 세금은 늘어나고, 이로 인해 우리의 실질적인 임금은 하락할 것이다.

현재 국민연금 개혁과 관련해서는 연금개혁특위가 3가지 방안을 국회에 넘긴 상태이다. 첫째는 국민연금의 소득대체율을 40%에서 45%로 높이고, 보험료율은 9%에서 12%로 올리는 방안이다. 둘째는 현행 소득대체율 40%와 보험료율 9%를 유지하는 방안이다. 셋째는 소득대체율을 40%로 유지하되 보험료율을 10%로 즉시 인상하는 방안이다.

고령화 사회에 따른 인구의 변화로 인해 어찌 보면 연금을 내야 하는 젊은층이 연금을 받는 노인층보다 줄어들고 있는데, 이는 저출산 현상에 따른 인구의 변화 등에 대한 대처 방안이 늦어졌다는 것을 의미한다. 고령화 사회 진입에 대한 경고가 계속됐는데도 우리는 현명한 대처 방안을 찾지 못한 채 이미 고령화 사회를 경험하고 있다.

이로 인한 복지 예산이 증가하고 증세가 필연적인 사회에 살고 있는 현 시점에서 젊은이들은 취업을 걱정해야 하고, 결혼 후에는 내 집 마련을 위해 빚을 떠안고 살아가야 한다. 이러한 구조 속에서 출산율은 계속 떨어질 것이다. 최저시급이 올라가고 연봉이 매년 조금씩 올라간다고 해도 물가가 오르고, 세금이 오른다면 오히려 실질 급여는 줄어들게 된다.

05

월급쟁이,
재무설계 기초부터
정리하자

인생의 사이클에 맞는 각각의 재무목표 도출하기

매일매일 새로운 파생상품이 쏟아지고 경제적 변수가 급변하는 시장에 살고 있다. 국제경제 상황이 좋지 않아서 금값이 오른다며 금 관련 금융상품에, 원유가 오를 전망이라며 원자재 펀드에, 정보가 있다며 ○○주식에 투자를 하라고 한다.

물론 시장 흐름을 잘 탄다면 단기적인 이익을 볼 수는 있지만 계속적인 성과를 달성하긴 어렵다. 오히려 잠깐의 성취에 취해 오만과 독선에 빠져 부진의 늪에서 헤어나오지 못할 가능성이 크다. 그러므로 인생의 사이클에 맞춰 각각의 재무목표를 도출하고 그 수준과 운영 기간을 고려해 포트폴리오를 분배하면 좀 더 안정적으로 자산을 형성할 수 있다.

💰 20~30대 초 사회초년생 시절에는 출구 관리가 중요하다

만약에 재우 씨가 사회초년생부터 출구 관리를 했다면 현재의 결과는 어땠을까? 무엇보다도 20~30대 초 사회초년생 시절에는 출구 관리가 정말 중요하다. 얼마만큼 지출 관리를 잘하느냐에 따라 저축률이 달라지며, 이는 곧 신용도와 직결되어서 차후 주택 매입이라든지 은행의 대출 시 좀 더 낮은 금리 협상이 가능하다. 물론 대출 한도도 높일 수 있다.

고정 지출을 관리할 때는 실질적인 소득과 지출의 흐름을 파악해서 올바른 방향으로 현금이 흘러갈 수 있도록 재무관리를 해야 한다. 그렇기 때문에 첫 사회에 진입할 시기부터 통장 관리, 즉 급여통장 관리를 해야 한다. 급여통장은 은행마다 이체 수수료 면제, 우대 금리 등 금융혜택이 다르기 때문에 자신의 생활 패턴을 고려해 선택하는 것이 무엇보다 중요하다.

재무 사이클의 미세한 부분들은 다르지만 보통 취업을 한 후(학자금 대출 상환) → 독립자금 → 차량 구매 → 전세자금 마련 또는 결혼자금 → 결혼의 패턴으로 흘러가기 때문에 첫 단추인 사회초년생 시기에 재무 사이클에 맞게 차근차근 준비해나가지 못하면 결혼이라는 목표 달성까지 가는 게 무척 힘들다. 또한 이렇게 결혼이라는 목표를 달성하고 나서는 자녀 출산 → 자녀 양육, 교육 → 주택 마련, 대출 상환 → 주택 확장, 부동산 임대소득 → 노후라는 재무 사이클을 맞이해야 하는 상황에 놓여 있다.

이렇듯 사회초년생과 신혼의 시기에서는 각각 "혼자"와 "같이"라는 다른 인적 구성을 하고 있지만, "처음"이라는 공통된 분모 속에서 어떻게 자금계획을 세우냐에 따라서 인생 전체에 영향을 줄 수 있다.

신혼부부의 돈 관리 첫 번째는 공동 가계 운영이다

한 명이 벌다가 부부가 맞벌이를 하는데도 왜 여윳돈이 없을까? 많은 부부들이 각자 수입을 따로 관리하느라 어디에서 돈이 들어오고 어디로 나가는지 잘 모르는 경우가 많다. 또한, 비상시에 함께 쓸 수 있는 자금을 마련하지 않아 갑자기 큰돈이 나갈 일이 생겼을 때 가정의 재정 상황이 악화되는 경우가 많다. 그렇기 때문에 맞벌이 부부의 재무에서 가장 중요한 게 부부의 공동 가계 운영이다. 공동의 재무목표를 정하고 거기에 맞게끔 자금을 운용해야 한다.

두 사람이 한 직장에 다니지 않는 한 급여 일이 다를 수밖에 없다. 그렇기 때문에 부부의 정확한 실수령액을 파악해야 하고, 상여나 수당 등으로 매달 수입이 일정하지 않다면 연간 총수입을 12개월로 나눈 평균치를 월 급여로 정한 후, 세부별 지출 항목을 정리하면 된다.

부부가 어떤 목록으로 얼마를 쓰고 있는지가 정확히 파악되면, 유동성 지출(비정기지출)과 비유동성 지출(정기지출)로 나누고, 거기에 따른 예산안 계획을 세운다. 예산안을 짤 때에는 세부항목으로 하나하나 다 잡지 말고 주거비, 양육비, 식비, 용돈, 보험료, 교육비 정도로 간단하게 항목을 분류한다. 그리고 나서 부부의 공동 정기지출 통장과 비정기지출 통장으로 분류하고, 소득의 2~3배 정도의 비상금 통장을 만들어 통장쪼개기를 하면 부부 예산안이 완성된다. 그런 다음 재무목표에 맞는 선저축(또는 투자) 후 지출 통장에 예산액을 입금하면 된다.

단순하게 맞벌이를 하면 소득만 많이 늘어날 거라고 생각하지만, 지출도 만만치 않게 늘어난다. 또한 맞벌이 가구는 연말정산 전략에도 수정을 가해야 한다.

총 급여액의 3% 이상 지출해야 하는 의료비 부분과 총 급여액의 25% 이상을 써야 하는 신용카드 부분은 소득이 낮은 배우자가 공제받는 게 바람직하다. 예를 들어 연간 총 소득이 5,000만 원인 남편과 연간 총 소득이 3,000만 원인 아내가 의료비 공제와 신용카드 공제를 받고 싶다면 아래와 같이 비교 후 정할 수 있다.

총 소득에 따른 공제대상 금액

구분	남편	아내	비고
총 소득	5,000만 원	3,000만 원	
의료비 공제대상 금액	150만 원 이상 사용시 대상	90만 원 이상 사용시 대상	기본지출 3%
신용카드 공제대상 금액	1,250만 원 이상 사용시 대상	750만 원 이상 사용시 대상	기본지출 25%

우리나라의 소득세는 소득이 높을수록 높은 세율이 적용되는 누진세율을 적용하고 있기 때문에 부양가족 공제(인적공제)의 경우는 부부 중 근로소득 금액이 높은 배우자 쪽으로 공제하는 게 더 유리하다.

02

재테크하기 위한 준비운동, 내 지출 현황 알아보기

01

매월 난 어디에
얼마를 쓰고 있지?

충동 소비를 막는 수기 가계부

요즘 웹상에 편리한 애플리케이션이 많지만 목록을 만들어 수기로 가계부를 작성해보는 것도 도움이 된다. 보통 가계부를 쓰지 않는 이유가 귀찮아서인데, 거기에다 요즘엔 굳이 가계부를 쓰지 않아도 어디에 얼마를 썼는지 알 수 있는 방법이 다양하기 때문이기도 하다. 혹시나 기억이 나지 않을 경우에는 카드 명세서나 은행 앱을 통해 충분히 확인할 수 있다고 보는데 이게 틀린 생각은 아니다.

그러나 가계부를 쓰게 되면 메모가 가능하다는 장점이 있다. 어떠한 연유로 돈을 지출했는지를 적고 난 뒤 시간이 지나 다시 점검해보고, 혹시나 좀 더 줄이면서 쓸 수 없었는지 생각해보며, 불필요한 소비 내역 등을 수정할 수 있다. 이는 바른 소비 습관을 잡는 데 굉장히 유용한 방법이다. 이를 바탕으로 자신의 소비 패턴을 알 수 있으며 매일매일 지출 내역을 확인하고 소비를 예측할 수 있기 때문에 충동구매를 피하고 스스로 소비를 통제할 수 있다. 3~6개월 정도 습관화되면 한 해의 예산안을 짤 수 있으며, 이를 바탕으로 인생의 여러 목적자금 등을 계획하고 준비할 수 있다는 장점이 생긴다.

수기 가계부

	항목	금액		항목	금액
주거 생활비	월세		교육비	교재비/등록금	
	관리비			과외비	
	공과금			학원비	
식비 /외식비	주식/부식비			참고서/학습지	
	외식비			기타	
	기호식품(간식)		세금	재산세/주민세	
교통 /통신비	유류비 (하이패스포함)			토지세	
				자동차세	
	대중교통비			기타	
	자동차수리비		보험료 (근로자 제외)	의료보험료	
	자동차할부금			국민연금	
	자동차보험료		용돈	남편용돈	
	통신비(핸드폰포함)			아내용돈	
의료비	병원비/약제비			부모님용돈	
	건강보조제 /의료기구			자녀용돈	
의류비	의류			기타	
	신발		비정기 지출	경조사비	
	침구			명절(선물)	
	악세서리			기타	
	이.미용실비		교제비	각종회비	
가구 /가사비	수선비/수리비			유흥비/접대비	
	주거비품		여가 생활비	휴가/여행비	
	생활용품			신문/도서비	
육아	기저귀			각종관람료	
	분유/이유식			취미 기타	
	유아용품/기타				

자료 / 한국경제교육원(주)

수기로 작성하는 가계부

02

주택비용, 월 최소 30만 원은 아껴볼까?

💲 독립을 얻는 대신 마이너스 27만 원

부모의 그늘에서 생활하다 막상 취업 후 독립하게 되면 정말 행복하다. 온전히 나만의 생활공간을 확보할 수 있기 때문이다. 그런데 그때부터 나의 통장은 '텅장'이 된다. 여기 실제 월소득 210만 원(실수령액)인 사회초년생의 가계부를 들여다보자.

소비성지출	
관리비,공과금	8만 원
식비,외식비	40만 원
월세	52만 원
보험료	15.4만 원
신용카드 할부	32만 원
통신비	6.5만 원
용돈	30만 원
생필품	5만 원
운동	6.5만 원
교통비	9만 원
합계	204.4만 원

비소비성지출	
통장잔고	320만 원
비정기지출	
경조사비	5만 원
명절비용	5만 원
미용비용	3만 원
휴가비용	10만 원
의료비용	10만 원
합계	33만 원
	[-27.4만 원]

가계부를 꼼꼼하게 살펴보면 부모님으로부터 독립해서 사회생활을 하는 친구들은 대부분 공감할 수 있다. 물론 지출을 줄이자고 생각하면 줄일 수 있는 부분이 눈에 띄겠지만 대다수의 사회초년생이 이런 생활패턴을 보인다. 비정기지출이 한 번에 발생되는 항목이 아니다 보니 신용카드 등 할부를 통한 분산 소비로 급여의 모든 금액을 저축 없이 소비하고 있는 것이다.

가장 눈에 들어오는 게 월세 52만 원(보증금 1,000만 원)인데, 만약 은행에서 주택을 담보로 대출받았다고 가정하면 1억 7,500만 원을 만기 20년에 원리금 균등분할상환 조건으로 3.6%의 금리를 적용할 때 이 정도 금액의 은행 이자가 발생한다.

월세 52만 원 = 주택담보대출 1억 7,500만 원
(20년 상환, 3.6% 금리)

매달 지불하는 월세의 비용이 약 1억 7,500만 원의 이자와 같다고 생각하니 월세가 굉장히 크게 느껴지지 않는가? 52만 원씩 1년이면 624만 원이고, 이게 3년만 되어도 1,872만 원의 꽤 큰돈이 된다. 사실상 급여에서 지출하고 나면 잔고가 0인, 독립한 사회초년생에게 2,000만 원 모으기는 만만치 않은 일이다.

그런데 문제는 이 같은 과도한 월세 지출이 사회초년생들에게 만연해있다는 사실이다. 날마다 치솟는 집값으로 인한 갭 투자의 선호와 더불어 전세 값은 고공행진 중이며, 실제 자신의 입맛에 딱 맞는 전셋집을 찾기가 너무 어렵다. 그렇기 때문에 울며 겨자 먹기 식으로 월세를 구하는 것이다. 이런 트렌드를 반영하듯 최근에 셰어하우스도 많이 늘어나고 있지만, 그 또한 월세의 다른 형태이며, 독립을 위해서 출가했지만 이를 진정한 의미의 독립이라고 보기는 애매하다.

💰 월세에서 전세로 이사 가는 방법은?

값비싼 월세는 생활비 부족과 더불어 저축을 할 수 없는 환경을 만든다. 이런 상황에 처한 청년들을 구제하기 위해 국가에서 지원하는 다양한 전세대출 상품이 있다. 이 상품들은 1~3%대의 저렴한 이자로 주거비 부담을 줄여준다.

중소기업취업청년 전월세보증금대출

◆ 대출대상은?
• 대출신청일 현재 민법상 성년인 세대주 또는 세대원 전원이 무주택인 자
• 대출신청인과 배우자 합산 총소득이 5,000만 원 이하거나 외벌이 및 단독세대주일 경우 3,500만 원 이하, 순자산가액이 2.88억 원 이하인 자
• 대출신청일 기준 중소기업에 재직 중인 자 또는 중소기업진흥공단, 신용보증기금 및 기술보증기금의 청년창업 지원을 받고 있는 만 34세 이하 청년

◆ 대출대상주택은?
임차 전용면적이 85㎡ 이하 주택(85㎡ 이하 주거용 오피스텔 포함)이다.

◆ 대출기간 및 상환방법은?
대출기간은 2년(4회 연장하여 최장 10년 가능)이며, 상환방법은 만기일시상환(중도상환수수료 없음)이다.

◆ 대출금리 및 대출한도는?
대출금리는 연 1.2%(고정금리)이며, 대출한도는 최대 1억 원이다.(대출금액은 임대보증금 100% 이내에서 1억 원을 초과할 수 없다, 단 한국주택금융공사 보증의 경우 임차보증금의 80% 이내에서 1억 원을 초과할 수 없다.)

자료 / 주택도시기금

중소기업취업청년 전월세보증금대출은 중소기업에 취업한 청년의 주거안정을 위해 낮은 대출금리로 전월세보증금을 대출해주는 제도로, 만 19세 이상 ~ 만 34세 이하의 청년에게 해당한다. 앞의 사회초년생 사례에 적용해보면 현재 보증금이 1,000만 원에서 1,000만 원을 더 모은 2,000만 원이라고 가정할 때 1억 원짜리 전셋집을 구해서 이사를 간다면 8,000만 원의 대출이 필요하다. 만약 중소기업에 다니는 사회초년생이 위의 대출제도를 활용한다면 월 이자가 약

8만 원밖에 지출되지 않기 때문에 무려 44만 원을 아낄 수 있을뿐더러 집에 들어가는 비용을 85%나 절감하는 효과를 얻을 수 있다.

청년전용버팀목 전세자금

◆ **대출대상은?**
- 대출접수일 당시 만 19세 이상~만 25세 미만 청년 중 단독세대주로서 대출 대상주택 임차보증금 5,000만 원 이하의 임대차계약을 체결하고 임차보증금의 5% 이상을 지불한 자
- 대출접수일 현재 세대주로서 무주택자(예비세대주 포함)
- 부부합산 연소득 5,000만 원 이하, 순자산가액 2.88억 원 이하인 자

◆ **대출대상주택은?**
임차 전용면적 60㎡ 이하 주택(주거용 오피스텔 포함)이다.

◆ **대출기간 및 상환방법은?**
대출기간은 2년(4회 연장하여 최장 10년까지 가능)이며, 상환방법은 만기 일시상환 또는 혼합상환이다.

◆ **대출금리 및 대출한도는?**
대출금리는 연봉에 따라 연 2.3%에서 최대 연 2.7%의 저렴한 이율(연봉 2,000만 원 이하일 경우 연 2.3%의 이율을 적용받게 되고, 연봉 2,000만 원에서 4,000만 원 이하 시 연 2.5%, 4,000만 원에서 5,000만 원 이하의 연봉을 받고 있을 경우 연 2.7%에 해당하는 금리를 적용)을 적용하며, 대출한도는 임차보증금의 80%, 최대 3,500만 원까지 대출 가능하다.

자료 / 주택도시기금

월세가 아깝다는 생각을 많이 하지만, 사회초년생의 형편상 전세로 들어갈 큰 목돈이 없다면 일정 부분 돈을 모은 상태에서 청년전세자금대출을 활용하는 것이 좋다. 하지만 사회초년생이 청년전세자금대출로 전셋집을 알아봤을 경우에는 청년전세자금대출을 받아주는 집주인(개인과의 거래가 아닌 은행과의 거래로 만약 세입자가 공과금을 밀릴 경우 개인과의 거래에서는 보증금에서 제할 수 있으나, 은행과의 거래에서는 제할 수 없고 집주인이 다 물어야 함)을 찾는 것이 무척 어렵다는 것과, 대출 조건에 부합하는 집(계약하려는 집의 공시가격보다 담보대출금액이 높을 경우 대출 불가)을 구하는 데 꽤 오랜 시간이 소요된다는 단점이 있다.

청년전용 보증금 월세대출

◆ **대출대상은?**
- 대출신청일 현재 만 34세 이하인 청년 다독세대주로서 대출 대상주택 임차보증금 5,000만 원 이하&월세 60만 원 이내의 임대차계약을 체결하고 임차보증금의 5% 이상을 지불한 자
- 대출신청일 현재 세대주로서 무주택인 자(예비세대주 포함)
- 대출신청인과 배우자의 합산 총소득이 2,000만 원 이하인 자, 순자산액이 2.88억 원 이하인 자

◆ **대출대상주택은?**
임차 전용주택 60㎡ 이하 주택(주거용 오피스텔 포함)이다.

◆ **대출기간 및 상환방법은?**
대출기간은 2년(4회 연장하여 최장 10년 가능)이며, 상환방법은 만기일시상환이다.

◆ **대출금리 및 대출한도는?**
대출금리는 보증금 연 1.8%, 월세금 연 1.5%이며, 대출금액(보증금 대출 + 월세금 대출)이 임대차계약서상 임차보증금의 80% 이내여야 한다. 대출한도는 보증금 3,500만 원, 월세 960만 원(월 40만 원 이내)이다. 단, 보증금 대출금은 전세금액의 70% 이내 1년 미만 재직자의 경우 대출한도가 2,000만 원 이하로 제한될 수 있다.

자료 / 주택도시기금

목돈을 모을 기회가 부족했던 사회초년생은 처음 독립할 때에 부모의 도움을 받지 않으면 전세는 언감생심이고, 월세 보증금조차 마련하기도 힘들다. 그래서 보통 1,000만 원 이하의 보증금인 집을 구하다 보니 당연히 월세가 올라가기 마련이다. 청년전용 보증금 월세대출의 가장 큰 장점은 보증금과 월세를 동시에 지원한다는 것이다.

ⓦ 미생을 위한 특별한 저축

밀레니얼 세대의 핵심 세대인 2030 청년들의 경우 대기업 취업을 위해 취업 재수를 하는 경우가 있다. 이는 대기업 취업 시 급여가 높기 때문이다. 급여가 높다는 것은 저축액도 높을 수 있기 때문인데, 굳이 대기업이 아니더라도 사회 및 국가의 지원으로 빠른 시간 내 목돈 마련을 할 수 있는 방법이 있다.

장기근속을 위한 '청년내일채움공제'

◆ 지원대상은?
- 만 15세~34세 이하이며 군필자의 경우 최고 만 39세로 한정
- 취업일 현재 고용보험 가입 이력이 없거나 가입 기간 12개월 이하(단, 3개월 이하 단기 가입 이력은 총 가입 기간에서 제외), 고용보험 가입 기간 12개월 초과자의 경우 실직 기간이 6개월 이상인 자는 가능
- 정규직 취업일 현재 재학 · 휴학 중인 자는 제외

◆ 지원금액은?
2년형과 3년형으로 구분되며 정부와 기업, 근로자가 각각 부담한다.

구분	정부	기업	근로자	받는 금액
2년형	900만 원	400만 원	300만 원	1,600만 원 + 이자
3년형	1,800만 원	600만 원	600만 원	3,000만 원 + 이자

청년내일채움공제(http://www.work.go.kr/youngtomorrow/index.do)

자료 / 청년내일채움공제

청년내일채움공제는 중소·중견기업에 정규직으로 취업한 청년들의 장기근속을 위하여 고용노동부와 중소벤처기업부가 공동으로 운영하는 사업으로 청년·기업·정부가 공동으로 공제금을 적립하여 2년 또는 3년간 근속한 청년에게 성과보상금 형태로 만기공제금을 지급하는 제도다.

청년만을 위한 '청년우대형청약저축'

◆ 가입대상은?
- 만 19세 이상 34세 이하의 청년
- 직전연도 신고소득이 있는 자로 연소득 3,000만 원 이하
- 무주택 세대주&무주택이며, 가입 후 3년 이내 세대주 예정자&무주택 세대원

◆ 주택청약종합저축 vs 청년우대형청약저축의 차이는?

구분	주택청약종합저축	청년우대형청약저축
소득공제	40%(한도 240만 원)	40%(한도 240만 원)
이자율	최고 1.8%	최고 3.3%(원금 5,000만 원까지)
비과세 혜택	혜택 없음	이자소득세 500만 원까지 비과세
가입기간 인정	기존 청약저축을 해지하더라도(새 청약통장으로 갈아타기 위해서) 청년우대형청약저축으로 새로 가입 시 기존 가입기간 모두 인정	

청년우대형청약통장이 좋은 이유는 기본적으로 기존 주택청약저축보다 이자가 약 1.5% 더 높기 때문이다. 또한 일반적으로 가입하는 대다수의 예금이나 적금 상품은 이자에서 15.4% 이자소득세가 세금으로 빠져나가는데, 청년우대형청약통장은 500만 원까지의 이자에 대해서는 세금을 매기지 않기 때문에 비과세 효과도 누릴 수 있다. 납입금액은 한 달 최소 2만 원~최대 50만 원이며, 연간 한도 600만 원에서 자유롭게 납입할 수 있다. 납입기간이 2년 이상이면 정기납입을 정지할 수 있으며, 연말정산 시 공제 혜택을 받을 수 있다.

서울, '희망두배 청년통장'

◆ 신청자격은?
- 현재 근로하고 있는 자로서 만 18세 이상~만 34세 이하 서울시 거주자
- 본인 근로소득금액이 세전 월 237만 원 이하(2020년 7월 6일 기준)
- 부양의무자(부모 및 배우자)의 소득인정액이 기준중위소득 80% 이하

◆ 지원조건은?
- 적립금액(본인적립금, 근로장려금)은 적립기간 동안 저축하고, 의무교육(금융교육 연 1회) 이수 후 사용용도가 증빙되면 「지급액 지급기준」에 따라 차등지급한다.
- 저축기간 중 본인 저축액을 연속 3회 이상 저축하지 않거나 총 7회 이상 저축하지 않는 경우, 금융교육을 연 1회 무단 불참하는 경우, 저축기간 중 타 시·도로 거주지를 이전하는 경우 등 약정의무 위반 시 중도해지된다.
- 중도해지 시 본인적립금(이자포함)만 지급된다.
- 적립기간 완료 후 5년 경과 시까지 근로장려금 미신청 및 지급심사가 부결된 경우 근로장려금은 지급하지 않고 재단에서 여입 처리한다.

2020년 기준중위소득

가구원 수	1인 가구	2인 가구	3인 가구	4인 가구	5인 가구	6인 가구	7인 가구
기준중위소득 80%	145만 755원	239만 3,584원	309만 6,462원	379만 9,339원	450만 2,217원	520만 5,094원	591만 1,772원

◆ 지원기간은?
2년형과 3년형이 있다.

◆ 지원금액은?

구분	금액	
본인저축액(선택)	10만 원	15만 원
근로장려금	10만 원	15만 원
총 적립금(2년)	480만원 + 이자	720만 원 + 이자
총 적립금(3년)	720만원 + 이자	1,080만 원 + 이자

희망두배 청년통장(http://www.welfare.seoul.kr/youth/index.action)

자료 / 희망두배 청년통장

희망두배 청년통장은 매월 근로소득으로 저축하는 금액과 동일한 금액을 서울시 예산 및 시민의 후원금 등으로 적립하여 지원해주는 통장이다. 청년이 희망찬 미래를 준비할 수 있도록 주거, 결혼, 창업 자금 마련 목적의 저축액을 시에서 저소득 청년을 대상으로 지원해주는 것이다.

경기도 (구) '일하는 청년통장'인 청년노동자통장

◆ **신청자격은?**
- 공고일 현재 만 18세 이상 만 34세 이하인 자(가구당 1명)
- 공고일 현재 본인의 주민등록상 주소지가 경기도인 자
- 근로유형(상용직·일용직 등)에 관계없이 공고일 현재 근로하는 자로 휴직자(육아휴직자 포함)는 신청 가능하지만 국가근로장학생은 신청이 불가하다.
- 가구소득인정액이 기준중위소득 100% 이하인 자로 대상자 선정 후, 근로를 유지할 수 없는 경우 약정이 중도 해지될 수 있다.

예를 들어 평균 소득의 딱 중간인 1인 가구의 중위소득은 175만 7,000원(2020년) 정도가 된다. 그러므로 1인 가구의 경우 175만 7,000원 이하가 신청 자격에 해당한다. 단, 생산직 근로자나 3D업종, 주 40시간 이상 근로자, 사회적 경제 영역 근로자는 소득 범위가 상향 적용된다.

2020년 기준중위소득

가구원 수	1인 가구	2인 가구	3인 가구	4인 가구	5인 가구	6인 가구
기준중위소득 100%	175만7,194원	299만1,980원	387만577원	474만9,174원	562만7,771원	650만6,368원

◆ **지원기간은?**
2년형이다.

◆ **지원금액은?**

구분	금액
본인저축액	10만 원
경기도지원금	14만 2,000원
이자	@
총 적립금(2년)	현금 480만 원 + 지역화폐 100만 원

경기도 청년노동자통장(https://account.jobaba.net/main/freshman_main.do)

자료 / 경기도 청년노동자통장

경기도 거주 저소득 청년이 매달 10만 원을 저축하면 2년 후 경기도 예산 등으로 580만 원이 적립되는 통장이다. 청년노동자통장도 앞에서 말했던 서울시의 희망두배 청년통장과 거의 비슷한 형태를 띠고 있다. 작년까지 경기도 '일하는 청년통장'이었으나, 올해 경기도 '청년노동자통장'으로 명칭이 바뀌면서 만기 후 받는 금액 또한 바뀌었다.

경기도 일하는 청년통장은 3년 만기 1,000만 원을 지급한 반면, 청년노동자통장은 2년 만기 580만 원(현금 480만 원 + 지역화폐 100만 원)이 지급된다.

Tip

그 밖의 지역별 목돈만들기를 위한 청년통장

지역	명칭	지역	명칭
인천광역시	드림 for 청년통장	충청북도	행복결혼공제사업
대전광역시	청년희망통장	충청남도	열혈청년 패키지
강원도	강원도형 일자리 안심공제	전라남도	청년 희망디딤돌 통장사업
대구광역시	대구형 청년내일채움공제	경상북도	청년근로자 사랑채움사업
광주광역시	청년13(일 + 삶)통장사업	경상남도	상생공제

* 매년 각 지자체 예산에 따라 유·무가 확인되며, 지역별 통장의 이름이 달라질 수 있다.

자산형성지원 사업 청년희망키움통장

◆ 신청자격은?
 • 만 15세 이상~만 39세 미만 청년 중 근로, 사업소득이 기준중위소득 30% 이하인 생계급여 수급 가구 청년
 • 본인의 근로, 사업소득이 발생한 청년

◆ 지원금액은?
 근로, 사업소득 공제 10만 원과 본인의 근로소득 대비 일정비율의 근로소득장려금을 추가 지원한다. 근로, 사업 활동을 지속하고 3년 만기 후 3개월 이내 생계급여 수급자에서 벗어난 경우 적립금 전액을 지급한다.

◆ 지원기간은?
 3년형이며, 군 미필자는 신청 시 가입기간 5년으로 가입이 가능하다(통장 기간 변경 불가).

일하는 청년 생계 수급자가 청년희망키움통장을 통해 본인의 가처분소득 감소 없이 자산을 축적하고, 청년의 자립을 위한 특화된 금융교육과 복지서비스 및 근로유인보상 체계의 결합으로 빈곤의 대물림 예방을 막기 위해 만든 제도다.

고용지원 청년저축계좌

◆ 신청자격은?

근로 활동을 하면서 소득인정액이 기준중위소득 50% 이하인 주거 · 교육 급여 가구 및 차상위 계층의 만 15~39세 이하의 청년

◆ 지원요건은?

매월 10만 원 저축 + 3년간 근로활동 지속 + 교육이수 및 국가공인자격증을 취득해야 하며, 3년 가입 시 본인저축액(360만 원) + 근로소득장려금(1,080만 원) + 이자 지원을 포함해서 1,440만원 + α 를 받는다. 근로, 사업 활동을 지속하고 3년 만기 후 3개월 이내 생계급여 수급자에서 벗어난 경우 적립금 전액 지급한다. 대상자는 통장 가입 기간 내 국가공인자격증을 1개 이상 취득을 해야 하며, 연 1회씩 총 3번의 교육을 이수해야 한다.

◆ 지원기간은?

• 3년형이다.

◆ 지원대상 제외자는?

• 국가 또는 지자체가 인건비 전액을 직접 지급하는 재정 지원 일자리 사업(자활근로, 공공근로 등) 및 사회적 일자리 서비스 사업(노인 · 장애인일자리사업 등) 참여는 근로활동 범위에서 제외된다.
• 대학교 근로 장학생의 근로장학금, 무급근로, 실업급여, 육아휴직수당 등의 사례는 가입불가하다.
• 사치성 · 향락업체, 도박 · 사행성 업종 종사자는 제외된다.
• 희망키움통장Ⅱ 지급해지자(해지 시 본인적립금 + 지원금 수령)는 제외된다.
• 청년내일채움공제, 희망두배 청년통장 등 유사 자산형성지원사업 참여 중인 자 또는 지급해지자(해지 시 본인적립금 + 지원금 수령)는 제외된다.

자료 / 보건복지부

청년저축계좌는 차상위계층의 청년 근로자들이 사회에 안착하고 자립할 수 있도록 주거비, 교육비 등에 필요한 목돈 마련을 지원하는 사업이다. 이 제도는 3년간 근로활동을 계속해야 한다는 조건하에 매월 본인이 10만 원을 저축하면, 정부 지원금 30만 원이 추가로 적립돼 3년 뒤 총 1,440만 원을 받을 수 있다.

03

이제 하나씩 줄여보자!
먼저 식비부터!

보통 재무상담을 진행하면서 상담자인 고객들에게 가장 많이 듣는 말이 "정리를 해보니까, ○○목록 등 제가 지출이 많았네요." 그러니 이제, "식비를 줄여볼게요.", "이제 밖에서 술을 먹지 않고 집에서 먹을게요. 그렇게 되면 한 번에 몇 만 원씩 줄일 수 있겠네요.", "담배 등 기호식품을 이 기회에 줄이든가 끊어볼게요.", "마트 대신 시장을 가 볼게요.", "알뜰폰을 쓸게요." 등 모든 해답이 고객의 말에서 다 나온다. 그런데 가장 중요한 말인 "지금 당장 실천할게요."와 "무슨 일이 있어도 ○○년도까지 또는 ○○금액이 모아질 때까지는 실천할게요."라는 말은 바로 하지 않는다.

이처럼 '한번 줄여볼까?'라는 생각은 누구나 한다. 그런데 이렇게 줄인 생활비를 잘 유지하는 사람은 몇 안 된다. 그렇기에 '내가 언제까지 어느 금액이 모일 때까지 절약을 하겠다.'라는 목표를 정하고 실천하는 게 가장 우선이다.

언론매체 등을 통해 다양한 생활비 줄이기 팁은 알고 있지만, 제일 중요한 "지금 당장 실천하라."를 즉각 시행하지 않는다.

ⓦ 나는 어떤 유형의 소비를 하고 있지?

보통 식비를 줄이라고 하면 제일 먼저 나오는 말 중에 하나가 "식단을 짜서 계획적으로 지출하자."이다. 이는 분명 맞는 말이다. 그런데 식비를 줄이기에 앞서 내 소비 유형을 살펴봐야 한다. 외식을 자주 해서 외식비가 많이 지출되는 유형인지, 직접 음식을 해먹어서 식재료비가 많이 지출되는 유형인지 말이다.

싱글 여성들의 경우에는 SNS를 통해 정보의 소통을 많이 하는 편이다. 그러다보니 남들에게 보여주기 위한 맛집 방문이 많아서 외식비 지출이 다른 것보다 많은 편이다. 결혼 적령기를 지난 싱글 남성의 경우에는 친구들과의 모임에서 술값이 지출되는 경우가 많다.

ⓦ 싱글! 주말 친구 모임을 기다리면서도 두렵다

주말이면 친구들과 TV에서 소개되는 맛집을 찾아 식사하는 경우가 자주 있다. 그런데 문제는, 외식비가 많이 올랐다는 것이다. 흔히 먹는 돈가스와 파스타가 만 원이 넘는 경우가 허다하다. 꽤 맛있다고 알려진 파스타 가게에 갔더니 식전 샐러드, 수프, 탄산음료와 와인을 모두 따로 시켜야 했다. 경우에 따라서는 사이드 메뉴까지 시켜야 배부르고, 수다를 떨 수 있는 충분한 시간적 여유를 누릴 수 있다. 이렇게 하면 하루가 아닌 한 끼 외식비만 3만 원이 나온다. 그러고 나서 커피를 마시고, 혹 영화까지 관람하면 5만 원 이상의 비용이 나간다. 여기에다 저녁에 친구들과 술이라도 마시면 하루에 10만 원 지출은 쉽게 이뤄진다.

이렇게 매주 지출한다면 한 달에 40~50만 원을 외식비로 쓰는 건 일도 아니다. 따라서 한 달간 총 외식 횟수를 줄이거나 격주 단위의 외식 시간을 조절할 필요도 있다. 한 번은 점심만 먹고 오고, 또 한 번은 저녁시간까지 보내고 오는 식으로 외식 횟수와 시간을 정해두면 지출을 좀 더 줄일 수 있다.

ⓦ 식비 1일 1만 원이 불러들인 긍정적인 변화

가까운 지인 가정은 자녀가 둘이나 있는데도 '하루 식비 1만 원'을 실천하고 있다. 그것도 10년 넘게 말이다. '힘들지 않을까?', '그게 가능해?', '자녀가 둘이나 있는데?', '몇 달만 하겠지?', '외벌이인 남편이 점심을 어떻게 매일 도시락으로 먹을까? 남편의 사회생활은? 직장 내 왕따를 당하면?' 온갖 많은 생각을 하게끔 만든 지인은 그렇게 1만 원 식비를 실천한 지 12년이 지난 2017년 나에게 시원한 홈런을 한방 날렸다.

외벌이 가장으로서 매일 도시락으로 점심을 해결해온 남편은 직장을 그만두었는데, 정확하게 말하면 자기 발로 당당히 나왔다. 부부가 그렇게 아껴가며 모은 돈으로 그 사이에 작은 아파트를 구입했고, 과천에서 중화요리 가게를 크게 오픈했다.

그렇다면 부부가 오픈한 중화요리 가게는 어떻게 되었을까? 식비를 줄이다가 부족해진 단백질을 계란 요리로 보충하다 보니 아내의 계란 요리 실력이 타의 추종을 불허할 정도로 일취월장했고, 결국 그 중화요리 가게는 계란이 들어간 요리가 맛있는 집으로 인기를 얻으며 승승장구하고 있다. 이처럼 식자재비의 절약은 식비의 절약으로 이어지고, 그에 따른 부메랑 효과로 모든 지출의 절약이 가능해진다.

자, 그렇다면 식자재비를 줄일 수 있는 방법에는 무엇이 있는지 한번 들여다 보자.

첫째, 냉동고를 비우고 장에 가자. 냉장고를 열어보면 냉장실보다 냉동고 안이 꽉 차 있을 때를 많이 발견한다. 그리곤 냉장고가 작다고 생각한다. 아니다. 냉장고가 작은 게 아니고, 어제 혹은 그 전에 해먹었던 음식의 식재료를 그 다음날 또 먹기 싫어 보관해뒀던 탓에 냉동고 공간이 부족해보이는 것이다. 그런 와중에 새로 산 식재료들을 냉동고 속에 넣으면서 옛날 식재료들은 점점 안으로 밀려들어가고, 점점 기억에서 사라져 결국에는 꽁꽁 언 채 보관되어 있는 것이다. 언제 넣어놨는지도 모르는 식재료들은 새로운 식재료가 들어오는 날 음식물 쓰레기장으로 직행한다. 냉동실은 자신의 취향에 맞으면서 어떤 마트보다 다양한 종류의 식재료들로 가득 채워져 있다는 걸 잊지 말자. 또한, 이를 단가로 계산하면 한 달 치의 식비 이상 금액이 산출된다.

냉장고의 꽁꽁 언 오래된 재료들을 버려서 처리한다고 생각하지 말고, 요리로 해결해야겠다고 한번 생각해보자. 예상보다 많은 식재료로 인해 화려한 모습을 뽐내는, 중국요리 양장피보다 더 다양하고 색다른 요리를 만들 수 있다. 냉동고의 식재료를 잘 활용하기 위해서는 냉동고에 들어 있는 재료들을 기억해야 한다. 그러기 위해서는 냉장고 표면에 붙일 수 있는 자석 메모장이나 미니 보드 등을 활용해 어떠한 음식재료가 언제 보관되고 있는지를 메모해놓는 습관이 중요하다.

둘째, 장 보는 날도 미리 정해두자. 보통은 식사를 하고 장에 가는 것이 좋다. 배가 고픈 상태로 장을 보러 가면 그로 인해 계획했던 식재료 외에 갑자기 먹고 싶은 식품까지 사들이는 충동구매로 이어질 가능성이 높다. 요리를 하지 않아도 될 식재료들을 배고픔 때문에 소비하는 경우가 발생하는 것이다.

또한, 혼자가 아니라 아이들과 함께 장을 보러가기도 하는데 이럴 경우 자신이 원래 계획했던 장 목록 리스트에 아이들이 원하는 것들이 추가된다. 아이들이 요구하는 것을 안 사주기에는 마음이 쓰이고, 그렇다고 아이들의 요구를 다 들어주기에는 비용이 만만치 않을 뿐더러 아이들이 커서 충동구매 습관을 가질까봐 걱정도 된다.

보통 장난감의 경우 부모가 아이를 이기지만 아이들의 간식거리 앞에서는 100% 부모가 진다. 특히 나이가 어릴수록 장을 보면서 아이도 챙겨야 하기에 이성적으로 가격을 비교하기가 어렵다. 따라서 가급적이면 대형마트에서 장을 볼 땐 혼자 가는 게 낫다. 만약 소량의 물건을 구매하려면 시장 또는 동네 마트에 방문하여 시장 경제를 알려주는 것도 좋다.

마지막으로 장을 보러가기 전에 구매 목록을 작성하듯이 장을 보러 가는 날짜도 미리 주기적으로 정해두는 게 좋다. 그래야지 한 번 더 냉장고나 냉동고 안 식재료들을 생각할 수 있고, 또한 지난 한 주 동안 얼마를 지출했는지 분석함으로써 정량의 소비를 할 수 있다.

셋째, 되도록이면 재래시장에 가자. 코스트코를 비롯한 대형마트에 가면 '물건이 신선하다', '싸다'라는 생각과 반대로 '양이 많다'라고 생각한다. 이와 비교해 재래시장의 장점은 원하는 식재료를 '정량'으로 구매할 수 있다는 점이다. 항상 신선한 재료를 구매해 소비할 수 있는 건 덤이다. 마트에서는 사과 한 개, 오이 한 개, 콩나물 500원치를 살 수 없다는 것을 잊지 마라. 시장에서는 원하는 만큼 식재료를 구입할 수 있다.

하지만 재래시장에서는 신용카드 대신 현금으로만 계산해야 하고, 사람 많은 좁은 골목에서 장보기가 불편할 뿐 아니라 배달주문도 할 수 없어서 무거운 제품을 구매하는 것이 어렵다고 생각한다. 그러나 프레임을 바꿔서 생각해보자! 먼저 신용카드가 아닌 현금으로만 결제가 가능하기 때문에 자신이 정한 금액 내에서 짜임새 있게 지출할 수 있다. 또한 좁은 골목에서 장을 오래 볼 수 없기 때문에 빠른 시간 내에 장을 봐야 한다. 장을 보는 시간에 비례해서 지출이 늘어난다는 걸 잊지 마라.

마지막으로 배달이 안 돼서 무거운 물건을 구매하기 힘들다는 것은 그만큼 자신이 필요한 '정량'만큼 장을 본다는 의미가 된다. 냉장고 안에 식재료가 쌓이는 걸 막을 수 있는 장점이 있다.

넷째, 어쩔 수 없이 마트에 가게 된다면…. 명절을 앞두고 미리 식재료들을 사두는 걸 깜빡할 때가 있다. 늘 후회하는 일 중 하나다. 2019년 추석에도 이틀 전 밤에 부랴부랴 장을 보러 갔는데, 아니나 다를까 추석 상에 올릴 생물 오징어가 2마리에 만 원이었다. 그것도 새끼 오징어가 말이다. 불과 2주 전만 해도 이 새끼 오징어보다 더 큰 오징어가 6마리에 만 원이었는데 말이다. 추석이 2주만 지나도 더 큰 오징어가 4마리에 만 원 정도할 게 뻔하다.

마트에서는 갖가지 세일이 이루어진다. 그중에 타임세일은 대형마트의 재고를 남기지 않게 하려고 기존 가격 대비 많은 할인율을 적용하기 때문에 고객들이 제품을 더욱 값싸게 구매할 수 있다. 물론 평상시에 판매되고 남은 재료의 양에 따라 타임세일 시기가 정해지지만, 특별한 날을 빼고는 자주 가는 마트의 타임세일은 대개 비슷한 시간대에 하는 경우가 많으니 체크해두면 좀 더 식재료를 싸게 살 수 있다.

또한 되도록 카트 대신 장바구니를 들고 장을 보는 게 좋다. 그래야 들고 다니기가 무거워서 식재료들을 골랐다가도 내려놓는다. 사람의 구매욕은 '가득 차게'라는 성격을 갖고 있으므로 카트를 끌게 된다면 좀 더 작은 단위의 카트를 이용하고, 카트를 4분의 1만 채운다고 생각하면서 장을 봐야 한다. 마트에 가면 마치 경쟁이라도 하듯 카트를 가득 채워 쇼핑하는 사람들을 많이 볼 수 있다.

이외에도 간단한 한 끼 식사로 짜장밥이나 카레라이스, 국수, 냉면 등을 만들어 먹는 것도 식자재비를 줄일 수 있는 좋은 방법이다. 이는 편의점에서 파는 도시락 값보다 비용이 적게 들기도 한다. 또한 요리할 때 정량을 지켜 음식물 쓰레기를 줄이는 것과 주간 식단을 계획해서 음식 재료를 소비하는 것을 잊지 말아야 한다.

외국에서 많이 하는 방법인 FIFO(First In, First Out : 냉장고에 처음 넣은 것을 가장 먼저 소비한다)를 적용해 냉장고에 식재료를 보관할 때 요리하고 남은 오래된 재료들을 냉장고 앞쪽으로 옮겨 먼저 소비함으로써, 식재료가 오래되어 버리는 상황을 만들지 않는 것도 중요하다.

Ⓦ 생활비를 줄이고, 지역 경제를 살리는 '지역 화폐'

지역 경제 활성화를 위해 만들어진 지역별 화폐로 소비자는 지역 화폐 구매 시 5~10%의 할인 또는 캐시백을 받아 구매할 수 있으며, 구매한 화폐로 내가 살고 있는 동네 마트와 상점 및 학원을 이용할 수 있다.

단점으로는 아무래도 소상공인 지원정책이다 보니 대형마트, 대규모 점포, 프렌차이즈 직영매장, 주유소, 유흥업소 등에서는 사용이 제한된다.

활성화 중인 대표 지역화폐

구분	할인율	1인 구매한도	구매방법	특이점
경기 시흥 '시루'	상시 5% 할인 특별할인 10%	월 80만 원	종이 모바일	소비자 소득공제 30% 가맹점 결제 수수료 0원
충남 대전 '대전e로움'	상시 6% 할인 특별할인 10%	월 50만 원, 연간 500만 원 한도	카드	소비자 소득공제 30% 전통시장 40% 특별가맹점의 경우 추가 할인 또는 서비스 제공
경기 김포 '김포페이'	6~10% 할인	월 50만 원, 연간 600만 원 한도	카드 모바일	소비자 소득공제 30% 가맹점 결제 수수료 0원 즉시 환전가능
부산 '동백전'	6% 캐시백	월 100만 원까지는 캐시백 100만 원 초과 200만 원까지는 캐시백 불가	카드	소비자 소득공제 30% 삼성페이와 LG페이 등록 가능
인천 '인천e음'	• 사용금액에 따라 1~4% 캐시백 • 가맹점 사용시 최대 7% 현장할인	월 50만 원	카드 모바일	소비자 소득공제 30% 전통시장 40% 가맹점 결제 수수료 0원

코로나19 전까지 지역 화폐는 일부 지역에 한해서만 활성화됐었는데, 코로나19로 인해 전 지역에서 지역 화폐에 대한 인식 및 활용도가 높아졌다. 지역 화폐의 활용은 실제 사용되는 생활비 절감 및 지역 경제도 살릴 수 있는 1석 2조의 효과가 있다.

이 외 매월 넘쳐나는 자원으로 인해 소비되지 않고 외면받는 제품들을 모아두는 온라인 코너가 있다. 또한 누군가 물건을 샀다가 단순 변심으로 반품하는 경우 이런 물건을 모아서 파는 반품몰도 있다. 과도한 재고량으로 인해 처치 곤란인 제품을 특가로 판매하는 떠리몰, 이유몰, 임박몰, 동원몰 등 다양한 제품을 시중가보다 조금 저렴하게 구매할 수 있는 곳도 있다.

B급 상품몰

구분	특징	주소
반품몰	반품 상품, 이월 상품, 자투리 재고 전문몰	http://banpummall.com
리퍼브샵	반품 상품	http://www.refurbshop.co.kr
떠리몰	유통기한 임박 · 스크래치 · 과다재고 상품	https://www.thirtymall.com
임박몰	유통기한 임박 상품	http://www.imbak.co.kr
이유몰	유통기한 임박 · 재고 · 반품 상품	http://www.eyoumall.co.kr
달달몰	유통기한 임박 · 초특가 할인 간식 상품	http://daldalmall.com
동원몰	대형마트, 코스트코, 의약용품 등 1만여 종 상품을 한번에! 최대 90% 할인 아울렛 특가 운영!	http://www.dongwonmall.com

당사 직원 중 한 명도 떠리몰과 이유몰을 사용하고 있다. 아침 대용으로 먹을 겸 해서 검은콩 두유를 저렴하게 구매해 먹기도 하고, 유명한 제약회사에서 나온 루테인도 사서 먹는다. 다만, 이런 제품을 구매하기 전에 꼭 확인해야 하는 게 유통기한이다. 저렴하다는 이유로 유통기한을 보지 않고 무턱대고 구매하는 경우 아찔한 순간을 맞이할 수 있다.

💲 중복 보험 찾아내기

모든 가정이 하나쯤은 가지고 있는 보험은 매월 납입하긴 싫지만, 없으면 불안한 존재다. 상담을 하다보면 한 가정당 보험 증권이 10장, 20장이 되는 경우도 봤다. 하지만 자신이 어떤 담보를 얼마나 가입하고 있는지 정확히 아는 집은 그리 많지 않았다. 그러다보니 중복으로 가입하는 경우가 있고, 실제 보장되는 금액보다 적립금으로 더 많이 나가는 경우도 많다. 이럴 때 각각의 보험을 점검해보는 게 좋다. 중복되는 부분은 과감히 잘라버리고, 적립금도 줄여서 생활비나 적금을 하는 것이 좋다.

 **보장분석예시**

○○○ 고객님 보장분석 예시

담보	항목	보험료	김미경님 롯데&건강 30년납 100세만기	흥국&운전자 30년납 80세만기	동부&100세청춘 20년납 100세만기
		118,404	**72,903**	**15,501**	**30,000**
사망	종신사망	-			
	상해사망	8,100	5,000	100	3,000
	교통상해사망	5,000		5,000	
	질병사망	1,000			1,000
후유장해	상해후유장해	4,000		1,000	3,000
	상해80%이상후유장해	3,000		3,000	
	교통상해50%이상후유장해	100		100	
	질병후유장해(3~100%)	-			
	질병80%이상후유장해	-			
암	● 암진단비(유사암제외)	3,000	3,000		
	유사암진단비	1,000	1,000		
	재진단암	-			
	암수술비	300	60만(1회당)/240만(1회한)		
	암입원비	3(4일이상)	3(4일이상 입원시)		
	항암방사선	-			
2대진단	● 뇌혈관진단비	1,000	1,000		
	뇌졸중진단비	1,000	1,000		
	뇌출혈진단비	-			
	● 허혈성진단비	1,000	1,000		
	급성심금경색증진단비	1,000	1,000		
수술비	● 질병수술비	30	30		
	추가 질병 수술비	300(64대질병)	300(64대질병)		
	뇌혈관질환수술비	1,000	1,000		
	허혈심장질환수술비	1,000	1,000		
	● 상해수술비	100	100		
골절	골절진단비	40(치아파절제외)		30(치아파절제외)	10(치아파절제외)
	골절수술비	30		30	
	5대골절진단비	100		100	
	5대골절수술비	50		50	
화상	화상진단비	20		20	
	충증화상.부식진단비				
	화상수술비	-			
깁스	깁스치료비	30		30	

구분	항목				
입원	상해입원일당	1	1		
	질병입원일당	1	1		
	상해응급실(응급,비응급)	3		3	
	상해중환자실입원비	-			
	질병중환자실입원비	-			
기타	조혈모세포이식수술비	-			
	추간판장애(디스크질환)수술비	-			
	각막이식수술비	-			
	5대장기이식수술비	-			
	일상생활배상책임	10,000			10,000
실손	● 상해입원의료비	1,000			1,000
	● 상해통원의료비	30			30
	● 질병입원의료비	10,000			10,000
	● 질병통원의료비	30			30
	도수치료,체외충격파치료,증식치료	-			
	비급여 주사료	-			
	자기공명영상진단(MRI/MRA)	-			
운전자	● 교통사고처리지원금	10,000		10,000	
	● 변호사선임비용	2,000		2,000	
	● 벌금(대인)	2,000		2,000	
	● 벌금(대물)	500		500	
	자동차부상치료비	3000/900		3000(1~4급)/900(5~14급)	
	자동차사고성형치료비	-			
	자동차사고치아보철치료비	10		10	
기타담보		상해용터복원수술비 7만원			상해용터복원수술비 7만원

 **셀프보장분석**

나의 보장분석 파악하기

담보	항목	보험료	____님			
사망	종신사망					
	상해사망					
	교통상해사망					
	질병사망					
후유장해	상해후유장해(3~100%)					
	상해80%이상후유장해					
	교통상해50%이상후유장해					
	질병후유장해(3~100%)					
	질병80%이상후유장해					
암	● 암진단비(유사암제외)					
	유사암진단비					
	재진단암					
	암수술비					
	암입원비					
	항암방사선					
2대진단	● 뇌혈관진단비					
	뇌졸증진단비					
	뇌출혈진단비					
	● 허혈성진단비					
	급성심금경색증진단비					
수술비	● 질병수술비					
	주가 질병 수술비					
	뇌혈관질환수술비					
	허혈심장질환수술비					
	● 상해수술비					
골절	골절진단비					
	골절수술비					
	5대골절진단비					
	5대골절수술비					
화상	화상진단비					
	중증화상,부식진단비					
	화상수술비					
깁스	깁스치료비					
입원	상해입원일당					
	질병입원일당					
	상해응급실(응급,비응급)					
	상해중환자실입원비					
	질병중환자실입원비					

기타	조혈모세포이식수술비					
	추가판장애(디스크질환)수술비					
	각막이식수술비					
	5대장기이식수술비					
	일상생활배상책임					
실손	● 상해입원의료비					
	● 상해통원의료비					
	● 질병입원의료비					
	● 질병통원의료비					
	도수치료,체외충격파치료,증식치료					
	비급여 주사료					
	자기공명영상진단(MRI/MRA)					
운전자	교통사고처리지원금					
	변호사선임비용					
	벌금(대인)					
	벌금(대물)					
	자동차부상치료비					
	자동차사고성형치료비					
	자동차사고치아보철치료비					
기타담보						

₩ 헌옷 팔기

해가 지나가고, 계절이 바뀔 때마다 옷이나 신발, 가방을 정기적으로 구매한다. 특히 젊은 여성의 경우와 아이가 있는 집일수록 더욱 그렇다. 싫증나거나 작아지거나 또는 찢어져 입지 못할 경우, 또는 이사를 준비 중일 때 안 입고 못 입는 옷들을 집 근처 헌옷수거함에 버리는데, 이런 헌옷수거함은 개인사업자들의 배를 불려준다는 의혹이 점차 커지면서 헌옷을 판매하는 경우도 많아지고 있다.

헌옷을 판매하는 곳으로는 집 근처 'ㅇㅇ자원'이라고 적혀진 고물상이 있다면 직접 가지고 가서 판매하는 것이 좋고, 그게 어렵다면 방문수거를 신청하는 것도 좋다. 단, 방문수거 시 몇 kg 이상일 때 출장이 가능하다고 하는 경우와 kg당 가격이 업체마다 다를 수 있기 때문에 몇 군데의 견적을 받아보는 게 좋다.

이렇게 한푼 두푼 또다른 소득 창출이 될 수 있다.

만약 헌옷을 판매하기보다는 기부하고 싶다면, 비영리법인 설립 허가를 받은 비영리업체인 '옷캔'이 있다. 이곳으로 옷, 신발, 모자, 가방, 수건, 인형 등을 보내면 봉사활동 점수 또는 기부로 인정돼 기부금 영수증도 발급된다. 매년 연말정산 때마다 기부금 내역이 '0'원인 직장인들이라면 헌옷을 통한 기부도 좋을 듯하다. 내가 보낸 옷가지들을 어려운 소외계층에게 나눠줌으로써 나눔과 의류로 인한 환경오염을 덜 수 있다.

OTCAN(http://otcan.org/#menu)

교통비 절감을 위한 승차권

서울 및 수도권 내에 거주하는 직장인들의 대부분이 대중교통을 이용하고 있다. 그중에서도 지하철로만 출퇴근을 하는 경우 교통비를 줄일 수 있는 방법이 있는데, 서울 내에서 출퇴근을 하는 경우와 경기, 인천에서 서울로 출퇴근을 하는 경우 2가지로 나누어 승차권을 구매할 수 있다. 이 경우 지하철 역무실에서 구매할 수 있으며, 구매 시 현금으로만 가능하다. 구매한 충전식 카드는 국세청 홈페이지에 카드 등록을 한다면 현금영수증 소득공제를 받을 수 있다.

    지하철 정기권은 서울지하철을 이용할 때 사용하는 교통권으로 30일의 기간 동안 60회 사용이 가능하기에 지하철로 출퇴근하고 등하교, 업무상 가까운 지하철 이동수단이 많은 사람들이라면(버스 환승은 적용 안 됨) 적합하다. 교통카드가 기본운임이 1,250원이기에 44회 이용할 비용으로 60회 이용이 가능하고 (월 20,000원 절약), 서울 내(수도권 가능 상품도 있고, 거리 비례용 정기권도 있음) 추가운임은 지불되지 않기에 푼돈이지만 여러 조건만 맞다면 비용을 분명히 줄일 수 있다. 적금 1% 금리를 더 준다고 하면 몰리는 상황에서 한 달에 2만 원 이상 줄일 수 있는 지하철 정기권은 조건만 맞다면 꽤 매력적이다.

정기 승차권

구분	사용기간	사용지역	특징
지하철 정기권	충전일부터 30일 이내 60회까지	① 서울전용 정기권 ② 수도권 내 사용 가능한 '거래비례용'	버스 환승 불가
KTX 정기권	10일용/1개월용	① 일반형(KTX, 일반열차) 평일(월~금요일) 사용 할인율 : 10일 45% / 한달 50% ② 기간자유형(KTX, 일반열차) 10일~1개월 내 원하는 기간 설정 후(자유롭게 이용 가능하며, 휴일도 사용 가능 할인율 : 10일~20일 45% / 21일~1개월 50%) ③ N카드(KTX) 이용횟수, 이용구간 선택 후 사용가능	정기권 구매자의 경우 자유석으로 운영되며, 평일에 한함. 지정석을 원할 경우 추가 요금을 지불해야 함.
SRT 정기권	10일용/1개월용	지정하는 지역 – 평일, 주말, 공휴일 전부 사용가능 – 지정한 열차만 탑승 가능(지정 열차 전/후 열차 또는 1시간 이내 운행하는 열차 탑승 가능)	열차당 최대 54매까지 발행

💲 광역알뜰교통카드

대중교통을 이용하는 금액이 카드의 전월 실적에 따라 할인율이 달라지는 카드다. 여기까진 다른 카드와 차별성이 없으나, 이 카드와 연계해 광역알뜰교통카드 마일리지라는 앱을 설치 및 회원가입을 한다면, 대중교통을 이용하는 곳까지 걷거나 자전거 이용 시 이동한 거리만큼 앱을 통해 마일리지를 적립해준다.

카드의 경우 모든 카드가 해당되는 것이 아니라 신한, 우리, 하나 카드만 해당되며, 앱 설치 및 회원 가입 후 원하는 카드를 신청하면 된다.

이 제도의 특징은 마일리지 최대 20% 할인과 교통요금 최대 10% 할인을 해준다는 것이다.

광역알뜰교통카드 사용가능지역

1	서울특별시(25)	서울특별시 전역
2	부산광역시(16)	부산광역시 전역
3	대구광역시(8)	대구광역시 전역
4	광주광역시(5)	광주광역시 전역
5	대전광역시(5)	대전광역시 전역
6	인천광역시(10)	인천광역시 전역
7	울산광역시(5)	울산광역시 전역
8	세종특별자치시(1)	세종특별자치시 전역
9	경기도(31)	경기도 전역
10	충청북도(2)	청주, 옥천
11	충청남도(2)	천안, 아산
12	전라북도(5)	전주, 완주, 익산, 남원, 군산
13	경상북도(3)	포항, 경주, 영주
14	경상남도(10)	창원, 거제, 김해, 밀양, 산청, 진주, 창녕, 양산, 통영, 고성

광역알뜰교통카드만의 혜택

신한카드	**우리카드**	**하나카드**

• (신용) 생활서비스 10% 할인

실적 기준	30만 원 ~50만 원	50만 원 ~100만 원	100만 원 이상
할인 한도	1만 원	2만 원	3만 원

※ 생활서비스는 통합할인한도 내에서 적용되나, 대중교통이 우선 적용됨
※ 교통카드 이용금액 실적 포함
※ 연회비 : Upi 1.2만 원, Master 1.5만 원

• (체크) 대중교통 10% 할인

실적 기준	20 만 원	30 만 원	50 만 원	60 만 원	120 만 원
할인 한도	2천 원	3천 원	5천 원	8천 원	1.2 천 원

※ 교통카드 이용금액도 전월 실적에 포함
※ 연회비 : 없음

• (신용) 대중교통 10% 할인

전일 국내 가맹점 이용금 액	30만 원 ~70만 원	70만 원 ~120만 원	120만 원 이상
할인 한도	1만 원	2만 원	4만 원

※ 할인받은 매출은 전월 실적 신청시 제외
※ 교통할인은 주요 자동이체(통신, 공과금, 렌탈학습지, 보험) 할인과 월 통합한도 내에서 제공
※ 연회비
(해외전용) MasterCard 1.5만 원
(국내전용) BC 1.3만 원

• (체크) 대중교통 3천 원 캐시백

전월 실적	20만 원 ~50만 원	50만 원 ~70만 원	70만 원 이상
월간 기본 캐시백 한도	8천 원	1만 8천 원	2만 8천 원
월간 기본 캐시백 한도	2천 원		
월간 기본 캐시백 한도	1만 원	2만 원	3만 원

※ 전월 실적 산정 시 캐시백 받은 국내 매출도 포함
※ 교통카드 이용금액도 전월 실적에 포함
※연회비 : 없음

• (신용) 대중교통 20% 할인

대상 가맹점	할인율	할인한도	할인횟수
대중교통	20%	1만 5천 원	제한없음

※ 전월 1일~말일까지 국내외 일시불/할부 사용금액이 50만 원 이상 시 서비스 제공
※ 대중교통으로 이용한 후불교통카드 매출 건에 한해 할인 제공
※ 티머니/캐시비 등 교통카드 충전금액 제외
※ 연회비 : Upi 1.7만 원, Master 1.7만 원

• (체크) 대중교통 15% 할인

대상 가맹점	캐시백 서비스	한도
대중교통	이용금액의 15%	월 3만 원 이상 이용 시 최대 5천 원

※ 전월 1일~말일까지 국내 가맹점 사용금액이 25만 원 이상 이용 시 서비스 제공
※연회비 : 없음

자료 / 광역알뜰교통카드 마일리지

💰 어플을 활용한 주유비 절감

가까운 거리는 걸어가면 알게 모르게 새어나가는 차량 이용에 따른 비용을 줄일 수 있다. 하지만 차를 타고 움직여야 할 때 운전을 하다 보면 도중에 기름이 떨어질 경우가 있는데 그때 눈앞에 보이는 주요소에 들어가는 경우가 많다. 하지만 어플을 활용하면 근처에 주유값이 가장 싼 주유소를 찾을 수 있기에 주유비를 절약할 수 있다.

또한 연료를 100% 꽉 채우면 연료 소모 속도가 더 빨라지기 때문에 가득 채우기보다는 70~80% 정도 채우는 것이 적당하다. 이때 금액 '원' 단위보다는 리터 단위로 주유하면 차의 연비를 파악할 수 있어 더욱 좋다. 주유는 밀도가 팽창하는 낮보다 기온이 상대적으로 낮은 아침 또는 저녁에 하면 보다 많은 양의 기름을 넣을 수 있다.

트렁크의 짐을 줄이면 주유비를 아낄 수 있는데 자동차에서 10kg의 무게를 덜어내면 유류비를 연간 5만 원 정도 절약할 수 있다고 한다.

오피넷(Opinet) 어플

04

알게 모르게
난 10%가 넘는 대출을
이용하고 있다?

통신료 2만 원은 200만 원 1년 적금 이자와 같다

재무상담을 하다 보면 통신비 1~2만 원을 아껴서 데이터 소비를 줄이려 하기보다 1~2만 원 정도는 "괜찮아요."라고 하는 분들이 더러 있다. 사회초년생들에게 있어 10만 원 내외의 통신비는 급여 수준에 따라 다를 수 있지만 대체로 급여의 5% 이상의 비중을 차지하는 결코 적지 않은 지출 항목이다. 데이터 사용을 조금만 줄이고, TV와 인터넷을 결합하여 사용하며, 잘 안 보는 TV 채널 수를 줄여 2만 원만 아껴도 1년이면 24만 원이다. 이는 요즘 은행 금리로 200만 원씩 매월 저축하는 1년짜리 적금 상품의 이자보다 더 많은 금액이다.

한 해에만 새로운 기능을 탑재하고 화면이 넓어진 여러 종류의 스마트폰이 수도 없이 출시된다. 우리가 휴대폰의 새로운 디자인과 기능에 빠져있을 때쯤 영업사원의 달콤한 유혹은 시작된다. 요금제와 결합한 할부 상품을 구입하면 추가 할인을 해준다고 말이다. 하지만 이는 새빨간 거짓말이다.

₩ 휴대폰 할부 구매 시 매월 이자가 붙는다

삼성이나 LG, 애플의 휴대폰이 100만 원이라고 가정해보자. 할부 이자율은 5.5%라 하고 할부 개월 수는 24개월로 계산하면, 총 5만 8,296원의 이자 비용이 발생한다. 이는 출고가보다 오히려 비싸게 휴대폰을 구입하는 것과 마찬가지이다. 또한 휴대폰 단말기 할인을 좀 더 받기 위해 자신에게 맞는 요금제가 아닌 통신사에서 추천하는 데이터 요금제를 쓰다 보니 휴대폰 월 사용료는 더 올라간다. 따라서 여건이 된다면 휴대폰 단말기는 일시금으로 구입하는 게 더 유리하다.

또한 조금 더 통신료를 줄이기 위해서는 가족이 같은 통신사를 사용해 결합상품으로 온 가족을 묶여 통신료를 지불하는 것이 좋다. 그리고 TV와 인터넷, 휴대폰 등을 합쳐서 유·무선 결합 상품으로 통신요금을 할인받는 게 더 유리하다. 인터넷과 TV, 일반전화도 장기계약을 하면 통신사에 따라 통화료를 5%에서 15%까지 할인해준다. 또한 약정 기간이 지나고 다시 장기 약정을 하면 최대 25%까지도 할인받을 수 있다.

조금만 찾아보면 알 수 있는 내용인데 우리는 반복되는 속임수에 오늘도 또 넘어간다. 휴대폰 교체 주기가 짧아진 이유도 있지만 보통 우리가 휴대폰을 교체하러 가면 "할부원금이 어떻고 출시금, 지원금이 어때서 이 요금제로 가입하면 제일 저렴하다." 등의 말로 정신을 쏙 빼놓는 경우가 많기 때문이다.

₩ 기기값? 출고가? 할부금? 정확한 휴대폰 용어 알기

'기기값'이라고도 부르는 출고가는 말 그대로 휴대폰 단말기를 제조사에서 출고할 때의 가격을 말한다. 그리고 통신사에서 휴대폰을 개통할 때 각 통신사에서 지원해주는 금액인 '통신사 공식 지원금'이라는 게 있다. 우리가 휴대폰을 할부로 구입할 때 '할부원금'이라는 말을 듣는데 그 할부원금은 출고가에서 통신사 공식 지원금을 뺀 금액을 뜻하며, 이 할부원금을 24개월, 36개월 등 약정 기간으로 나누어 매달 내는 금액이 '월 할부금'이다. 이 월 할부금에는 4~5%대의 고금리 이자가 포함된다.

할부원금 = 출고가 − 통신사 지원금
할부금 = 할부원금 / (24개월, 36개월)

실제 고객의 핸드폰 납입 내역서

₩ TV보다 더 비싼 휴대폰

언제부터인가 휴대폰 가격이 100만원을 넘어섰다. 마트에 가서 전년도 사양의 TV 가격을 한번 보라. 조그마한 휴대폰 가격이 웬만한 TV 가격보다 높아진 지 오래다. 그런데 우리가 가정에서 가전제품을 바꿀 때를 한번 생각해보자. 아직까지 쓸 만하다고 생각하고, 참고 참아서 교체하는 기간이 보통 5년은 넘지 않은가? 때에 따라서는 10년이 넘는 경우도 있다. 그에 반해 웬만한 가전제품보다 비싼 휴대폰의 교체 시기는 어떠한가? 돈을 못 모은 데 이유가 있는 게 아니라, 소비에 핑계만 있을 뿐이다.

05

연 5% 적금보다
연 10% 할인되는
자동차 세금

자동차 구매 시 자동차 판매가만 보지 마라

이왕이면 결혼 전까지는 차를 사지 않는 게 청년들의 가계에 도움이 되지만, 거주지와 직장과의 거리 문제로 차량을 구매하고 유지해야 하는 불가피한 경우도 있다. 또 어느 고객의 말처럼 차량에 따라 애인이 바뀐다고 하니 여러 이유로 인해 차량 구입이 사회초년생의 재무이벤트 중 빠질 수 없는 흐름이 되고 있다.

우리가 구입하는 차량에는 여러 세금이 따라붙는다. 대표적으로 자동차를 출고할 때 개별소비세, 교육세, 부가가치세가 있고, 자동차를 구매하고 나서 등록할 때 내는 취득세가 있으며, 차량을 유지하면서 내는 자동차세가 있다.

💲 자동차 구매를 위해 돈을 모았다면, 세금 인하의 때를 노려라

우리가 자동차를 구매할 때 개별소비세, 교육세, 부가가치세 3종류의 세금을 낸다. 이들 세금은 구매 과정에서 모두 납부해야 하기에 여기에 출고가를 더한 게 차량 가격이라고 생각하면 된다. 이 세금을 줄이는 특별한 방법은 없지만, 정부에서 한시적으로 개별소비세율을 인하할 때가 있다. 그때를 활용하면 되는데, 이게 얼마나 절약되느냐 하면, 정부에서 2018년도에 개별소비세를 한시적으로 5%에서 3.5%로 인하한 적이 있었다.

출고가가 2,000만 원 하는 차량의 개별소비세는 100만 원인데 인하가 되면 70만 원이 된다. 여기에 개별소비세의 30%와 지방소비세까지 계산하게 되면 약 39만 원의 절감 효과가 있다. 이는 차량을 구입하면 가입하는 운전자 보험(1만 원 기준)의 3년치 보험금보다 더 많은 금액이다.

💲 크기·용도에 따라 취득세도 다르고 면제 혜택도 있다

차량을 구매하고 나면 해당 지자체에 차량 가격의 7%를 세금으로 내야 한다. 차량의 크기나 용도에 따라 취득세는 달라지는데 경차나 장애인, 다자녀 가구의 경우 면제 혜택을 받을 수 있다.

> **👤 Tip**
>
> **세금 면제 혜택**
> - 장애인이나 국가유공자가 등록하는 차량에 대해 감면 혜택을 주며 2,000cc 이하 승용차, 7~10인승 승용차, 15인승 이하 승합차, 1톤 이하 화물차, 250cc 이하 이륜차 등의 취득세는 전액 면제된다.
> - 만 18세 미만의 자녀 3명 이상을 양육할 경우 1대에 한해 취득세 감면이 된다. 7~10인승 승용차, 15인승 이하 승합차, 1톤 이하 화물차, 250cc 이하 이륜차 등은 전액 면제 대상이다.
> - 다문화가족 구성원이 취득하는 자동차 중 최초 1대에 한해 감면 혜택을 지원한다. 마지막으로 기존에 감면 혜택을 받은 자동차를 말소하고 다시 취득하는 경우 면제받을 수 있다.

취득세와는 별개로 소득공제를 통해 혜택을 볼 수도 있다. 중고차로 자동차를 매입했을 경우에는 구매 금액 10%를 소득공제를 받을 수 있다. 현금과 체크카드는 30%, 신용카드는 10%를 받을 수 있기 때문에 중고차를 현금 거래할 때는 반드시 현금영수증을 발급받아야 한다.

예·적금 0.1% 금리에 예민하게 반응하기보단 10% 할인에 목숨 걸어라

차량을 유지하면서 내는 세금은 자동차세이다. 자동차세는 배기량인 cc당 세금을 곱해서 정산하며, 차량보유 기간이 3년을 넘어서는 매년 5%씩 최대 50%까지 감면 혜택이 주어진다. 그렇기 때문에 배기량이 적은 자동차를 구매한다면 자동차세를 절약할 수 있다. 세부 금액은 배기량이 1,000cc 초과 1,600cc 이하인 자동차의 경우 cc당 140원, 1,600cc 초과 자동차의 경우 cc당 200원이며, 1,000cc 이하의 경우에는 cc당 80원이다. 당연히 1,000cc 이하의 경차가 차량을 유지할 때에도 굉장한 세금 절약 효과를 보게 되며, 여기에 배기량이 적은 자동차는 자동차세의 30%로 책정되는 자동차 교육세와 통행료 할인, 유류비까지 절약할 수 있다.

이런 자동차세는 매년 6월과 12월 두 번으로 나눠 납부하는데, 이를 한 번에 미리 납부하면 신청 시기에 따라 선납 세액의 최대 10%까지 공제를 받을 수 있다. 공제율은 1월에 1년치를 선납하면 10%, 그리고 3월 7.5%, 6월 5%, 9월 2.5%로 남은 개월 수와 납부시기에 따라 차이가 있는데 빨리 낼수록 비용을 더 줄일 수 있다. 그래서 연 상여금이나 비상금 통장의 자금으로 자동차세는 1월에 미리 선납한다.

신차가 배기량에 의해 세금이 책정된다면, 중고차는 연식에 따라 달라지는데 (2년 미만의 중고차의 경우 자동차세 100%) 2년이 넘은 중고차를 구입하면 1년 단위로 5%의 세금 감면 혜택을 받을 수 있다(최대 50%까지 자동차세 감면).

또한 승용차 요일제를 신청하면 자동차세를 아낄 수 있다. 월요일부터 금요일 중 하루를 정하고 오전 7시부터 오후 8시까지 운행하지 않으면 자동차세를 5%를 감면해준다(지역에 따라 감면 혜택이 다름).

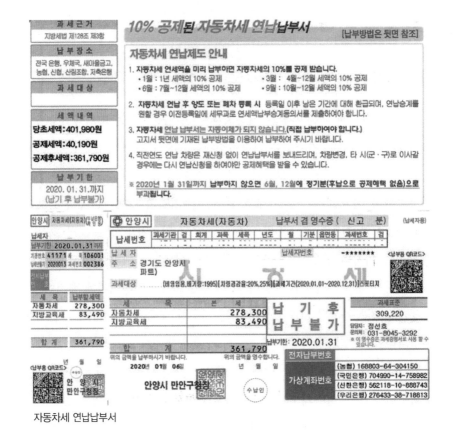

자동차세 연납납부서

06

여행을 가야 한다면, 남들과 다르게!

○○카드 5%, 7% 청구할인 or 무이자 10개월로 떠나는 여행

창밖의 파란 하늘을 보고 있노라면 당장 비행기를 타고 제주도의 푸른 바다를 향해 떠나고 싶은 마음이 든다. 몇 년 전부터 케이블 채널에서 방영되는 재밌는 프로그램을 보면 대부분이 여행 방송이다. 여행 방송에서는 외국인이 한국에 처음 방문해서 경험하는 즐거움을 공유하기도 하고, 반대로 우리나라의 연예인들이 외국에 나가 현지 식당에서 음식을 만들어 파는 모습 등도 소개한다. 여기에 발맞추어 홈쇼핑에서는 멀리 떨어진 발칸반도부터 가까운 일본까지 다양한 지역의 여행 할부 상품으로 고객들을 유혹한다. "단돈 얼마만 있으면 여행을 갈 수 있다."고 하면서 말이다.

여행자금은 재무설계상 봤을 때 비정기지출로, 보통 비상자금에서 운용한다. 사람들은 대개 단기적인 재무이벤트를 통해 여행을 떠난다. 그런데 많은 방송에서 앞다투어 여행 버라이어티 쇼를 보여주고, 홈쇼핑에서 할부 셈법으로 '단돈 10만 원에 유럽여행을~'과 같은 코멘트를 쏟아내면 누구나 흔들린다. 불과

10여 년 전만 해도 해외여행을 그렇게 많이 가지는 않았는데, 우리 국민의 소득 수준 대비 여행상품 가격은 크게 오르지 않아서 체감적으로 저렴하게 보이는 탓인지 1년에 한 번 정도 외국여행을 가는 가구가 늘어났다.

그러나 최근 여행 지출구조를 보면 카드 선 할부 결제로 여행을 떠나는 가족들도 많아졌는데, 나중에는 이 할부가 독이 되어 지출의 건전한 구조가 무너지는 가정이나 친구들을 많이 보았다. 이런 여행자금은 연말정산의 환급처럼 보너스가 되는 행사여야지, 마이너스가 되는 행사가 되어서는 안 된다. 이런 여행자금을 잘 계획하고 소비하는 것도 현재의 환경에서 매우 중요하다.

₩ 여행, 좀 더 알뜰하게 갈 방법 없을까?

여행에서 가장 많이 드는 비용은 뭘까? 아마 근사한 호텔의 스위트룸에서 자지 않거나, 쇼핑을 어마어마하게 하지 않는다면 항공료일 것이다. 항공사는 비행기 특성상 일정 시간이 되면 출발해야 한다. 하지만 좌석이 비어 있는 경우 손해를 보게 되어 있다. 이렇게 빈 좌석이 발생하는 것을 막고자 항공사에서는 땡처리 항공권을 푸는 경우가 많은데 출발일이 가까워질수록 할인해서 나오는 좌석이 많다. 실제로 좌석 업그레이드도 저렴한 비용으로 가능하다. 극성수기가 아닌 이상 항상 좌석은 여유가 있는 편이다.

국내선과 국제선 항공편 모두 당일 좌석이 남아 있다면 인터넷을 통해서든 창구를 통해서든 구매가 가능하다. 출발 임박 시점에는 인터넷에서 구입하는 비행기 값이 오히려 비쌀 수 있다. 반대로 좌석이 너무 안 팔린다 싶으면 일시적으로 땡처리를 하는 경우가 있다. 공항 창구에서 직접 구입 때 국내선은 복지할인, 군 장병 할인, 유공자 할인 혜택을 받을 수 있다.

비행기 특가라고 해서 비수기를 대비해 표를 싸게 팔아 자리를 채워놓는데,

항공사마다 비행기 특가 시즌이 있으니 이를 잘 활용하면 좋다. 또한 이른 아침 시간과 늦은 저녁 시간대에 비행기를 활용하는 것도 좋은데 이 경우에는 이에 맞춰 여행 일정을 잡아야 한다. 이런 특가 표와 땡처리 항공권만 파는 사이트가 있으니 잘 활용하면 항공권을 할인받을 수 있다. 또한 그룹 티켓으로 인정받으면 공짜표가 하나 더 나와 비용을 좀 더 줄일 수 있다. 예를 들어 15명이 그룹으로 인정받으면 1명의 항공표가 공짜로 나오는 식이다.

🅰 Tip

자유여행 vs 패키지여행 어떤 게 좋을까?

1. 자유여행 시 유의사항
국제선 항공권을 저렴하게 구입하는 방법 중 하나가 빨리 예약하는 것이라는 점은 누구나 알고 있을 것이다. 6개월, 1년 전 항공권을 미리 구매하는 게 여행 당일에 가까워 항공권을 구매하는 것보다 저렴하다. 또한 같은 이코노믹 · 비즈니스지만 항공사별로 요금이 다르다. 똑같은 이코노믹이지만 어떤 자리는 가격이 저렴한 경우가 있다. 이 경우 그 자리가 구석인 건 아니고 대신 마일리지 적립률이 낮다는 뜻이다. 즉, 마일리지를 100%보다 낮은 70%, 50%만 적립해준다는 것이다.
또한 항공권을 구입할 때 수화물이 몇 kg까지 무료인지 확인하는 게 좋다. 자주 여행을 하는 사람이 아니고선 이 부분을 간과하기 쉽다. 무조건 항공권이 저렴하다고 덥석 구매하기보단, 몇 kg까지 수화물이 무료인지 확인 후 구매하자. 간혹 수화물이 무료가 아닌 유료인 항공권을 구매했던 여행객들 중 여행에서 돌아올 때 수화물 요금을 달라고 해서 낭패를 본 경우도 더러 있다.

2. 패키지여행 시 유의사항
여행 계획을 갖고 있었는데, 때마침 홈쇼핑 또는 인터넷에 여행 상품이 나왔다. 이때 '여행을 갈까? 말까?'라고 고민한다면 선 예약을 하는 것도 좋다. 조기 예약 시 할인을 받을 수 있을 뿐 아니라 여행 상품에 따라 특전 같은 것도 지급한다. 만약 일정이 안 되거나 다른 곳으로의 여행을 원한다면 패널티를 물지 않는 기간 내 취소하면 된다. 다만 저렴한 여행 상품의 경우 현지 쇼핑센터 방문은 필수가 된다. 쇼핑센터 1~3곳을 방문하게 되는데 쇼핑센터 한 곳을 안 갈 때마다 여행상품 비용이 3~5만 원 올라가는 만큼 본인의 여행 스타일에 맞게 잘 고르면 된다.

또한 여행비에서 전혀 고려하지 않는 부분 중에 하나가 환율 변화에 따른 구매물품의 가격변동이다. 대개 여행지에서 예상치 못한 지출이 발생한다. 이 경우 신용카드로 지출하게 되는데, 신용카드의 특성상 눈에 당장 보이지 않기 때문에 지출 규모를 머릿속으로 대략적으로만 가늠하게 만들고, 이는 또 다른 상

황에서 지갑을 열어 지출을 부추긴다. 여행지에서 사용한 신용카드는 국내에 들어와서 시간이 지난 후 비용이 청구되는데, 그때 달러 값이 폭등하면(2020년 3월처럼 코로나 바이러스로 인해 달러 값이 폭등하면) 내야 할 돈은 더욱더 늘어나게 된다. 그래서 가급적이면 처음에 여행 계획을 세울 때 마지노선 지출금액을 정해놓고, 달러 값이 조금 낮을 때나 우대적용을 받는 은행에서 미리 환전해서 정해진 금액 안에서 지출하는 게 현명하다.

07

필요한 거야?
VS 갖고 싶은 거야?

무이자 할부로 구매했을 뿐인데, 다음 달 카드 결제 금액은 일시불 수준

싱글 중에 카드 할부 덫에 걸려 벗어나지 못하는 경우를 더러 본다. 철저한 계획하에 물품을 구매하는 게 아니고 순간적인 충동으로 인해 구입할 때가 많기 때문이다. 대표적인 게 홈쇼핑인데 순간적으로 혹 해서 물품을 사게 된다. 이는 계획적인 지출이 되지 않다 보니, 곧 낭비로 이어진다.

사실 우리는 필요한 것과 갖고 싶은 것을 평상시에는 이성적으로 판단하지만 실물을 보거나 달콤한 말의 유혹에 시달리다 보면 자꾸 감정에 이끌려간다. 내가 갖고 싶은 거였고, 꼭 필요한 물건이라는 식으로 뇌에 신호를 보낸다. 이러한 쇼핑은 결국에는 신용카드 할부 인생으로 전락하게 만든다.

₩ 쇼핑에 관한 다짐, 월급에 맞춰 하라

TV 채널을 돌리다 보면 갖가지 물품이 홈쇼핑에 등장한다. 이제는 홈쇼핑에서 명품 브랜드까지 판매한다. 이처럼 우리는 인터넷쇼핑 등을 통해 손쉽게 제품을 구매하고 언제든 충동구매를 느낄 수 있는 환경에서 살아간다. 이러한 쇼핑 루트의 다양화로 인해 지갑은 점점 얇아지고 있다. 따라서 매년 옷이나 잡화 등 품목별로 쇼핑을 절제할 수 있는 마지노선을 세워놓고 지출을 하는 것이 중요하다. 소득에서 몇 퍼센트의 지출을 하고 있고, 지출 중에서는 쇼핑이나 갑작스러운 충동구매가 몇 퍼센트를 차지하는지 파악하여, 항상 쇼핑 전에 자신이 자유롭게 쓸 수 있는 자금이 얼마인가를 살피는 게 좋다.

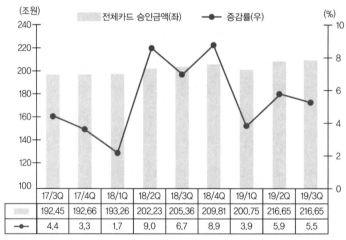

전체 카드 승인금액

(조원)	17/3Q	17/4Q	18/1Q	18/2Q	18/3Q	18/4Q	19/1Q	19/2Q	19/3Q
전체카드 승인금액(좌)	192.45	192.66	193.26	202.23	205.36	209.81	200.75	216.65	216.65
증감률(우)	4.4	3.3	1.7	9.0	6.7	8.9	3.9	5.9	5.5

자료 / 여신금융연구소

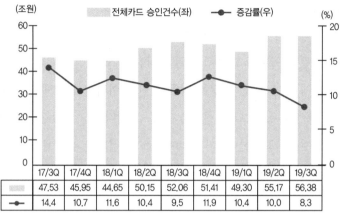

	17/3Q	17/4Q	18/1Q	18/2Q	18/3Q	18/4Q	19/1Q	19/2Q	19/3Q
(전체카드 승인건수)	47.53	45.95	44.65	50.15	52.06	51.41	49.30	55.17	56.38
(증감률)	14.4	10.7	11.6	10.4	9.5	11.9	10.4	10.0	8.3

자료 / 여신금융연구소

우발적 쇼핑을 통제하라

재무상담을 하다 보면 월 잉여자금이 없는 고객들의 문제가 무리한 주택 구입으로 인한 대출 상환 이자, 과도한 보험료, 내게 맞지 않는 통신료, 생활비의 과한 지출, 무리한 쇼핑(의류, 신발, 여행, 미용 등) 순으로 나타난다는 것을 알수 있다. 크게 지출되는 주택에 관련된 비용이나 아이의 교육자금 같은 경우에는 당장의 수정이 어렵지만, 비교적 작은 금액부터 시작하고 빈번하게 발생하는 쇼핑에 관한 비용은 지출금액을 정해놓아서, 예기치 않는 지출을 억제하고 소비하게 되면 충분히 통제가 가능하다.

홈쇼핑 매출의 특성상 가정주부의 매출이 많은데 날씨에 따라서 홈쇼핑 매출이 10~30% 정도 차이가 있기 때문에 갑자기 비가 오는 날이라든지 추워질 때에는 홈쇼핑의 편성표까지 바꾼다고 한다. 비가 오고 추워지는 날에는 대개 집에서 보내는 경우가 많기 때문에, 의외로 드라마 및 예능만 보는 게 아니라 인터넷쇼핑과 홈쇼핑을 통해 의도치 않는 쇼핑을 하는 경우가 많다고 한다.

또한 홈쇼핑뿐만 아니라 마트에 진열된 상품을 보면 필요 이상의 지출을 하게 된다. 쉽게 눈에 보이고, 손에 닿는 상품은 한 번이라도 만져보고 싶어 하며, 제품의 가격과 특징을 살펴보려고 한다. 그 순간 생각지도 않았던 물품에 대한 구매욕구가 50% 이상 증가한다. 이는 대형마트의 철저한 전략에 또 한 번 넘어가는 순간이니 주의해야 한다.

🆆 반려동물은 한 번 더 신중하게

1인 가정이 많아지면서 외로움을 달래기 위해 반려동물을 키우는 사람들이 많아졌다. 실제 재무상담을 해보면 의외로 반려동물의 대한 비용에 대해 질문하는 경우가 종종 있다. 반려동물 또한 사람에게 필요한 비용만큼은 아니지만 꽤 많은 돈이 필요하다.

강아지를 예로 들어보자면, 크게 3가지의 비용이 든다. 어린 강아지를 입양했을 때 예방접종과 중성화 수술에 들어가는 기본비용과, 강아지 식대인 사료 및 애견미용(의류 포함) 등 양육비용, 강아지가 아플 때 필요한 각종 검사 및 치료비용이다.

예방접종 같은 경우 3차까지 맞추었을 때 드는 비용으로 10~30만 원 정도 지출된다. 또한, 대중적으로 많이 하는 중성화 수술의 경우 성별에 따라 달라진다. 수컷의 경우 20~40만 원, 암컷의 경우에는 40~60만 원 정도 비용이 지출

된다. 이외 병원 방문 시 드는 병원 진료비나 광견병 치료 시에도 1만 원 이상씩 지출된다.

사료비용 같은 경우 1~5만 원 이상까지 종류가 다양하다. 또한 무시할 수 없는 비용 중 하나가 미용비용인데, 강아지 미용비용은 강아지의 품종과 크기에 따라, 동물병원에서 하는지 일반 애견샵에서 하는지에 따라 비용이 다르게 적용되는데, 적게는 3만 원에서 많게는 10만 원 이상의 비용이 지출되기도 한다.

안타까운 이야기지만 강아지도 시간이 지나면 늙게 되고 아프게 된다. 실제로 필자도 어릴 때부터 결혼 후 둘째 아이가 태어나기 전까지 고양이와 강아지 등 반려동물을 키워 본 경험이 있는데, 반려동물도 언젠가는 늙고 병든다. 이런 상황에서 병원비용은 검사비만 해도 몇 십만 원대의 비용이 나오고 큰 수술을 받고 치료하게 되면 천만 원대까지 비용이 발생한다.

이를 위해 미용기기를 구입하여 셀프 미용으로 비용을 줄이는 것도 방법이고, 지역에 따라 매년 무료로 광견병 접종을 하는 곳이 있기 때문에 여러 혜택을 꼼꼼히 알아보는 것도 좋다. 또한 카드사 내 펫카드를 활용하면 일정 소비 충족 시 10~20% 정도의 애완동물 및 동물병원 업종 비용을 할인해주기도 한다.

현재 시중에 판매되는 펫카드

구분	우리카드 - 댕댕냥이	KB카드 - 반려애카드	NH농협카드 - 펫블리
주요혜택	동물병원 및 애완동물 업종 10% 청구할인	• 동물병원 및 애완동물 업종 30% 청구할인 • 인터파크 PET 10% 청구할인 • 반려견 단체보험 무료가입 (상해보장)	• 반려동물병원 및 관련 가맹점에서 7% 포인트 적립 • 반려동물 배상책임보험 무료 제공

03

실생활 속 소소한 재테크,
재테크가 별건가?

01

월급명세서를
볼 수 있어야
연봉협상이 가능하다

앗! 입사 때 들은 연봉이랑 월급이 다르네?

근로소득자라면 당연히 급여의 일부분을 세금으로 내야 한다. 대표적인 게 당연히 소득이 발생했으니 소득세이고(이는 1년 정산 후 여러 가지 공제와 더불어서 연말정산으로 다시 계산됨), 국민연금, 건강보험료, 주민세 등이 여기에 해당한다. 또한 직원들의 경조사에 대비해 모으는 사우회비 등도 급여에서 빠져나가는 항목 중 하나다.

입사 1개월 차의 사회초년생들도 재무상담을 더러 받는데 그들이 자주 하는 질문 중 하나가 입사 때 들은 연봉과 실제 한 달을 일하고 받는 급여가 차이가 난다는 것이다. 그러기에 월급에서 어떤 세금이 기본적으로 공제되고, 회사 내에서 사우회비가 빠져나가는지, 휴일에 근무를 했다면 휴일수당은 제대로 정산되었는지 살펴봐야 한다. 그러려면 먼저 월급명세서를 읽을 줄 알아야 한다.

자, 그렇다면 월급명세서를 자세히 들여다보자.

2019년 9월분 급여 명세서

사원코드 : 180901		사원명 : 박××		입사일 : 2018-09-03	
부　　서 : 기술연구소		직　급 : 주임		호봉 :	

지급내역	지급액	공제내역	공제액
기본급	1,670,576	국민연금	95,170
시간외수당	617,884	건강보험	84,220
직급수당		고용보험	5,520
휴일수당		장기요양보험료	7,160
식대	200,000	소득세	31,970
직책수당		지방소득세	3,190
육아수당		국민연금정산	
교통수당		소득세	
차량유지수당	100,000	주민세	
전월급여		기타	30,700
통신비		건강보험정산	
성과급			
하계휴가비			
기타수당			
		공제액계	267,930
지급액계	2,588,460	차인지급액	2,320,530

귀하의 노고에 감사드립니다.

　　29세 남자, 미혼 입사, 당사 경력 1년 2개월차(타사경력 1년), 상여금 238만 8,460원, 추석 50%, 설날 50% 지급, 연봉 3,105만 원

2019년 9월분 급여 명세서

사원코드 : 131102		사원명 : 한××		입사일 : 2013-11-04	
부　　서 : 경영지원팀		직　급 : 대리		호봉 :	

지급내역	지급액	공제내역	공제액
기본급	1,706,010	국민연금	107,550
시간외수당	630,990	건강보험	86,790
직급수당	50,000	고용보험	16,160
휴일수당		장기요양보험료	7,380
식대	200,000	소득세	40,000
직책수당		지방소득세	4,000
육아수당		국민연금정산	
교통수당		소득세	
차량유지수당	100,000	주민세	
전월급여		기타	
통신비		건강보험정산	200,000
성과급			
하계휴가비			
기타수당			
		공제액계	461,880
지급액계	2,687,000	차인지급액	2,225,120

귀하의 노고에 감사드립니다.

　　30세, 미혼여성, 전문대졸, 근무경력 6년, 연봉 3,233만 원

💮 월급을 구성하는 항목

기본급이란 각종 수당을 제외한 순수한 한 달간의 월급인데, 이 기본급이 중요한 이유는 이것을 기준으로 상여금 등이 계산되고 각종 세금들이 부과되기 때문이다. 수당이란 기본급 외에 휴일에 일한 것에 대한 휴일출근수당, 시간 외에 일한 것에 대한 잔업수당, 지정된 연차를 모두 사용하지 않아서 나오는 연차수당, 본인의 직책에 맞게 지급되는 직책수당, 업무 연관성이 있는 자격수당 등 꽤 다양하다. 영업사원들의 차량지원비, 자기계발비 등도 수당의 성격을 띤 플러스 비용이다.

상여금은 매월 지급되는 임금 이외에 일정 시기에 별도로 지급되는 임금으로, 개인의 성과나 회사의 수익에 따라 직원들에게 돌아가는 보너스다. 복리후생비는 근로환경을 개선하고 근로 의욕을 향상시키기 위해 회사가 직원들에게 투자하는 비용으로 식대, 교통비, 경조사비, 체력향상비, 어학원지원비, 기숙사지원비 등이 있다. 이런 지원비가 기본급에 포함된 회사도 있으므로 잘 확인해야 한다.

💮 실수령액이 적었던 이유

여기까지가 보통 내 급여에 플러스가 되는 요인이라 생각하면 되고, 지금부터는 급여에서 공제되는 항목에 대해 살펴보자.

급여에서 공제되는 대표적인 항목이 4대 보험이다. 4대 보험은 국민연금, 건강보험, 고용보험, 산재보험을 뜻하는데, 국민연금은 복리후생비나 실비수당을 제외한 지급 총액의 9%, 보수월액 기준으로 건강보험료는 기본급의 6.67%, 장기요양보험료는 건강보험의 10.25%가 부과된다. 국민연금과 건강보험, 장기요양보험료는 근로자와 회사가 각각 50%씩 부담한다. 따라서 절반은 근로자가 나머지는 사업주가 납입하는데, 급여에서 국민연금은 4.5%, 건강보험료는 3.35%, 장기요양보험료는 건강보험료의 10.25%의 50%가 공제된다. 여기에 실업급여보험료가 1.3%로, 개인과 회사가 50%씩 부담하여 0.65%가 차감된다.

이렇게 4대 보험과 함께 보통 근로소득세라고 불리는 소득세(급여소득과 상여금, 부양가족 수에 따라 차등 공제가 되기 때문에 정확한 세율과 금액을 알고 싶다면 국세청 홈페이지 '간이 세액표'에서 계산하면 된다)와 소득세의 10%를 공제하는 주민세 등이 급여에서 차감되어 우리가 흔히 표현하는 실수령액 또는 세후 월급이 된다. 이렇게 공제되는 항목들은 연말정산을 통해서 환급받을 수도 있다.

02

인생 보너스,
잘 알고 있나?

누구에게나 연말정산은 13월의 보너스인가?

연말정산이란 근로자가 1년 동안 지급받은 소득과 평소 원천징수한 세금 외에 본인이 지출한 의료비, 기부금, 신용카드, 현금영수증 사용액 등을 공제받아 세금을 다시 계산해서 정산하는 것을 말한다. 정산 결과 소득 대비 세금을 더 많이 냈다면 돌려받고, 적게 냈다면 추가로 납부하는 것이다. 만약에 1년 동안 연말정산을 고려한 지출을 했다면 연말정산은 13월의 보너스가 되는 것이고, 아무 계획 없이 지출을 했다면 13월의 폭탄이 될 수도 있다.

연말정산과 뗄 수 없는 원천징수

먼저 이런 연말정산과 떼려야 뗄 수 없는 게 납세방법의 하나인 원천징수다. 모든 소득(비과세 소득은 제외)에는 당연히 세금이 따른다. 소득세는 개인의 소득에 대하여 부과하는 조세인데, 매년 1월 1일부터 12월 31일까지 개인 거주자에게 발생한 모든 소득을 합산하여 과세하는 것을 원칙으로 한다. 이런 소득세는 1년 동안 개인에게 발생한 이·배·기·근·사·연(이자소득, 배당소득, 사업소득, 근로소득, 연금소득, 기타소득)을 모두 합산하여 과세표준을 산출하고 각 과세표준에 정해진 누진세율을 곱하여 과세하게 되는데, 이를 종합합산과세라고 한다.

원천징수란 소득을 지급하는 회사가 직원이 내야 할 세금을 국가를 대신하여 징수하고 납부까지 하는 것을 말한다. 급여명세서를 보면 소득세와 지방세가 차감된 것을 볼 수 있다. 쉽게 말해서 매월 회사가 나에게 책정된 급여에 일정한 요율을 곱해 계산된 소득세와 지방세를 국가를 대신해서 징수하는 것을 의미한다. 회사가 내 소득에서 미리 세금을 떼기 때문에 국가 입장에서는 세금이 누락되는 것을 막을 수 있고, 근로자의 입장에서는 나중에 1년치 세금을 한꺼번에 내지 않고 매월 자체적으로 빠져나가는 시스템을 적용받게 되므로 편리한 측면이 있다.

연말정산이란 앞에서도 설명했듯이 1년간 원천징수한 세금과 실제 내가 납부해야 할 세금의 차액을 계산해 부족분이 있으면 추가 납부하고 과납한 부분이 있으면 돌려받는 제도이다. 대개 상여나 잔업수당 등 각종 수당으로 근로자의 급여에 변동성이 있고, 개인마다 각기 다른 공제 혜택을 받기 때문에 이 같은 연말정산을 한다.

ⓦ 알쏭달쏭한 소득공제? 세액공제?

연말정산을 통해 세금을 환급받기도 하지만 토해내야 하는 경우도 생긴다. 따라서 세금에서 공제되는 항목들은 매우 중요하다. 무엇보다 공제 방법이 소득공제냐 세액공제냐에 따라서 세금 규모도 달라지므로 그 차이를 먼저 정확히 파악할 필요가 있다.

소득공제는 나의 소득에서 공제 항목들의 금액을 차감하는 것으로, 소득에 따라 세금 요율이 다른 우리나라의 세금 체계에서는 과세 대상 금액을 낮추어 세금 구간을 변경시키는 것이 장점이다. 반면 세액공제는 근로소득에 대하여 원천징수된 세금의 금액을 조정하는 특징이 있다.

우선 소득공제 항목에는 근로소득 공제, 공제 항목이 큰 인적 공제, 국민연금 등의 4대 보험료 공제, 주택 대출 공제, 청약저축 공제, 카드사용액 공제 등이 있으며, 세액공제는 기부금 공제, 의료비 공제, 교육비 공제, 월세액 공제, 보장성보험료 및 개인연금저축 공제 등이 있다.

연말정산을 할 때 기준이 되는 것은 자신이 열심히 1년 동안 번 돈의 합계다. 이를 "소득금액"이라고 하는데, 이런 소득금액에서 일정 부분을 제외하는 것이 "소득공제"이다. 소득공제 후 조정된 소득을 정부에서 정한 소득구간 세율표 안에서 어느 구간에 있는지를 보는 게 "과세표준"이라고 하고, 각각의 소득에 따른 세금의 비율이 있는데 이를 "세율"이라고 한다. 이런 과세표준 구간에 따른 "세율"이 정해지면 소득공제를 한 소득금액에서 세율에 따른 세금이 계산이 되는데 이를 "산출세액"이라고 한다. 이런 산출세액에서 또 세금을 깍아주는 게 "세액공제"라고 한다. 이렇게 산출세액에서 세액공제까지 다 한 후 최종적으로 내야 하는 세금을 "결정세액"이라고 한다. 이런 "결정세액"에 따라서 연말정산을 통해 환급을 받던가, 세금을 더 내던가가 정해진다.

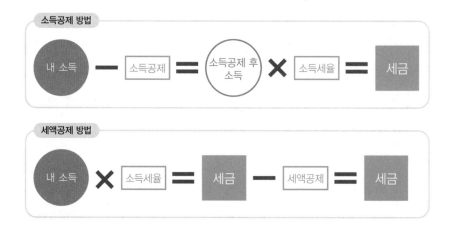

연봉이 5,000만 원이고, 연금저축 1년간 금액이 400만 원이라고 할 때 단순 소득공제와 세액공제로 적용해 계산해보자.

◆ 소득공제 : 5,000만 원 – 400만 원 = 4,600만 원(세율 15% 구간)
   4,600만 원 X 16.5%(세율 15% + 주민세 1.5%) = 759만 원 세금

◆ 세액공제 : 5,000만 원(세율 24% 구간) / 연금 연간 400만 원 16.5%
   5,000만 원 X 26.4%(세율 24% + 주민세 2.4%) = 1,320만 원
   400만 원 X 16.5% = 66만 원
   1,320만 원 – 66만 원 = 1,254만 원 세금

결과적으로 소득공제는 정해진 세율이 계산되기 전 공제가 되기 때문에 소득이 높은 사람이 더 많은 금액을 공제받을 수 있고, 세액공제는 정해진 금액을 누구나 똑같이 받게 된다. 즉, 소득공제의 경우 가족 중 소득이 가장 많은 사람에게 몰아주는 게 좋고, 세액공제는 소득이 낮은 사람에게 몰아주는 게 좋다고 볼 수 있다.

연말정산 소득공제 VS 세액공제

항목	소득공제	세액공제	비고
주택마련저축	O		총 급여액 7,000만 원 이하&무주택자의 경우 연 납입액 240만 원 한도로 40% 소득공제 가능
보장성보험료		O	보험료 납입액 × 12%, 연간 100만 원 한도
의료비		O	총 급여액의 3%를 초과한 금액 × 15%, 연간 700만 원 한도(난임시술은 20% 공제, 한도 없음) 단, 보험회사로 받은 보험금, 국민건강보험공단의 지원금, 본인부담금 상한제 사후환급금을 받은 경우 그 해당 의료비, 사내근로복지기금 등으로 지출한 의료비는 제외 대상, 치료목적이 아닌 미용 성형수술 및 건강증진을 위한 의약품 제외 대상
교육비		O	교육비 공제대상 × 15%, 본인 한도 없음 취학 전 자녀 및 초·중·고등학생 연간 300만 원, 대학생 연간 900만 원, 장애인 특수교육비 한도 없음
신용카드	O		근로자 총급여액 × 25%를 초과한 금액 × 15%, 연간 600만 원 한도 전통시장 사용분 × 40% 대중교통 사용분 × 40% 총급여 7천만 원 이하자의 도서·공연 사용분 × 30% 현금영수증·직불·선불카드 × 30% 신용카드 사용분(신용카드 사용액 − 전통시장 사용액 − 대중교통사용액 − 총급여 7천만 원 이하자의 도서·공연 사용액) × 15%
연금저축/퇴직연금	O	O	**연금저축** 2000년 12월 31일 이전 가입자 : 연간 불입액 × 40%(연 72만 원 한도 소득공제) 2001년 1월 1일 이후 가입자 : 연간 400만 원 한도 세액공제 **퇴직연금** 연간 근로자 납입액 공제에 대하여 세액공제 *단, 연금저축/퇴직연금 합하여 연간 700만 원 한도
기부금		O	정치자금 기부금 : 근로소득 × 100% 법정 기부금 : 근로소득 × 100% 우리사주조합기부금 : 근로소득 × 30% 지정기부금 : 10 ~ 30%

질리도록 듣는 통장 쪼개기! 과연?

🎯 돈의 움직임을 알고 싶다면…

통장 쪼개기는 왜 해야 할까? 통장별로 자금이 들어오고 나가는 목록을 한눈에 보기 위한 것인데, 돈의 이동 흐름이 눈에 보이면 줄일 수 있는 부분에서 더 줄이고, 늘릴 수 있는 부분에서 좀 더 늘릴 수 있기 때문이다. 이런 순환구조를 만들기 위해서 통장 쪼개기를 하는데, 이와 더불어 꼼꼼하게 가계부까지 정리하면서 돈을 관리하는 고객들이 늘고 있다. 특히 결혼한 남성들이 참 많아졌다.

🎯 통장! 꼭 4개로 만들어야 한다?

보통 통장 쪼개기를 할 때 어떤 공식이 있는 건 아니다. 그리고 꼭 4개로 나누어야 하는 것도 아니다. 어떤 고객은 3개로도 나누기도 하고, 어떤 고객은 8개까지 나누기도 한다. 고객의 성향이나 생활패턴, 지출상황 등에 따라 나누면 된다. 어떤 경우에는 급여 통장, 생활비 통장, 공과금 통장, 비상금 통장, 투자

통장 등으로 나누기도 하고, 또 다른 경우에는 급여 통장, 고정지출 통장, 상여·비정기 통장, 비상금 통장, 투자 통장으로 나누기도 한다. 이렇게 통장을 쪼개서 자금을 분산한다고 뻔히 보이는 수익 외에 특별히 수익이 더 생기는 것은 아니다. 단지 돈 관리를 편리하게 해주고 쓸데없는 지출을 줄이기 위한 수단이라고 보면 된다.

ⓦ 효과적인 통장 활용법

급여 통장 = 고정지출 통장

주로 월급을 받는 주거래 우대금리 통장이다. 이 통장에서 주로 월세, 통신비, 식비, 보험료 등이 매달 고정적으로 나간다. 이런 급여 통장은 주거래 은행을 통해서 활용하면 수수료 및 대출이자의 할인을 받을 수 있다. 월급 통장 특성상 입출금이 빈번하게 발생돼 아무래도 통장에 남은 잔액이 소액일 경우가 많기 때문에 각종 수수료 면제 혜택을 받으면서 자유롭게 입출금이 가능하고, 소액이지만 한푼이라도 더 높은 금리를 받을 수 있는 통장을 선택하는 것이 좋다. 직장인 전용 상품 등을 활용하면 많은 혜택을 받을 수 있다.

생활비 통장 = 변동지출 통장

변동지출을 관리하기 위한 통장이다. 돈을 모으기 위해서는 변동지출을 최대한 줄이는 것이 중요한데, 그렇게 하기 위해서는 변동지출이지만 고정지출처럼 각 품목에 일정 금액을 책정한 채 지출하는 게 중요하다. 신용카드보다는 체크카드를 지출 통장과 연결하여 사용하는 것이 좋으며, 변동지출을 최대한 줄여서 남은 금액을 예비자금을 위해 마련한 비상금 통장으로 이체하도록 하는 게 무엇보다 더 중요하다. 지출 통장은 ATM이나 자동화기기를 이용해 출금하는 경우가 많기 때문에, 수수료 면제 혜택을 받을 수 있는 CMA 통장을 이용하는 것이 좋다.

예비비 통장 = 비상금 통장

말 그대로 예비자금을 관리하기 위한 통장이다. 큰 병에 걸렸을 때에는 보험으로 해결할 수 있지만, 실직을 당했을 때에는 예비자금 외에는 방법이 없다. 예비비 통장을 만드는 이유를 '실직을 대비하기 위함'이라고 말해도 과언이 아니다. 새 직장을 얻어 월급을 받기까지 평균 3개월 정도가 소요되고, 실업급여가 지급되는 최소 기간도 3개월이기 때문에, 비상금 통장에는 3개월 정도의 급여나 생활비를 비치해두는 것이 바람직하다. 비상금은 자유입출금식 예금 또는 금리가 높은 CMA 통장에 넣어두는 것이 좋다.

투자 통장

재무목적에 따라 나누어져 자동이체 등을 관리하는, 말 그대로 투자 관리를 위한 통장이다. 투자상품들의 자동 납부일은 가급적 동일한 날짜로 설정해서 금액이 빠져나가는 것을 확인할 수 있도록 하는 것이 관리에 용이하다. 또한 신용등급을 좀 더 올리기 위해서는 100만 원짜리 적금통장 1개보다는 각각 50만 원씩 들어간 통장 2개를 만드는 게 훨씬 낫다.

통장쪼개기 방법

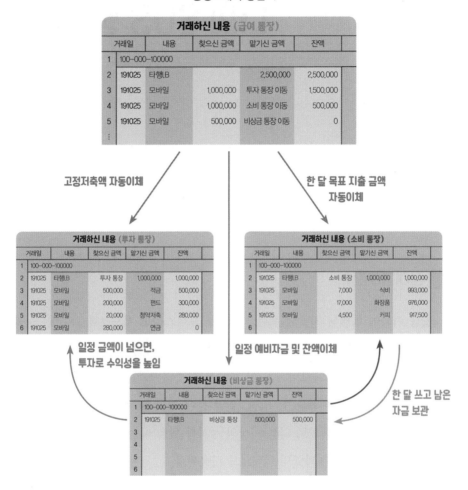

거래하신 내용 (급여 통장)

	거래일	내용	찾으신 금액	맡기신 금액	잔액	
1	100-000-100000					
2	191025	타행IB		2,500,000	2,500,000	
3	191025	모바일	1,000,000	투자 통장 이동	1,500,000	
4	191025	모바일	1,000,000	소비 통장 이동	500,000	
5	191025	모바일	500,000	비상금 통장 이동	0	

고정저축액 자동이체

한 달 목표 지출 금액 자동이체

거래하신 내용 (투자 통장)

	거래일	내용	찾으신 금액	맡기신 금액	잔액	
1	100-000-100000					
2	191025	타행IB	투자 통장	1,000,000	1,000,000	
3	191025	모바일	500,000	적금	500,000	
4	191025	모바일	200,000	펀드	300,000	
5	191025	모바일	20,000	청약저축	280,000	
6	191025	모바일	280,000	연금	0	

거래하신 내용 (소비 통장)

	거래일	내용	찾으신 금액	맡기신 금액	잔액	
1	100-000-100000					
2	191025	타행IB	소비 통장	1,000,000	1,000,000	
3	191025	모바일	7,000	식비	993,000	
4	191025	모바일	17,000	화장품	976,000	
5	191025	모바일	4,500	커피	917,500	
6						

일정 금액이 넘으면, 투자로 수익성을 높임

일정 예비자금 및 잔액이체

한 달 쓰고 남은 자금 보관

거래하신 내용 (비상금 통장)

	거래일	내용	찾으신 금액	맡기신 금액	잔액	
1	100-000-100000					
2	191025	타행IB	비상금 통장	500,000	500,000	
3						
4						
5						
6						

나의 SOS 통장은?

💰 상여금이란?

월급 이외에 특별히 지급되는 현금 급여를 보너스라고 부르는데, 본래는 능률급 제도로 표준작업량 이상의 성과를 올린 경우에 지불되는 임금의 할증분이다. 유럽과 미국에서의 보너스는 이 할증분을 뜻하지만, 한국에서의 보너스는 그것과 조금 달라서 여름휴가, 명절, 연말 등에 정기 또는 임시로 지급되는 일시금을 뜻한다. 프로젝트로 업무 이상의 성과를 냈을 때 받는 특별 상여금이 있는데, 이럴 경우에는 성과급의 의미로도 사용된다.

즉 정기적으로 받는 급여 이외에 어떤 시기나 조건(근로자의 경영성과나 근무성적 등)에 의거해서 지급하는 금품을 상여금이라고 하는데 지급기준과 시기, 지급액 등이 정해져 있다면 이는 상여로 보기보다는 임금에 포함되기도 한다. 한마디로 상여금이란 보너스라고 생각하면 된다. 연봉제 이후에 우리나라 경우에는 연봉에 상여금이 포함된 경우가 많으니 꼭 확인해봐야 한다.

₩ 상여금, 이렇게 활용하자

상여금은 보통 여름휴가나 설날 혹은 추석 같은 명절, 연말에 성과급의 성격을 띤 채 지급된다. 이것으로 자금을 모으거나 투자를 할 수도 있지만, 여행이나 부모님 선물 등의 경조사 품목 비용으로 쓸 수 있다. 또, 마이너스 통장이나 신용 대출 등의 대출금이 있을 때에는 대출금 상환으로 쓰일 수 있으며, 비정기지출 통장으로 쓸 수 있다.

보통 비상금을 써야 하는 시기는 갑작스럽게 찾아온다. 또한 비정기적으로 일정한 금액이 아닌 그때그때마다 필요에 따라서 지출하는 비정기지출의 경우에는 최근 몇 개월의 소비 통계를 내서 평균값을 정하면 대략적인 예측은 가능하지만, 그대로 실천하기에는 어려운 상황들이 발생한다. 따라서 보너스 성격인 상여금은 이런 비정기지출에 활용하기 적합한 소득으로, 이를 다음 연도나 비상시에 지출을 할 수 있는 비상금 통장에 넣어두면 된다.

💲 각양 각색의 상여금 투자족

나는 보관하겠소

힘들게 일해서 오랜만에 공돈이 생겼지만 투자하기에는 그동안의 고생이 손실로 바뀌는 것은 못 보겠고, 그렇다고 너무 낮은 현재의 은행 금리를 쳐다보고 있으면 '화'가 날 때 이 비상자금 성격의 돈을 하루를 맡겨도 이자를 부리하는 방식의 CMA에 넣어두는 게 제일 낫다. 은행의 이자보다는 조금이라도 높은 금리를 받고 싶으면 증권사의 '발행어음' 상품이나, 저축은행의 '예금우대' 상품에 예치하면 좋다. 쥐꼬리만한 이자에도 15.4%의 소득세를 떼는 게 아깝다면 새마을금고나 단위 농협, 축협, 신협의 조합원 출자금 통장을 활용한 비과세 상품에 가입해도 괜찮다.

어차피 공돈, 나는 투자하겠소

돈을 모았다가 약간의 시간이 흘러서 쓰고, 또 모으고, 쓰고 하면 결국엔 돈을 모으기 힘들다. 그렇기 때문에 돈의 일부는 장기적으로 투자를 해서 목돈을 만들어야 하는데, 이런 장기적인 관점의 투자는 물가상승률 이상의 효과를 가져와야 한다. 원금의 일부나 (조건 달성 시) 전부를 보존해주는 ELS 상품이나 주가지수를 연계로 하는 투자상품을 활용하는 것도 좋은 방법이다. 이들 상품은 적립식이 아니고, 거치식의 성격을 띠고 있어서 좀 더 공격적인 성향의 투자자들에게 맞는 편이다.

투자는 해야 되는데 리스크를 줄이고 싶소

거치식 투자방법의 가장 큰 리스크는 '절대 손실이 나면 안 된다'이다. 한 번에 목돈이 들어가기 때문에 가령 50%의 손실이 났을 때에는 100%의 수익(2배)이 났을 때 본전이 되기 때문에 손실 자체가 투자자의 목을 쥐어잡을 수 있다. 이런 문제를 해결하기 위해서 매월 일정액으로 분할해서 투자하는 적립식 정액 투자방법의 적립식 펀드를 많이 추천한다. 일정액의 목돈을 다시 쪼개서 매월 투자하는 것처럼 나누는 방식이 진부해보일 수도 있지만, 투자의 위험성을 줄이기 위한 방법으로는 나쁘지는 않다.

보험 회사의 연금상품을 활용하겠소

요즘엔 누구나 개인연금의 중요성을 안다. 고령화와 저출산으로 인한 사회보장제도의 한계점을 굳이 공부하지 않아도 각종 언론매체에서 열심히 보도하고 있기 때문이다. 이러한 문제를 보완하는 게 바로 개인연금인데, 연금상품의 특성상 '일찍', '많이' 넣어야지 유리하다. 그런데 일찍, 많이 넣는다는 게 지금 현실에서는 힘든 일이다. 독립도 해야 하고, 결혼도 해야 하고, 아이도 낳고, 주택도 장만해야 하며, 주택 대출을 다 갚을 찰나에는 자녀가 결혼을 하고 노후를 맞이하기 때문에 개인연금에 넉넉하게 불입할 수 있는 사람은 몇 안 된다.

개인연금의 추가 납입은 이럴 때 사용하기 정말 좋은 제도이다. 지금까지 불입금의 2배 이상의 추가 납입이 가능하고, 보험회사 상품의 최대 단점인 사업비가 전혀 들지 않는 상품도 꽤 많다. 또한 비과세도 가능하며, 추가 납입금액(투자 상품인 경우에는 추가 납입상품의 투자 적립금) 안에서 중도 인출도 가능하기에 활용하기가 좋다.

돈을 적립도 하고 세금으로 돌려받겠소

돈을 불리는 것도 좋지만, 세금을 면하든가, 세금을 돌려받는 방법도 돈을 버는 방법 중에 하나다. 연금저축과 IRP는 연 합산 납입금액의 700만 원까지 세액공제가 가능하기에 세금을 돌려받는 절세상품이기도 하고, 상품의 특성상 노후에 연금으로 유용하게 쓰일 수 있는 상품이다.

05

영원히 안녕!
마이너스 통장

💰 눈치 보지 않고 내 맘대로 사용할 수 있는 마이너스 통장

일명 '마·통'이라고 불리는 마이너스 통장은 은행들이 취급하는 여러 대출 상품 중 하나인데 인터넷, 모바일뱅킹 시장에서도 쉽게 개설할 수 있다. 마이너스 통장을 개설하면 정해진 한도까지 이용 가능하며, 한 달에 한 번씩 마이너스 이용 금액에 대한 이자가 빠져나가는 구조다.

마이너스 통장의 장점

마이너스 통장의 총 한도 내에서 언제든지 필요할 때마다 쓸 수 있기에 급하게 돈이 필요할 때마다 사용할 수 있다. 또한 마이너스 통장의 돈을 사용한 만큼 이자 비용을 지불하는 구조이기 때문에 마이너스 통장에서 돈을 사용하지 않았으면, 이자나 수수료 같은 비용이 일절 들지 않기 때문에 비상금 통장으로 활용하기 좋다. 또한 카드론이나 현금 서비스 등은 신용 등급에 부정적인 영향을 미치는 반면에, 마이너스 통장 발급은 신용 등급에 큰 영향을 주진 않는다.

마이너스 통장의 단점

원금에서 발생한 이자가 다시 원금에 더해지는 구조로, 이자 비용에 복리 계산법이 적용되어서 다른 상품에 비해 금리가 높다. 이 때문에 대출 이용 기간이 길어질수록 부담해야 하는 이자 비용도 계속 늘어난다. 이러한 이유로 혹여나 이자 연체 시에 붙는 가중 이자에 대한 부담이 크다. 또한 마이너스 통장은 비상적인 상황에서 이를 해결하기 위해 만들어지는 경우가 많은데, 비상금이 없으면 마이너스 통장을 비상금 통장으로 착각하게 되는 구조적인 문제에 직면해 잘못하면 무절제한 소비로 이어지고 통제할 수 없는 소비에 빠지기도 한다.

ⓦ 그렇다면, 어떻게 현명하게 마이너스 통장을 활용할 수 있을까?

필요 금액 이상으로 한도를 설정하지 말자

고객들을 보면 마이너스 통장이란 걸 인지하면서도 이를 마치 비상금 대용으로, 혹은 과소비에 따른 적자 재정을 메우기 위한 수단으로 활용하는 경우가 있다. 마이너스 통장은 일반 급여 계좌나 소비지출 통장과 분리해서 관리해야 한다. 같은 계좌로 활용하면 나중에 입·출금이 계속 빈번하게 일어나면서 마이너스 통장을 인지하지 못하게 되며, 이는 비계획적인 지출로 이어진다.

마이너스 통장은 급전이 필요하고, 돈을 빨리 갚을 수 있는 단기대출이 필요한 사람에게 적합하다. 마이너스 통장은 만들어두기만 하고 사용하지 않아도 대출로 잡히기 때문에 자칫 사용하지도 않는데 한도를 높여 만들어뒀다가는 정작 현재의 부동산 규제 등으로 주택담보대출 등을 받을 때 한도가 깎일 수도 있다. 따라서 높은 한도의 마이너스 통장을 만들기보다 비상금 통장이 만들어질 때까지 임시 비상금 통장으로 활용하는 게 좋다. 급여의 2~3배 정도로 한도를 정해서 마이너스 통장을 운영하는 게 좋고, 비상금 통장이 만들어진 후에는 과감하게 마이너스 통장과 이별해야 한다.

통장 개설 전 상환 계획을 철저히 세우자

마이너스 통장도 부채다. 이자도 주택담보대출 등의 다른 대출보다 높다. 마이너스 통장은 수시 상환이 가능하기 때문에 상여금이나 급여 이외의 소득이 입금될 때마다 계좌를 채워나가는 게 좋다. 마이너스 통장 역시 대출이기에 이자 연체 시에는 신용 등급의 하락을 피할 수 없다.

아는 만큼 득이 된다

급하게 자금이 필요해서 부득이하게 마이너스 통장을 개설해야 한다면 주거래 은행을 이용하거나 인터넷 은행 등도 함께 비교해서 최대한 금리가 낮은 상품을 찾아야 한다. 또한 마이너스 통장을 사용하기 시작하면 없애기 어렵고 그만큼 돈을 모으는 길과도 멀어진다는 점을 항상 인지해서 최대한 빨리 마이너스 통장을 정리할 수 있도록 해야 한다.

ⓦ 마이너스 통장을 없앤다고 정답은 아냐!

마이너스 통장을 개설해서 지출할 정도라면 급한 상황에 놓인 경우가 많다. 애초에 이런 급한 상황을 만들지 않기 위해서는 계획적인 소비가 필요하며, 평소에 비상금도 확보해둘 필요가 있다. 비상금이 없기 때문에 마이너스 대출을 받는 것인데(물론 최근 주택담보대출을 받기 어렵게 되면서 마이너스 통장을 통한 대출이 늘어난 경우도 있다), 이런 부분을 해소하기 위해서는 매월 고정적인 지출에서 비상금 항목을 만들어 비상금 통장에 차곡차곡 쌓아둬야 한다.

물론 주택처럼 큰 금액이 들어가는 부분은 어쩔 수 없겠지만, 다른 부분에서는 소비 목적을 한 번 더 생각해봐야 한다. 꼭 필요한 품목이라면 소비를 해야 할 시기를 정하고, 자신의 예산 내에서 얼마 동안 어느 정도의 돈을 모을 수 있는가를 계산해보는 계획적인 소비 형태를 보여야 한다.

마이너스 통장을 사용해본 사람들은 다들 경험해봤을 것이다. '없앤다, 없앤다.' 하면서도 결국엔 10여 년이 훨씬 지난 마이너스 통장을 갖고 있게 된다는 사실을 말이다. 냉정하게 말해 마이너스 통장으로 진 빚부터 갚아야 한다. 투자하고 있는 상품에서 목돈이 생긴다면 생활 변수 등을 고려해서 마이너스 통장부터 챙겨야 하고, 보험료를 많이 내고 있다면 리모델링할 때 발생되는 해지금으로 마이너스 통장의 잔액을 채우는 것도 고려해봐야 한다. 조금 아쉽더라도 덜 쓰고 덜 먹으면서 마이너스 통장에서 해방되어야 한다.

빚내서
투자하면 피똥싼다

ⓦ 연봉 5,000만 원이지만, 저축을 할 수 없는 현실

언제부턴가 우리는 빚에 둔해졌다. 물가가 많이 오르고, 부동산도 주식도 시간이 흐를수록 많이 올랐다는 이유로 "이번이 마지막 기회가 될지 모른다."는 관념에 사로잡혀 빚을 져 투자한다. '부채'가 '투자'와 만나면 이상하게 양면성을 갖는다. '하우스푸어' 즉, 집이 있는 가난한 사람이 된다. 집 한 채 달랑 있지만, 밑 빠진 독에 물 붓기처럼 나의 모든 노동력을 통해 벌어들인 소득이 원리금과 이자 상환에 사용된다.

현재 우리나라 서민의 삶에서 주택 마련을 위한 대출은 필수 요소가 되었다. 연봉이 5,000만 원이라고 한 번 가정해보자! 먼저 4대 보험 등 세금을 다 떼고 나면 실제 연 수령액 4,500만 원이 된다고 보고, 이마저도 상여금과 성과금이 포함된 연봉이라면 4,500만 원에서 12를 나누는 게 아니라 16을 나누어야 할 수도 있다(상여금 300%, 성과금 100%가 포함된 연봉이라고 가정할 때). 그렇다면 상여금이나 성과금이 없는 평달 기준으로 281만 원 정도가 실수령액이 된다.

과거에는 '연봉 1억 원'이 성공한 사람의 기준이 되는 액수였고, 거기에 반인

5,000만 원 역시도 적은 연봉은 아니었다. 하지만 이제는 5,000만 원에서 이것 저것 다 뗀 실수령액을 보면 넉넉하게 소비할 수 있는 수준의 급여가 아니다. 식비, 부식비도 지출해야 하고 통신비, 보험료, 학원비, 교통비 등과 경조사비용 등을 지출하고 나면, 여유자금은 '쥐꼬리'만큼 남는다.

ⓦ 왜 빚내서 투자를 했나

연봉이 적은 건 아니다. 정부의 최저임금도 올랐다. 그러나 세금과 이것저것 이상한(?) 셈법으로 급여가 걸러지면 생활비와 자녀교육비로 남는 게 없다. 이러다 보니 맞벌이가 선택이 아닌 필수가 된 지는 오래되었다. 그래야 빚을 내서라도 집을 살 수 있는 세상이다.

'저축액 100만 원'이라고 하면 상징하는 바가 커 꽤 많은 돈을 저축하는 것처럼 보인다. 그러나 100만 원을 10년간 꼬박 저축하면 서울 기준의 신규 아파트 가격의 20% 정도밖에 되지 않는다. 그런데 위에서 봤듯이 우리의 현실에서 저축 100만 원을 하기는 쉽지 않다.

미혼의 청년은 대학교 학자금 대출에 발목이 잡히고, 결혼을 한 기혼자는 너무 높이 오른 전세자금 대출과 자녀 양육비, 교육비로 허덕이며 살아간다. 소문에 누구는 비트코인을 투자해서 몇 배 돈을 벌고 퇴사해서 가게를 한다고 한다. 그래도 이런 소식은 괜찮다. 눈에 보이지도 않고, 등락폭이 크고 잦다 보니 한 귀로 듣고 흘려버릴 수 있다. 주식으로 돈을 벌어서 전업 투자자의 길을 걷는다는 친구 녀석의 말도 흘려들을 수 있다. 과거의 소액으로 해본 경험이 있으면 참 어렵다는 생각을 할 수 있으니까.

그런데 의식주의 하나인 주택문제는 결코 간단하게 생각할 수 있는 문제가 아니다. 최근 대한민국의 주택 가격은 계속 고공행진했다. 주택 매매 가격만 뛴

게 아니고, 월세도 많이 뛰었다. 전세는 뛰다 못해 마음에 드는 매물을 구하기도 힘든 상황이다. 전세계약 만기일이 다가올수록 이번에는 전셋값이 또 얼마나 오를까에 대한 고민으로 "확 이 기회에 사버리자."라는 생각에 은행을 두드려보면 대출금은 왜 이리도 적게 책정되는지 모른다.

대출을 최고로 받고 나서도 마이너스 통장을 쓰며 저축과 보험을 다 해지해도 살 수 있을까 말까 하지만, 이 시기를 놓치면 또 얼마나 집값이 뛸까에 대한 고민으로 결국엔 떠밀려서 빚내서 투자하게끔 세상이 흘러간다. 이럴 줄 알았으면 결혼 전에 차도 사지 말고, 독립도 하지 말아서 재테크 목적으로 주택을 샀을 것이다. 그랬다면 이런 서글픔도 힘듦도 없지 않았을까?

때마침 소문이 막 들려온다. 누구는 빚내서 부동산 투자를 했는데 몇 억이 올랐고, 누구는 몇 배로 올라 팔고 나서 대출을 다 갚고 또 새 집을 샀다고 말이다. 이런 소식을 들을 때마다 절약해서 돈을 모아야 한다는 생각은 점점 사라진다. 현실 속의 로또인 부동산 시세 차익을 염두에 두고, '단 한 방에 인생역전'의 큰 꿈을 꾸며, 이리저리 돈을 빌릴 수 있는 모든 곳에서 돈을 빌려 부동산에 투자하고 싶어진다.

ⓦ 100만 원씩 20년을 모아도 서울 신규 아파트 값 반도 안 된다

대출을 안 하고 주택을 구입하는 건 힘들기에 최대한 빨리 부채를 상환할 생각을 하고 빚을 진다. 그 대신에 자가 마련에 따른 부채는 미래의 주택 가격의 상승이라는 공식을 확신하며 좋은 부채라고 생각한다. 물론 현재까지 서울 아파트나 서울 지역 관문의 수도권 도시 신규 아파트 기준으로는 좋은 부채다.

투자용 부동산 매입에 있어서도 마찬가지다. 예를 들어 투자 목적으로 부동산을 매입할 때 자금이 부족해서 대출을 받으면 당연히 원금과 이자를 상환할 의

무가 생긴다. 그런데 해당 부동산에서 임대 소득이 발생하면 내가 아닌 다른 사람이 나의 부채를 감당해주면서 동시에 그 차익은 나의 비활성 소득이 되어 나에게 나쁜 부채가 아닌 좋은 부채가 된다.

그러다 보니 부동산에 사람들이 몰리고 갭투자가 활성화되어 역전세난이 일어나 전세 만기 시 보증금을 바로 돌려받지 못하는 일이 발생하기도 한다. 또 '묻지마 투자'와 브로커들이 판을 점점 키우다 보니 정부에서는 집값 안정화 정책을 펴면서 대출을 막고, 세금을 올린다. 그러면 비는 피하면 된다고 생각하고, 오늘의 흐림은 내일의 맑음이라 생각하며, 부동산으로 가지 말라고 막아놓으면 주식으로 와르르 가버린다. 과연 이런 상황은 괜찮을 것일까?

Ⓦ 주택 가격도 오르고 부동산 가격도 오르는데, 빚내서 투자하는 게 왜 위험할까?

돈이 행복의 척도는 아니다. 하지만 돈 없이 행복을 추구하기 어려운 경우가 많다. 대부분의 사람들은 여윳돈이 그리 많지 않다. 오히려 한 달 살고 나서 생기는 잉여자금도 부족해 저축하기도 힘들다. 그런데 나날이 물가는 뛰고 있고, 은행 이자는 세금을 떼고 나면 거의 원금 보존 수준밖에 되지 않는다. 그렇기 때문에 한정적인 자산 안에서 물가 이상의 수익을 바란다. 그래서 투자를 시작하게 되는데, 투자의 기본은 안전이다. 대표적인 투자 시장이 주식 시장과 부동산 시장이다. 둘 다 대출이 가능한 시장이기도 하다.

주식 시장은 '파도 시장' 또는 '롤러코스터 시장'으로 이해하면 편하다. 이론적으로는 내려갔을 때 사서 올라갈 때 팔면 된다. 하지만 누가 지금 시점이 최저 시점이라고 맞힐 수가 있을까? 또 떨어진 만큼 수익이 나야 본전이다. 그래서 주식 시장에서 돈을 벌려면 내가 산 주식이 떨어지면 안 된다. 물론 신이 아니기에 한 번도 안 떨어질 수는 없다. 분산 투자를 하면 떨어진 주식, 오른 주식 등이 복합적으로 있다.

그런데 만약에 대출을 받은 돈으로 주식을 샀는데 주가가 떨어졌다고 생각해봐라. 끔찍하지 않나? 본전이 될 때까지는 팔 수 없어 속수무책으로 기다려야 하는데, 다음날도 그 다음날도 떨어지다 보면 결국은 반토막이 된다. 최근 2년 전만 보더라도 "코스피 시장이 3,000포인트를 넘어가느냐, 안 넘어가느냐."라는 말들이 설왕설래했다. 주가가 계속 올라가다 보니 너나 할 것 없이 주식에 손을 대었는데, 지금 2년 가까이 한 없이 추락을 해서 1년 넘게 2,000포인트 초반의 시장에 서 있다. 돈이 묶여버리게 되는 것이다.

부동산 시장도 매한가지다. 몇 년 전만 하더라도 갭투자가 유행했다. 그럴 만도 한 게 최근 몇 년간 억억 소리 나게 서울과 수도권의 집값은 고공행진을 했고, 지방의 큰 도시 또한 많은 상승폭을 보여왔다. 하루가 다르게 뛰는 집값에 오히려 주택 투자를 안 하면 바보가 되는 세상이었다. 거기에 발맞추어 온갖 플랜들이 남발하였다. 5,000만 원만 있어도, 1억 원만 있어도 전세 끼고 집을 살 수 있게끔 부동산에서 알아서 해결해주었다. 또한 정부의 오피스텔 및 도시형 생활주택의 건축기준 완화로 인해 서울 기준 2억 원대의 도시형 생활주택이 우후죽순 생겨났고, 몇 천만 원만 있으면 분양에서 전세 문제까지 일사천리로 해결되기도 했다. 그런데 지금은 공실이 넘쳐난다.

최근 갭 투자로 수도권 외곽에 주택을 사서 전세로 돌린 투자자들이 전세금 반환을 하지 못해서 울며 겨자 먹기식으로 세입자에게 오히려 매월 얼마의 약정금액을 지불하는 경우를 여러 번 봤으며, 전세금 상환을 하지 못해서 결국 소송으로 치닫는 사례도 있었다.

💰 투자에도 전략이 필요하다

투자한 게 다 오를 수는 없지만, 보통 투자할 때에는 먼 미래를 바라보고 천천히 기다리면서 결과를 봐야 한다. 얼마 전까지만 하더라도 부동산 광풍, 주식 광풍으로 인해 사람들이 지나치게 조급해진 측면이 있다. 투자금액이 한두 푼 들어가는 게 아니기 때문에 대출을 하는데, 짧은 시간 안에 수익을 가져올 줄 알았던 투자상품이 묶여버리고, 기본적인 구조(생활비를 쓰고 잉여자금이 남아서 이자를 내고도 약간의 여유를 부릴 수 있는 상황)가 아닌 빡빡한 재무구조 탓에 매달 내는 이자가 결국에는 지뢰 폭탄이 되어서 원금을 손실하면서까지 투자를 정리하는 투자자들을 자주 보게 된다. 안 먹고, 안 사 입으면서 몇 년을 모았던 자금이 한순간에 다 날아가는 경우가 발생하는 것이다.

투자를 할 때에는 여윳돈이 얼마나 되는지 꼼꼼히 살피고 정확한 투자금액을 정해서 돈을 모은 다음 그 범위 안에서 지출해야 하며, 혹 대출을 해야 할 경우에는 매달 생활하는 데 지장이 없는 선에서 상환이 가능한가를 봐야 한다. 또한 무조건 우상향만 되는 투자는 없기에 투자회수 시기를 짧게 잡지 말아야 하고, 가능하면 분산투자를 하는 것이 좋다. 또한 처음 투자할 때부터 나중에 매도하는 시기와 수익률 등 모든 과정과 목표를 고려한 철저한 시뮬레이션이 필요하다.

지역별 민간아파트 평균 분양가격 및 신규분양세대수 추이

전국

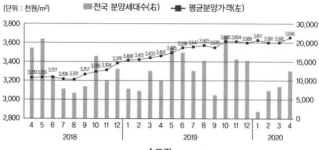

수도권

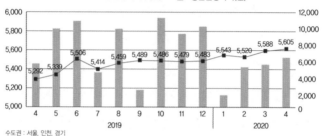

수도권 : 서울, 인천, 경기

5대광역시 및 세종특별자치시

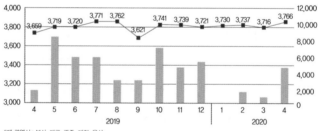

5대 광역시 : 부산, 대구, 광주, 대전, 울산

기타지방

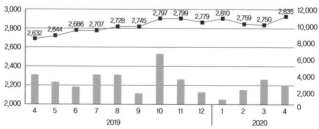

기타지방 : 강원, 충북, 충남, 전북, 전남, 경북, 경남, 제주

자료 / HUG 주택도시보증공사(www.khug.or.kr)

07

소액이라도 저축과 투자는 해야 한다

누구나 저축 또는 투자를 해야 하는 건 알지만, 막상 실천하려고 하면 잘되지 않는다. 그 이유로는 급여가 들어오고 나서 순식간에 빠져나가는 지출 때문이다. 이러한 지출을 줄이기 위해 여러 노력을 하지만, 쉽지가 않다. 또한 '매월 급여를 받고 지출하고 남는 얼마 안 되는 잉여자금으로 과연 저축을 해서 목돈을 만들 수 있을까?'라는 의문이 들기도 한다. 하지만, 소액의 잉여자금이라도 저축과 투자의 병행을 통해 기대수익률을 올려야 한다.

재무목표가 중요한 이유

급여는 단기간에 쉽게 상승하기 어렵다. 이직을 하거나 다른 소득이 생기지 않는 한 급여는 오랜 시간이 지나서 연차가 쌓이고, 승진을 해야지 큰 폭으로 상승한다. 그러므로 급여를 함부로 소비해서는 안 된다. 이를 위해서는 계획적인 지출을 해야 하는데, 이를 위해서는 강력한 동기부여, 즉 단기가 되었던 중·장기가 되었던 내가 꼭 이루고자 하는 꿈인 재무목표가 명확히 있어야 한다.

이렇게 재무목표가 세워지면 그 목표에 맞게 먼저 저축을 한 후 소비를 해야한다. 저축을 먼저 하고 지출을 하게 되면, 지출 금액에 한계가 있기 때문에 초기 한두 달(길게는 6개월) 정도는 답답함을 느낄 수 있다. 그러나 이러한 소비패턴이 자리 잡히게 되면 그 안에서도 나름 즐기며 소비할 수 있다. 어떤 분들은 소비를 줄이는 재무설계는 누구나 할 수 있다고 말하지만, 정말 소비를 줄이기는 힘들다. 그래서 선저축을 하는 게 가장 현명한 방법이며, 이런 계획하에 지출할 때에는 불필요했던 지출이 하나둘씩 보이기 시작한다. 이러한 것들을 생활에서 줄이게 되고, 그렇게 모인 돈이 비상예비자금으로 흘러가는 게 가장 바람직한 모습이다.

🅦 보험도 미래를 위한 저축이다

주위에서 지나치게 보험을 권유하는 사람들을 많이 봐서인지, 아님 보험을 가입했다가 다른 지인의 부탁으로 해약하며 손해를 보는 일을 반복해서인지, 그것도 아니면 무리한 보험료로 인해 항상 아깝다는 생각이 들어서인지, 대개 우리는 '보험'이라는 말에 반감을 느낀다. 꼭 필요한 금융상품임에도 위에 열거한 내용 때문에 우리는 부정적 인식을 갖게 된다.

경제활동 중에 퇴직으로 인한 소득 단절은 큰 위험으로 인식되지만 그에 못지 않게 갑작스러운 사고나 질병으로 인해 계속 일할 수 없는 상황에 맞닥뜨리는 것도 고통스러운 일이다. 때로는 병원비가 부담돼서 이루어놓은 자산이 다 무너질 수도 있다. 그나마 부양가족이 없다면 본인 치료에만 집중하면 되는데, 가족이 있는 가장이라면 어떻게 될까? 아이 교육비와 주택 대출 이자 등 감당해야 할 것들을 생각하는 것만으로도 끔찍하다. 우리는 이러한 '만약을' 대비해 보험을 들어둬야 한다. 미래에 대한 저축이라 생각하고 너무 과하지도 않고, 나에게 맞는 보험료를 산출해서 준비하면 되는데, 대개 소득의 3~8%선에서 가입하는 게 좋다.

08

체크카드만으로
살 수 있다

💰 체크카드가 매력적인 이유?

체크카드는 신용카드와 직불카드의 장점을 모아 만든 현금카드로, 신용카드 가맹점에서 신용카드와 동일한 방식으로 이용할 수 있다. 직불카드와 비슷하지만 모든 신용카드 가맹점에서 사용할 수 있으며, 은행 계좌와 연계되어서 대금이 즉시 출금되어 결제된다.

이런 체크카드의 장점이 소득공제인데, 신용카드와 체크카드는 소득공제에서 무려 15%나 차이가 난다. 그러나 그 전에 총 수입액의 25% 이상 지출이라는 단서 조항이 붙는다. 연봉이 5,000만 원이라고 가정하면 1,250만 원을 지출한 뒤, 신용카드는 사용대금의 15%를, 체크카드는 30%를 공제받는 것이다.

단순한 예를 들자면, 연봉 5,000만 원인 직장인이 신용카드 1,000만 원, 체크카드 1,000만 원 사용 시 〈연봉 5,000만 원 × 25% = 1,250만 원〉은 소득공제를 받기 위한 기본 지출이 된다. 즉, 총 사용액 신용카드 1,000만 원 + 체크카드 1,000만 원 - 1,250만 원 = 750만 원만 소득공제 가능하다. 이럴 때 신용카드는 〈375만 원 × 15% = 56만 원〉, 체크카드는 〈375만 원 + 30% =

112만 원〉으로 총 168만 원이 소득공제의 대상이 된다.

신용카드와 체크카드의 공제율 차이(15%)를 체감하려면 지출액(총 수입액의 25% 이상 지출)이 커야 한다. 그래야 소득공제를 "잘했구나!" 하는 느낌을 받을 수 있다. 그래서 많은 이들은 적은 금액의 지출은 신용카드를 활용하고 카드 혜택인 캐시백을 받는 게 훨씬 낫다고 한다. 그런데 이런 캐시백 혜택이 있는 체크카드도 있다는 걸 알고 있는지?

나도 캐시백이 된다

신한카드 S20 체크카드	삼성 체크카드&CASHBACK

• T.G.I Friday's, 스타벅스, 커피빈 20% 캐시백
• 전국 유명 놀이공원 본인 자유이용권 50% 할인
• 맥스무비 영화 2,000원 할인 서비스 제공
• 전국 지하철, 버스, 택시 이용 시 10% 캐시백
• 이동통신요금 자동이체 시 최고 3,000원 캐시백
• GS25 편의점 이용 시 최고 7% 캐시백
• 교보문고, 반디앤루니스 5% 캐시백
• 어학원 강좌(YBM시사, 파고다) 5% 캐시백
• TOEIC 응시료 2,000원 캐시백
	① 연간 300만 원 미만 사용 시
	  • 일반가맹점 0.2% 캐시백
	  • 음식점, 주유, 할인점 0.3% 캐시백
	② 연간 300만 원 이상 사용 시
	  • 일반가맹점 0.4% 캐시백
	  • 음식점, 주유, 할인점 0.6% 캐시백
	
	놀이공원 자유이용권 50%
	워터파크 입장권 30% 현장할인
	CGV 3,000원 할인

카카오프렌즈 체크카드	우리카드의 정석 SS03 체크카드

① 전월실적, 지급한도 제한 없이 국내외 가맹점 이용 금액의 0.2%, 주말/공휴일은 0.2%가 추가로 적립

② 전월 30만 원 이상 결제 시 최대 5만 원 캐시백

- CU 1천 원 캐시백(1만 원 이상 결제 시)
- 요기요 2천 원 캐시백(2만 원 이상 결제 시)
- 스타벅스, 블루보틀 1천 원 캐시백(1만 원 이상 결제 시)
- CGV 4천 원 즉시 할인(1.5만 원 이상 결제 시)
- 카카오헤어샵 2천 원 캐시백(2만 원 이상 결제 시)
- 휴대전화 요금(SKT, LG U+, KT) 자동결제 3천 원 캐시백(5만 원 이상 결제 시)
- GS칼텍스 3천 원 캐시백(6만 원 이상 결제 시)
- 학원비 1만 원 캐시백(20만 원 이상 결제 시)
- 어학시험(TOEIC, JPT 시험) 4천 원 캐시백(4만 원 이상 결제 시)
- 반려동물 케어 5천 원 캐시백(7만 원 이상 결제 시)
- G마켓, 옥션, SSG.COM, 마켓컬리 5천 원 캐시백(5만 원 이상 결제 시)
- 신라면세점 1만 원 캐시백(15만 원 이상 결제 시)

- 저녁 6시~12시 모든 음식점(주점 포함), 노래방 5% 캐시백
- 저녁 6시~12시 스타벅스, 투썸플레이스, 폴바셋 5% 캐시백
- 주유, 택시, 대중교통(지하철, 버스) 5% 캐시백
- 이마트, 롯데마트, 홈플러스 5% 캐시백
- CU, GS25, 세븐일레븐, 올리브영 5% 캐시백
- 해외 이용 금액 0.5% 캐시백

IBK기업은행 이지캐시백 체크카드	씨티캐시백 체크카드
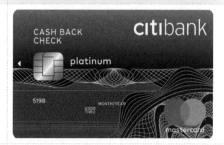	
① 기본캐시백 0.2% 　국내외 전 가맹점 이용금액의 0.2% 캐시백 ② 타임캐시백 0.6% 　• 점심·저녁시간에는 국내 전 가맹점 3배(총 　 0.6%) 캐시백 　• 점심 : 낮 12시~오후 2시 / 저녁 : 오후 6시~8 　 시(한국시간 기준)	적립한도·전월실적 조건 없는 캐시백 　• 해외결제금액의 1%, 국내결제금액의 0.5% 캐시백

　그 외 다양한 체크카드에 대해 비교 검색하고 싶다면, 아래의 사이트를 참고
하는 것도 좋다.

고릴라(www.card-gorilla.com)

BC카드(www.bccard.com)

🅦 자, 그렇다면 체크카드로 살아볼까?

　신용카드의 무이자 할부도 부채다. 가용할 수 있는 자금이 있다면 활용해서 할부금을 전액 상환하고 신용카드는 과감히 자른다. 그 후에는 생활비 통장과 비상금 통장(경조사 비용 등의 비정기지출도 포함)을 나누어서 각각 분리한 후 한 달 생활비를 체크카드에 넣고 생활한다. 체크카드 알람 서비스 등을 신청해서 지출할 때마다 잔고를 파악하면 소비가 줄어드는 효과도 볼 수 있다.

　CMA 통장을 만들어 연간 비정기 금액(세금, 경조사, 명절비 등)을 산출해서 그 금액이 채워질 때까지 매월 일정액을 적립한다. 보통 비상금이라는 예비비를 마련하지 못했을 때 다시 신용카드 형태의 지출로 돌아가기에 비상금 통장이 쌓일 때까지는 비상금 적립에 집중하는 것도 좋은 방법이다.

　체크카드는 연말정산에서 신용카드보다 더 공제받을 수 있다는 장점이 있지만 그보다 통장에서 결제 금액이 바로바로 빠져나가기 때문에 소비의 경각심을 알려줘서 무분별한 소비를 억제해준다. 체크카드는 통장 잔액만큼 이용할 수 있으며, 신용카드가 신용을 기반으로 하여 외상으로 거래가 이뤄지는 데 반해 체크카드는 현금 보유 범위 안에서만 이용할 수 있어 카드 할부로 인한 빚은 지지 않는다. 무엇보다도 연회비가 일체 들지 않고, 잘 알아보면 신용카드만큼 혜택이 좋은 체크카드도 많다.

09

하루 10분, 경제신문을 읽어야 하는 이유

이거 좋다, 저거 좋다. 진짜야? 사기야?

어릴 때부터 지겹도록 공부한 끝에 직장인이 되었는데 업무를 배우기도 부족한 시간에 재테크도 해야 하는 각박한 현실에 부딪힌다. 주변에서 '이거 좋다. 저거 좋다'라는 말은 많이 듣는데, '좋은 거라면 자기 혼자 몰래 해서 큰돈을 벌지, 왜 내게 알려줘'라는 의심부터 든다. 학교에서 재테크 방법을 가르쳐줬더라면 이런 걱정은 없었을 텐데, 이제와 어디서부터 누구한테 어떻게 배워야 하는지 몰라 답답하다. 뭐가 진실이고, 뭐가 거짓인지를 확인해야 하는데, 도대체 간단한 경제용어도 이해가 되지 않는다.

이런 용어를 최근에 몇 번 정도 들어봤니?

"예비타당성조사, 사회간접자본 사업, 거래 절벽, 갭투자, 펀더멘털, 사모펀드, DSR, 공매도."

최근에 신문이나 뉴스에서 자주 등장한 경제용어이다. 이 용어를 아는 게 인생에서 그리 중요하지 않을 수도 있다. 그러나 적어도 대한민국에서 부동산이나 주식 등의 재테크를 하기 위해서는 이 정도 용어의 개념은 알고 있어야 한다.

경제신문의 가장 큰 장점은 위에서 열거했던 것의 몇 배, 몇십 배, 몇백 배 이상의 생소한 용어가 끊임없이 등장해 결국 궁금해서 직접 찾아볼 수 있게 만든다는 것이다. 그리고 생소한 용어들을 찾아보면서 기사를 다시 읽으면 갖가지 경제 현상이 눈에 보이기 시작하는, 아주 마법 같은 일이 벌어진다.

₩ 자, 그럼 위에 열거한 것들을 한번 알아보자

예비타당성조사

정부나 지자체가 국가 재정 지원이 300억 원(총사업비 500억 원 이상)을 넘는 대규모 재정 투입 사업을 벌일 때 사전에 사업 타당성을 검증·평가하는 제도를 지칭한다. 최근 예비타당성에 관련된 내용이 신문 기사에 많이 나왔던 이유는 수도권 광역급행열차인 GTX A, B, C 노선을 국가 철도망 구축 계획의 일환으로 2025년까지 완공하는 방안이 알려졌기 때문이다. 수도권의 관문도시와 서울의 중심부를 빠른 속도로 연결하면서 서울의 높은 집값 등 주택문제를 해결하기 위해 파주와 동탄을 연결하는 GTX A 노선의 경우 2018년에 착공식을 열었다. 금정과 의정부를 연결하는 GTX C 노선은 2018년 말에 예비타당성이 통과되어서 2021년부터 공사에 착수할 예정이다. 이에 반해서 송도와 마석을 잇는 GTX B 노선은 계속 지체되다가 2019년 8월에 예비타당성조사를 통과해서 2022년부터 공사에 들어간다. 일반 지하철의 3~4배나 빠른 100km/h 속력으로 인해 기존 송도에서 서울역까지 82분이 걸리는 시간이 27분으로 단축되며, 여의도에서 청량리까지 35분 이상 걸리는 시간이 10분으로 줄어든다. 또한 역의 양 끝 종착역인 송도에서 마석 구간은 50분밖에 걸리지 않는다.

자, 여러분이 경제신문을 통해 이러한 정보들을 자주 접한다고 생각해보자. 너무 먼 미래의 일이라고 관심 밖에 두는 사람보다는 정보 취득이 최소한 3~5년 이상 빠를 것이다. 이를 재테크에 대입하면 굉장히 큰 차이가 난다. 실제 부동산 계획에 있어서 3~5년의 차이는 계획 단계에서 실행 단계인 착공 내지는 건설 시점의 간격을 만들어낸다. 어느 시점이냐에 따라 주택 가격이나 토지 가격은 배 이상의 차이를 보이는 곳도 많았던 것을 과거의 경험에서 알 수 있다.

사회간접자본(SOC) 사업

사회 전반적인 자원에 대한 사업으로, SOC 사업이라고도 한다. 즉 국민의 생산활동과 소비활동을 위해서 간접적으로 지원해주는 사회간접자본 시설인 철도, 도로, 항만, 공항, 통신망, 산업단지, 전기, 상하수도 등을 개발하는 것이다.

SOC 사업으로, 내 집 앞에 철도가 들어서고, 도로가 새로 생기며, 항만 길이 열리고, 공항이 만들어지며, 통신망과 전기와 상하수도 공사가 새로 시작되고, 여기에 화룡점정으로 산업단지까지 들어선다면 상상만으로 좋지 않은가? 그런데 이게 상상 속의 이야기가 아니다.

이 모든 게 실제 국가 예산이 투입되어 조금씩 실현되고 있으며, 이렇게 인프라가 갖춰지면 지하철역도 생긴다. 또한 유동인구가 계속 증가하면서 빠르게 상업지역이 발달하게 된다. 이로 인해 주거지역도 생기게 되고, 하루가 다르게 도시가 변화하면서 건물을 지을 수 있는 토지의 가격이 상승(지가상승)하게 된다.

이런 상황에서는 자신이 가지고 있는 토지의 보상 방법이 환지방식이냐, 수용방식이냐에 따라 결과는 크게 달라진다. 보통 환지방식이란 자신의 땅(현재 논, 밭, 산)을 개발을 통해 상업지나 주거지로 용도를 변경한 후 재분배를 해주는 방식을 말한다. 대표적인 예로 강남을 떠올리면 된다.

수용방식은 자신의 땅(현재 논, 밭, 산)을 국가에서 수용해서 보상해주는 건데, 이 같은 방식의 장점은 국가의 개발 계획이 없으면 오래도록 팔리지 않는 땅을 팔 수 있다는 것이다. 그러나 공시지가를 기준으로 보상이 이뤄진다는 단점이 있다. 이것이 문제가 되는 이유는 처음부터 이 땅을 가지고 있었던 사람은 괜찮지만 초기 개발 뉴스(SOC 사업 발표)를 보고 빨리 투자한다고 정확히 알아보지 않고 투자(미래 기대치를 반영한 가격에 매입)했다가 수용방식으로 보상받게 되면 과거의 판교처럼 토지 수용은 평당 4~500만 원대에 보상을 하고서는 개발 후 토지 분양을 평당 몇 천만 원대로 해서 닭 쫓던 개 지붕 쳐다보는 꼴이 될 수 있기 때문이다.

거래 절벽

새로운 부동산 대책이 나오면 일시적으로 부동산 거래가 활발해졌다가 법 시행이 끝나면 거래가 곧 끊기는 현상이다. 현 정부가 들어서고 나서 집값 안정화 정책의 일환으로 여러 차례에 걸쳐 고강도 대책을 펴 잠깐의 집값 상승은 막을 수 있었지만, 거래 절벽의 부작용이 나타났다. 부동산 거래가 없다 보니 취득세가 걷히지 않아서 재정에 어려움을 토로하는 지자체가 생겼고, 심지어 재정 자립도가 높은 서울도 취득세 부족으로 인해 재정적인 어려움을 겪었다고 말할 정도였다.

부동산 거래 절벽은 전반적인 경기 하락 현상까지 일으킬 수도 있다. 분양이 연기되면서 건설 부문 고용이 줄어들 가능성이 크며, 이사나 인테리어 업체의 수요 하락 등으로 가계소득이나 소비에도 불균형을 준다. 대한민국은 부동산이 경제에서 차지하는 비중이 높고, 부동산 거래로 인해 부수적인 경제 효과도 많이 발생하기에 이를 고려하여 정책을 펼쳐야 한다. 무엇보다 위험한 것은 이런 정책이 계속되지 않고 어느 시점에서 풀렸을 때 나타나는 '폭등'이다. 투자자의 입장에서는 거래 절벽이 시간에 대한 리스크만 헤지할 수 있다면 이 기간이 오히려 좋은 투자 시기일 수도 있다.

최근에는 정부의 부동산 정책과 코로나19로 인해 거래 절벽 상황을 경험하고 있다. 주택시장을 원활하게 해서 주택 가격을 낮춰보려는 취지로 보유세 인상 카드도 거론되고 있다. 그런데 보유세나 양도세 정책을 강도 높게 시행했지만 집값이 떨어지지 않았다. 그 이유는 무엇일까? 첫째 집을 안 팔면 양도세를 낼 필요가 없으니 보유세가 크지 않다면 팔지 않으면 되고, 둘째 집주인이 직접 들어가서 살면 된다는 생각으로 버티면 되고, 셋째 세금을 세입자에게 전가하면 된다는 생각으로 월세와 전세가를 올리면 되기 때문이다.

결국 보유세와 양도세만 잡는다고 해서 부동산 시장, 특히 주택 시장의 가격 상승을 막을 수는 없다고 생각한다. 여기에 주변 교육 시설, 업무 시설 밀집 지역의 경우에는 교육과 일터의 인프라 형성으로 쉽게 부동산 가격이 떨어지지 않는다.

지금까지는 서울과 수도권 지역이 북한과 접경하고 있어서 한강 아래에 주요 도심지가 형성될 수밖에 없었다. 산업시설의 핵심인 오피스가 밀집해 있고, 주거지역 또한 발전할 수밖에 없었다. 또한 당연히 주요 산업시설에 다니는 직장인이 많다 보니 평균 급여가 타 지역보다 크게 높았고, 자녀에게 들어가는 교육비 또한 높아 진학률에 영향을 미쳤다. 이런 요인들로 인해 지금의 공룡 같은 강남 명품도시가 탄생하게 되었다. 부동산 상승 요인의 핵심인, '유동인구'와 '산업 시설의 집중 밀도'의 가장 큰 수혜 지역이 강남이 된 것이다.

갭투자

> 주택의 매매와 전세 가격의 차이가 크지 않은 아파트를 산 뒤 임대수요가 많아 전세 가격이 매매가 수준으로 오르고 나면 사실상 헐값에 아파트를 매입할 수 있다는 논리의 투자다. 즉 집값과 전셋값 차이가 작은 집을 전세를 끼고 매입해서 일정 기간 뒤 집값이 크게 오르면 팔아서 시세 차익을 실현하는 방법이다.

우리나라는 최근 몇 년간 심한 전세난을 겪으면서 성행된 갭 투자의 열기로 투자자들이 시세보다 높은 가격에 전세물건을 내놓으면서 투자 대비 이익을 얻는 양상을 보였고, 이것이 전반적으로 집값을 끌어올린 요인이 되었다. 이런 갭 투자는 비교적 부동산 투자에서 소액인 1,000만 원~1억 원의 자금으로 부채 없이 부동산을 매입할 수 있다는 것이 큰 장점이다. 하지만 전세물량의 희소성을 떠나 서울 이외 지역에서는 미분양이 무섭게 일어나는 곳도 많다. 이는 무리한 다수의 갭투자가 부동산 시장의 변화와 맞물려 큰 폭탄으로 돌아올 수 있는 여지를 보여준다.

펀더멘털

어떤 국가의 경제 상태를 표현하는 용어다. 한 국가의 경제가 얼마나 건강한지를 나타내는 기초 경제 자료라고 할 수 있다. 펀더멘털은 보통 경제성장률, 물가상승률, 실업률, 재정수지, 경상수지, 외화보유고 등과 같은 거시 지표를 통해 나타난다.

경제성장률은 말 그대로 한 나라의 경제가 얼마나 성장했는지를 보여주는 지표다. 물가상승률을 통해서는 물가가 안정적인지를 알 수 있고, 실업률을 통해서는 실업 상황을 파악할 수 있다. 재정수지는 한 국가의 재정이 흑자인지, 적자인지를 보는 것이다. 대외적인 거래에서 가장 중요한 지표이기도 한 경상수지는 수입과 지출의 차액 변화 등을 보면서 중장기적인 관점에서 자금거래 등이 얼마나 건실한지를 확인할 수 있게 해주고, 아울러 외화보유고는 대외 지급능력을 가늠하게 해준다.

한 사람의 활동력이 얼마나 건강한지를 알려면 그 사람의 기초체력을 체크할 필요가 있듯이 국가나 기업에게는 가장 기본적인 지표인 펀더멘털이 경제와 경영의 견고함을 판단하는 자료가 된다.

보통은 이런 자료들을 바탕으로 투자 유입이 이루어진다고 보면 된다. 우리가 주식 등에 투자를 할 때 펀더멘털이 균형적인 모습을 보인다면 앞으로 투자 환경이 좋아질 수 있는 기초체력을 갖췄다고 판단하면 된다.

사모펀드

50명 이상의 투자가의 투자자금으로 법적인 규제를 받아 운용되는 공모펀드와 달리 49인 이하의 투자자의 투자자금으로 운용에 제한이 없으며, 익명성이 보장되는 장점을 갖고 있다. 한마디로 말해 돈 있는 사람 몇 명이 투자금을 마음대로 운용해서 비밀리에 수익을 낼 수 있는 상품이다.

사모펀드는 특정 기업 자체를 사고파는 방식으로 운용되기 때문에 주식의 일부를 사고파는 것과 달리 고수익을 기대할 수 있는 큰 장점이 있지만, 이에 따른 위험도 크다(모든 투자상품이 비슷하지만, 사모펀드의 수익률 또한 일정하지 않으며 운용사가 보장하지도 않는다).

최근 개인의 포토폴리오에 편입되기도 하지만 익명성 등으로 인해 사모펀드에는 대부분 기관투자가들이 투자를 한다. 목표수익에 이르면 이익을 실현하고 빠져나가기 때문에 주로 기업의 인수합병에 사용되기도 한다.

청와대 민정수석 출신으로 법무부 장관에 취임했다가 사퇴한 모 인사로 인해 전 국민이 알 정도로 유명해진 용어가 바로 사모펀드이다. 실제 사모펀드의 수익률이 공모펀드보다 높기 때문에 2015년 이후 개인투자자들이 늘어났다. 2019년 이슈가 된 금융상품이 사모펀드인 것은 부정할 수 없다.

DSR(Debt Service Ratio)

총부채 원리금 상환 비율을 뜻한다. 정확히 표현하면 대출을 받으려는 사람의 소득 대비 전체 금융부채의 원리금 상환액 비율이다. 즉 집을 사기 위해 대출을 알아보고 대출을 심사할 때 이전까지는 LTV와 DTI를 봤었는데 현재는 LTV와 DTI 외 신용대출과 카드론, 자동차 할부금, 학자금 대출 등을 포함한 모든 금융권 대출 원리금 부담을 반영한다. 대출자의 상환능력을 까다롭게 심사하기 위해서다.

그렇다면 LTV와 DTI란 무엇일까? LTV(Loan-to-Value ratio)는 주택담보 대출비율이라고 하는데, 부동산의 담보가치 대비 대출한도가 얼마인지를 보여주는 것으로, 은행권이 집값의 얼마까지 대출해줄지 결정하는 비율이다.

예를 들어, 5억 원인 주택을 구매하면서 주택을 담보로 돈을 빌릴 때 LTV가 60%라면 3억 원까지 대출이 가능하다는 말이다. 이런 LTV는 지역별과 인별에 따라 조건이 달라진다.

LTV 비율

구분	투기과열지구 및 투기지역	조정대상지역	조정대상지역 외 수도권 & 기타
서민실수요자	50%	70%	70%
무주택가구	40%	60%	70%
주택보유가구	0%	0%	60%

DTI(Debt To Income)는 총부채상환비율을 말하는데, 주택담보대출을 받을 때 연간 상환해야 하는 금액을 연간 소득에서 부채의 연간 원리금 총합(주택담보대출 + 기타대출)에 대해 일정 비율로 제한한 것이다. 예를 들어 DTI가 40%이고 연간 소득이 5,000만 원이라고 가정하면 총부채의 연간 원리금 상환액은 2,000만 원(5,000만 원 × 0.4)을 초과할 수 없다. 여기에 현재는 투기수요 억제를 위해 서울이나 수도권, 세종시, 부산 해운대 등의 청약 조정 지역의 다주택자를 대상으로 신DTI가 우선 적용되고 있다.

신DTI는 새로운 주택담보대출 원리금에 기존 주택담보대출금의 이자뿐만 아니라 원금 및 기타대출 이자까지 적용하는 것으로, 모든 주택 원리금을 소득으로 나누기 때문에 1건 이상 대출을 받은 경우 추가 대출이 어려워진다. 여기에다가 앞서 말했던 신DTI보다 평가기준이 높은 DSR까지 같이 적용되면 (기존 주택담보대출을 포함해 전세자금대출, 신용대출, 마이너스통장 등까지 따져 연간 원리금 상환 부담액을 산출) 개인이 1년 동안 갚아야 하는 모든 종류의 부채 및 원리금을 합해서 제한을 두기 때문에, 많은 금액이나 비율을 대출받기가 어렵다.

이러한 대출의 규제가 부동산 투기를 막기 위한 좋은 정책은 맞지만 대출의 조건이 더욱더 까다로워진다면 오히려 돈 있는 사람이 소위 말하는 돈 되는 부동산을 살 수 있는 기회가 더 늘어났다고 생각할 수도 있다. 규제가 어떻게 보면 서민들의 활용 기회를 줄이고, 부자들의 주택 마련(재테크 목적) 기회를 더 넓혀주는 게 아닌가라는 생각이 든다.

공매도

> 주식이나 채권을 가지고 있지 않은 상태에서 주식을 빌려 매도 주문을 행하는 것으로, 말 그대로 '없는 것을 판다'라는 뜻이다. 즉 물건을 가지고 있지도 않은 상태에서 판다는 의미다.

먼저 공매도가 어떤 문제를 가져오는지 살펴볼 필요가 있다. 예를 들어 본인은 주식이 없는데, 1만 원하는 주식 1주를 빌려와서 매도한다. 주가가 하락하여 1주에 5,000원이 된다면 5,000원에 1주를 다시 사서 주식을 빌려준 사람에게 갚으면 된다. 주가가 떨어질 것 같은 약세장이 예상되는 경우 시세 차익을 노리는 투자자가 활용하는 방식으로서, 주가가 폭락하면 다시 싸게 사서 원래 주인에게 주식을 돌려주고 시세 차익을 얻는 방식이다. 이런 공매도는 기관들이 이익을 취한 후에 주가가 하락해 개인 투자자들에게는 오히려 손실을 가져올 수도 있다.

공매도에는 크게 두 가지 유형이 있다. 첫째는 말 그대로 없는 주식을 미리 파는 네이키드 쇼트 셀링(Naked Short Selling), 즉 무차입 공매도인데 보유하고 있지 않은 주식을 먼저 판 다음 결제일이 오기 전 시장에서 되사 대여자에게 반환하는 과정에서 차익을 얻는 시스템이다.

둘째는 빌려온 주식을 매도하는 커버드 쇼트 셀링(Covered Short Selling), 즉 차입 공매도인데, 기관 등에서 보관시킨 주식을 갖고 있는 한국예탁결제원이나 증권사 등에서 주식을 빌려 매도하는 형태다. 이때 주식을 되사서 갚는 것을 쇼트 커버링(Short Covering)이라고 한다.

엄밀히 말하면 좁은 의미의 공매도는 무차입 공매도일 수 있다. 우리나라에서는 이처럼 주식 없이 공매도하는 무차입 공매도 금지하고 있지만, 차입 공매도는 가능하다. 시장에 문제를 가져올 게 뻔한 이런 공매도를 시장 당국에서 허용한 이유는 공매도의 순기능 역시 무시할 수 없기 때문이다. 공매도는 시장의 효율성과 유동성을 높이고 주식 투자 위험을 경감시키는 역할도 한다.

지금까지 위에서 열거한 내용은 최근 경제신문에서 가장 많이 나온 용어를 풀어쓴 것이다. 경제신문에 자주 등장하는 경제용어만 잘 알고 있어도 분명 재테크하는 데 도움이 될 수 있다. 또한 경제신문을 읽는다는 것은 재테크와 관련한 주요 경제 현안을 직접 일일이 챙길 수 있는 좋은 기회를 얻는 것이다.

10

막연함 NO!
기간별 목표 정하기

🕐 단기, 중기, 장기 목표가 뭔가요?

인생에서 시기별로 큰 규모로 지출되는 자금이 있다. 취업을 하고 나서 독립할 때 필요한 독립자금, 결혼할 때 필요한 결혼자금, 자녀 계획에 따른 출산자금과 거기에 맞추어 아내의 소득 단절에 대비한 비상자금, 주택을 마련할 때 주택자금 및 주택확장자금, 주택대출상환자금, 자녀의 학원비부터 대학 학비까지 포함될 수 있는 자녀교육자금, 노후자금 그리고 혹시나 모를 부분에 대비하기 위한 비상자금 등 크게 5~7가지로 나누어진다.

이는 생애주기별로 단기, 중기, 장기 목적 자금으로 나누어지고, 자신의 성향에 따라 단기자금 등은 안전자산, 장기자금 등은 투자자산 등으로 준비하기도 한다. 예를 들어 갓 직장에 들어간 사회초년생은 독립을 위한 주택 보증금이 단기자금이 될 것이며, 몇 년 후 월세 탈출을 위한 전세자금은 중기자금이 될 것이다. 향후 전세자금에 대한 대출상환비용이나 결혼자금은 조금 시간이 더 걸리는 장기자금에 해당한다.

갓 결혼한 신혼부부의 경우 1~3년 내 벌어질 일로, 자녀 계획에 따라 각종 산전검사 비용, 태아보험료(1년간), 산후조리원 등의 출산자금이 단기자금이 되겠고, 3~5년 내 아이 출산 후 거주 환경의 변화, 즉 환경이 좀 더 좋은 전셋집이나 아파트 청약 후 분양을 위한 자금이 중기자금이 될 것이다. 5년 이후 아이의 교육자금이나 전셋집 또는 분양에 떨어져 주택을 구매하지 못했다면 주택 매매 시 주택마련대출 상환비용 등이 장기자금에 해당된다. 또한 신혼부부의 경우에는 출산 후 아내의 직업이 바뀔 수도 있기 때문에 최소 1년 이상의 아내 급여가 수시 비상자금이 될 수도 있다.

그렇다면 40대의 경우에는 당장의 자녀 사교육자금과 대학자금이 단기자금이 될 수 있고, 주택대출자금 상환비용 같은 게 중기자금이 될 수 있으며, 자신의 노후자금이 장기자금이 될 수 있다.

ⓦ 그럼 어떻게 준비를 해야 할까?

저축, 예금, 발행어음, CMA 등의 상품과 주식, 펀드, 부동산 등의 상품군을 보면 어떤 생각이 드는가? 저축, 예금과 발행어음, CMA 등은 안정형 상품이다. 비(非)위험 상품이라고 보면 된다. 반면에 주식과 펀드나 부동산 같은 상품은 이익이 많을 수도 있지만 잘못하면 돈이 묶이거나 손실을 볼 수 있는 위험 상품이다.

1~3년의 단기 성격의 자금은 위험성을 안고 공격적인 투자상품으로 준비하기보다는 물가상승률보다 조금 더 높은 이익을 가져올 수 있는 상품 위주로 포트폴리오를 구성해야 한다. 즉 안전상품 위주로 준비를 해야 한다는 건데, 단기에는 큰 변수가 없지만, 혹시나 비상시에 따른 자금의 유동성이 확보되어야 한다. 즉 단기상품을 투자상품으로 가져갔을 때 만약 손실이 났다는 가정 하에 때

마침 그때 비상자금이 필요하다면 손실을 머금고 투자금을 회수해야 한다.

결혼을 앞둔 예비부부가 결혼비용에 좀 더 보태려고 주식에 투자했다가 반 토막이 났다면, 그 예비부부는 계획한 시기에 결혼할 수 있을까? 실제로 물가상승률 또한 1~3년 사이에는 크게 변하지 않는다. 그러기에 안전상품 중에 좀 더 이자를 준다든지 이자소득에 대한 이자소득세를 내지 않고 면세를 받을 수 있는 절세상품으로 준비하면 된다.

반대로 10년 이후 필요한 장기자금 같은 경우에는 안전하게 준비하는 게 가장 위험한 준비가 된다. 10년 전으로 돌아가서 물가를 한번 보라. 얼마나 차이가 나는지 말이다. 주택 가격은 2배 이상의 차이가 난다. 그러기에 장기 상품의 경우에는 준비하는 것에 비해 가격이 많이 뛰어오르는 주택에 대해서는 설령 은행에게 가장 좋은 일을 시키는 대출을 받더라도 투자하게 된다.

ⓦ 기간별 준비상황을 염두에 둔 신혼부부 재무상담 포커스

신혼부부를 재무상담해 보면 세 가지의 주제로 질문을 많이 한다. 첫째가 맞벌이를 하는데도 저축을 많이 할 수 없다는 것과 둘째는 과연 저축을 몇 퍼센트 정도 하는 게 좋은지이다. 셋째는 주택을 어떠한 방법으로 구입해야 하는지이다.

신혼부부는 크게 두 시기로 분류해서 상담한다. 아이를 낳기 전에 오로지 부부 둘만 있는 경우(전반전)와 출산을 해서 자녀를 포함한 가족을 이룬 경우(후반전)다.

💰 신혼부부 전반전의 포트폴리오

아이 출산 후 본격적으로 지출이 늘어나기 때문에 아이 출산 전과 후로 나누었으며, 신혼부부의 인생 전반전 격인 자녀 출산 전(특히 맞벌이를 통해서 아내의 소득이 100%로 보전될 때)에는 무조건 소득의 50% 이상을 저축, 투자하는 데 포커스를 맞춘다.

아내가 갑작스럽게 임신을 하는 상황이 벌어질 수도 있으므로 저축과 안전자산 성향의 발행어음이나 CMA 등으로 준비를 하게끔 투자상품보다는 안전자산 상품 위주로 포트폴리오를 꾸려서 돌발적인 임신 상황 등을 대비한다(물론 최근에는 아이 출산 전 신혼 때 극단적인 줄이기를 통해서 저축률을 높이고, 노후 준비의 비중 또한 높여서 40대 조기 은퇴를 대비하는 신혼부부도 종종 있다). 그래야 아내의 소득이 일시적으로 줄어드는 출산, 육아 휴직 기간에도 출산 전과 다름없는 고정 저축률을 달성할 수 있다. 또한 아이 출산 전에는 최대한 비용을 줄이기 위해서 주택을 사기보다는 전세로 살면서 청약점수를 차곡차곡 쌓아두는 것이 좋으며, 차량 또한 출산 전까지는 최대한 늦게 구입하는 게 좋다.

출산 전 신혼부부에게 가장 많이 들어가는 비용 중 하나가 외식비다. 특히 맞벌이 부부의 경우에는 한 달 동안의 외식비와 용돈의 상당 부분이 금요일 저녁부터 일요일 저녁까지의 기간에 지출되기 때문에 소비 규모를 정하고 나서 계획한 범위 내에서 지출하는 습관을 가져야 하며, 이로 인해 절약되는 금액은 나중에 아이 출산 비용과 육아 휴직 기간에 줄어드는 수입을 대처하는 용도로 저축하면 된다.

₩ 신혼부부 후반전의 포트폴리오

출산 후 신혼부부에게 출산 전보다 많이 들어가는 비용 중 하나가 아이의 양육비다. 이 시기 소득의 40% 정도를 목표로 해서 저축 투자를 하지만, 아이를 키우면서 아이의 교육에 대한 고민과 주택마련에 대한 고민이 깊어지는 시기다.

본격적인 가로 저축의 형태로 재무계획을 준비해야 되는데, 가까운 미래 격인 아이의 양육비와 유아의 교육비, 중기 격인 아이의 저학년 사교육비·주택의 확장, 장기 격인 주택 대출의 상환과 아이의 대학자금, 노후 은퇴자금 등으로 분류해서 좀 더 가까운 시기에 다가오는 재무이벤트에 비중을 두는 게 좋다.

이 시기엔 가로 저축으로 여러 재무이벤트들을 준비해야 하지만, 주택마련이라는 가장 큰 재무이벤트에 포커스를 맞춰 준비해야 하는 시기이기도 하다. 또한 맞벌이에서 외벌이로 변경되는 가정도 많아서 상담을 하다보면 지금까지 잘 유지해왔던 저축 등의 상품을 해지해 생활비로 사용하는 탓에 통장 잔액이 0에 가까워지는 경우도 많다.

신혼부부 후반전에서는 준비하는 기간이 긴 재무이벤트일 경우에는 좀 더 공격적인 투자상품을 고를 필요가 있다. 또한, 준비 상황이 정리되면 본격적인 줄이기에 돌입해야 한다.

₩ 신혼부부 재무설계 시 주의점

신혼부부의 재무를 설계할 때는 먼저 재무상황을 공유하고, 불필요한 금융상품이 있는지 점검하며, 재무목적에 맞는 준비를 하고 있는지 살펴봐야 한다. 또 줄일 수 있는 지출의 항목을 정리해서 누수 지출을 줄여 출산 전에는 아이의 출산자금과 아내의 육아휴직에 따른 소득 감소에 대한 준비를 해야 한다. 보통 저축성 상품 위주로 단기상품에 치중하고, 출산 이후에는 주택에 연관된 대출 상환이나 주택 확장에 대한 준비를 하면 된다.

온전한 가정이 형성되었기에 인생의 순차적인 이벤트인 주택마련, 자녀양육, 주택대출금상환, 자녀교육, 노후 등을 시기별로 나눠 단기, 중기, 장기의 자금을 균형 있게 분배한다. 또한 정부가 신혼부부의 주택 마련을 돕기 위해 신혼희망타운, 신혼부부 특별공급 등의 좋은 정책들을 다양하게 시행하고 있으므로 이를 최대한 활용하는 방안을 찾는 것도 중요하다.

ⓦ 실제 신혼부부 상담사례

"결혼한 지 3년차인 기영 씨 사내 커플로, 30대 초반이다. 아직 젊기에 즐기고 싶은 것도 많고, 하고 싶은 것도 많다. 휴가는 매년 해외로 가기 때문에 연간 400~500만 원이 지출되고 있고, 의류비는 연간 160만 원 정도 지출한다. 사람을 좋아하는 남편의 경조사비는 연간 300만 원 정도 지출되고, 미용실은 1년에 7~8번 방문해 연간 80만 원을 지출하는 편이다. 아직 아이가 없는 부부는 싱글 시절의 소비를 그대로 끌고 와 생활하고 있는 셈이다.

부부의 신혼집은 서울 신림동에 있는 빌라로 반전세로 시작하게 되었다. 결혼 당시 5,500만 원의 대출을 받았는데, 매월 165만 원의 대출 상환을 하고 있다. 실질적으로 매월 마이너스 61만 원이지만, 신용카드 사용으로 크게 체감하지 못하고 있다. 생활비와 전세자금 대출 이자 14만 원 외에 나가는 부채 비용은 결혼 때 결혼비용으로 대출했던 것과 치과 치료로 인한 카드 할부금이 남아있는 상황으로, 대출을 어떻게든 정리하고 싶은 마음이다. 또한, 소득공제 혜택을 받기 위해 발급받았던 신용카드를 이젠 돈이 없어도 의례 사용하다 보니 지출 습관을 잡지 못하겠다고 했다."

신혼부부의 월 지출현황은?

신혼부부의 총수입은 남편의 월급여 205만 원, 아내의 월급여 255만 원 그리고 연상여금 350만 원이다.

상담 전	
정기지출	
월세	40만 원
공과금	14만 원
통신비	19만 원
인터넷,TV	5만 원
생활비	68만 원
교통비	20만 원
남편 용돈	25만 원
아내 용돈	25만 원
보험	35만 원
세탁비(드라이)	15만 원
대출상환	165만 원
비정기지출	
경조사비(1년통계치)	25만 원
의류,미용비	20만 원
여행,휴가비	40만 원
명절비	5만 원
총 지출액	**521만 원**
월 잉여자금	**−61만 원**
비소비성지출	
청약저축	4만 원

상담 후	
정기지출	
공과금	14만 원
통신비(인터넷,TV 포함)	11만 원
생활비	40만 원
교통비	20만 원
남편 용돈	25만 원
아내 용돈	25만 원
보험	16만 원
세탁비(드라이)	2만 원
전세대출 이자	9만 원
누나 이자	10만 원
비정기지출	
경조사비(1년통계치)	10만 원
의류,미용비	15만 원
여행,휴가비	10만 원
명절비	5만 원
총 지출액	**212만 원**
월 잉여자금	**248만 원**
비소비성지출	
청년우대형 주택청약저축	20만 원
누나 상환용 저축(신협농특세 상품)	30만 원
대출상환 정기적금(우대 적용 4.0%)	50만 원
노후연금	10만 원
적립식펀드	50만 원
CMA	38만 원
발행어음	50만 원
통장	630만 원

신혼부부의 재무목표는?

1순위	대출 상환
2순위	종잣돈 마련
3순위	여행비
4순위	노후

신혼부부의 부채현황은?

매월 이자로 75만 원과 원금 상환 90만 원이 지출된다.

담보대출		신용대출	
항목	대출잔액	항목	대출잔액
모바일 대출(생활비 명목)	59만 원	신용대출	116만 원
햇살론 대출	1,340만 원	마이너스	230만 원
전세 대출	1,220만 원	카드할부(치과치료)	60만 원
담보 대출(결혼비용 명목)	1,444만 원		

이 부부의 면담이 이제껏 한 면담 중 가장 오래 걸렸다. 3개월의 시간이 소요됐고, 전화 통화도 꽤 많이 했다. 재무상담을 통해서 무엇을 줄여야 하는가에 대한 답을 얻는 게 우선은 아니다. 무엇을 줄이기에는 부채가 여러 가지였고, 또한 매달 적자 폭도 너무 크기에 살고 있는 집부터 처분하자고 제안했다.

현재 상황에서는 시간이 지날수록 부부의 부채가 더욱더 늘어날 것으로 예상되었기에 다시 원점에서 출발하는 게 맞다고 판단되었기 때문이다. 그러는 과정에서 부부는 많이 언짢아했고, 고민도 많이 했다. 그렇지만 상황을 타개하기 위해서는 주택 문제부터 해결하는 게 우선이었다.

반전세 5,000만 원짜리 집에 부채만 4,463만 원으로, 부부의 자산은 500만 원밖에 되지 않는다. 3달 동안 부부는 장모님 집에 같이 살기로 결정을 내렸다가 다시 월세를 찾게 되었고, 결국에는 친누나의 도움으로 대출을 낀 작은 전셋집으로 이사를 하게 되었다.

　재무상담을 진행하면서 부부는 돈에 대해 생각하게 되었고, 답을 찾으려고 했다. 우선 양가 부모님들에게 현재의 상황을 솔직하게 이야기했고, 이 과정에서 누나가 5,000만 원이라는 큰돈을 빌려준다고 했다. 회사와 가까운 현재의 집에서 살면서 대출만 갚을 생각도 했지만 부부는 결국 조금은 교통편이 불편한 구역으로 들어가지만, 비교적 저렴한 전세로 이사 가기로 했다(전세 9,000만 원). 그로 인해 대출로 나가는 이자비용은 10만 원도 채 안 되게 줄일 수 있었다. 부부와 상의 끝에 누나한테 전세자금대출을 얻었다 생각하고 매월 10만 원씩 이자만 갚되 상환을 하기 위한 저축 통장을 만들어 누나한테 맡기기로 했다.

신혼부부, 어떻게 지출을 줄이지?

　결혼을 하고 내 집 마련을 하는 과정에서 대출은 필수적으로 따라온다. 이 부부처럼 결혼과 그로 인한 주택문제로 인해서 생긴 부채를 빨리 갚으려고 해도 전세금이 계속 올라가기에 갚아나가도 부채가 팍팍 줄지 않는다. 지금처럼 마이너스 현금 흐름을 보인다면 계속 반복적인 또 다른 대출이 들어오게 되어 있다. 이런 상황 속에서 어렵게 대출을 갚은 후엔 자가 구입 자금으로 인해 새로운 대출이 또 들어온다. 이것이 대부분의 가정의 현실이고 생애 흐름이다. 결혼하는 순간부터 평생 은행에 종속되어 살아간다.

　어떻게 보면 이 부부는 정부의 임대형 주택 제도 등을 활용했으면 훨씬 나았을 수도 있다. 아무리 부채가 싫어도 주택 관련 대출은 초기에 무리하지 않게 부부의 생활비와 재무목표를 고려해서 정해야 한다. 특히나 이 부부는 앞으로 출산, 자녀 교육, 은퇴 준비부터 준비해야 할 게 산더미인데 벌써부터 모든 지출이 대출에 쏠려있다면 저축 자체를 할 수 없게 된다. 더불어 돈도 묶이기 때문에 비상금조차도 만들 수 없어지기에 결혼 초반부터 위험해질 수 있다. 부부가 동시에 줄여야 되는 이유를 알고 명확히 목표를 세워서 줄여야 한다.

부부는 누나의 도움으로 주택 문제를 해결했기에 지금부터 하나씩 실천해나가야 한다. 또한, 지금까지 써보지 않았던 가계부도 써보기로 했다. 종종 젊은 부부에게 시도하는 가계부 적기 3종류를 모두 해보기로 하고 매일매일 되새겨보기로 했는데, 이는 부부가 습관을 만들고 경제 개념을 잡을 수 있게 도와주기 위해서였다.

가계부 적기는 3단계로 이뤄진다. 첫째로는 수기 가계부를 작성하는 것이고, 둘째로는 이 수기 가계부를 바탕으로 해서 식탁 위에 걸어놓은 달력 포켓 가계부에 식비를 매일 해당 날짜에 꽂아넣어서 그만큼만 지출하기로 하는 것이며, 셋째로는 스마트폰 앱에서 가계부를 쓰며 변동사항을 확인하기로 하는 것이다. 인생을 살면서 꼭 필요한 것 외에 소비를 하지 않는 것은 힘들다. 그렇기 때문에 계획을 미리 정하고 그 계획을 보며 최대한 참아야 한다. 그래서 자금을 아껴서 합리적으로 저축하고 투자해가며 꼭 필요한 재무적 이벤트를 준비한다면 시간이 지나서 더 많은 기회들을 붙잡을 수 있다.

이 부부는 석 달간 꽤 많은 걸 고민했고, 현재의 전세자금만큼 순 자산을 만들 때까지는 지출을 많이 줄이기로 했다. 또한 친구 좋아하는 남편의 경조사비용도 조금씩 줄이기로 했다.

자, 그럼 지출을 어떻게 줄였는지 하나씩 들여다보자.

월세

전셋집 이사를 통해 전세대출 이자 9만 원과 누나에게 빌린 돈 이자 10만 원을 합쳐 총 19만 원의 지출을 하기로 했다. (21만 원 절감)

통신비, 인터넷

게임을 좋아하는 부부의 휴대폰은 고사양의 신제품이다. 그뿐만 아니라 무한대의 데이터 요금을 사용하고 있다. 하지만, 이번 상담을 통해 부부는 일정 기준의 데이터를 사용하고 그것을 넘어서면 속도가 미세하게 느려지지만 데이터를 무한대로 쓸 수 있는 요금제로 변경을 하고, 누나까지 결합한 가족 간 결합 서비스를 활용해서 인터넷과 TV 사용료까지 할인받았다. (13만 원 절감)

식비, 간식비, 생활용품

부부는 식비를 절약하기 위해서 냉장고, 냉동고 안의 식품을 수시로 체크해서 포스트에 적어 냉장고 앞에 붙여두기로 했다. 또한, 일주일에 한 번씩 몰아서 장을 보던 습관을 불편하더라도 바꿔서 매일매일 조금씩 사서 해먹기로 했다. (28만 원 절감)

부부의 보험

보험 중에는 가입 우선순위에 들어 있는 상품들이 있다. 먼저 이제는 국민보험이 된 ① 실손 의료비 보험을 가입하고 큰 질병에 대한 보장을 준비해야 한다. 또한 ② 암 진단비, 뇌혈관 진단비, 허혈성 심장 진단비 등이 보장되는 보험도 중요하다. ③ 각종 수술비 보장 보험도 챙겨야 한다. 여기에 아이가 출생했을 때 가장의 사망보험을 정해진 기간 동안 보장받는 ④ 정기보험 정도만 있으면 된다.

부부는 위의 기준에 맞춰 보험 다이어트도 같이 진행했다. (19만 원 절감)

그동안 면 티셔츠까지 오래 입을 수 있다는 생각에 드라이를 했던 부부는 이런 세탁 비용을 줄이기로 했다.(13만 원 절감)

누나의 도움으로 대출 상환에 들어가는 비용을 줄일 수 있었다. (165만 원 절감)

비정기지출 절감

그동안 남들 눈치를 봤던 남편은 이젠 자기 형편에 맞게 일정한 금액으로 부조를 하기로 했다. 그렇게 경조사비를 일정 부분 조율을 했고, 의류, 미용 부분은 아내가 혹시나 임신을 해서 입덧이 심해져 직장을 쉬는 등 여러 상황이 발생할 수 있는 나이이기에 좀 더 줄이기로 했으며, 여행 또한 조금이라도 돈이 모이고 나서 가고 싶은 곳을 가기로 했다. (50만 원 절감)

신혼부부의 재무 솔루션은?

부부의 현재 순자산은 대출금 4,400만 원을 빼면 전세금에서 500만 원 정도밖에 되지 않는다. 이 금액은 어찌 보면 아내가 아이를 임신하고 출산했을 때 드는 비용으로도 모자란다. 부부의 소비 패턴이 무너지는 데 있어서 빚도 한몫했지만, 신용카드의 사용도 무시할 수 없다. 저축에 있어서 가장 큰 독이 될 수 있는 건 어찌 보면 앞으로 또다시 신용카드로 인한 리스크가 발생할 수가 있다는 점이다. 부부는 처음에 공제할 항목이 없고, 돈도 없어서 신용카드를 쓰기 시작했다고 한다.

평균적으로는 연봉의 25% 안쪽으로 신용카드를 쓰고 나머지를 체크카드로 쓴다면 소득공제 혜택은 최대 범위로 받을 수 있다. 하지만 신용카드는 당월에 쓴 지출이 다음 달에 결제되기 때문에 한 달간의 생활비 예산을 정확히 잡을 수 없다는 걸 감안해야 한다. 그래서 매월 규칙적인 지출 패턴을 유지하기 위해서는 체크카드족들을 절대 이길 수 없다.

체크카드의 장점은 매월 현금 흐름을 건전하게 유지시켜 주고, 변동으로부터 1차적 보호를 해준다는 것이다. 소득공제 비율은 덤이다. 그래서 평소 소비패턴이 유동적이고 충동적 소비를 하는 성향의 사람들은 체크카드 사용이 더 유리하다. 그렇게 체크카드로 소비하고 나서 저축을 해야 하는데, 이때 가로 저축, 세로 저축이라는 말이 등장한다. 많은 사람들이 선택하여 실천하고 있는 가장 보편적인 저축 방법이 세로 저축인데, 한 가지 목표를 달성하기 위해 저축 금액을 전부 한곳에 모으는 방식이다.

예를 들어서 3년 후에 결혼을 한다는 재무목표를 세우면 3년 동안 결혼자금을 위해 매달 저축을 해서 결혼을 하고, 그리고 나서는 자녀 양육을 위해서 모든 비용을 지출하며, 시간이 지나 내 집 마련에 대한 계획을 세우게 되면 내 집 마련을 위해서 10년 동안 저축을 하고, 그 후에는 자녀의 대학자금, 부부의 노후자금 등 한 가지 목표를 설정해 저축을 하는 것이다. 목표 금액을 달성하게 되면 저축한 돈을 다 쓰고 새로 또 저축하는 패턴을 그리기 때문에 효과적인 돈 관리(시간이 지나서 큰 목돈이 드는 주택자금이나 부채 상환, 자녀교육자금, 노후자금 등은 시간이 지나서 코앞으로 다가올수록 부담해야 하는 시간과 금액이 점점 커진다)를 하기가 어려워진다.

그에 반해 가로 저축은 사람의 라이프 사이클에 따라서 필연적으로 벌어질 재무목표와 개인의 드림보드로 인해 이벤트적으로 벌어질 드림목표 등을 고려해서 타임 테이블 재무목표를 세워 자금을 용도별로 나눠서 계획하고 저축하는 방식이다. 이는 저축할 돈을 한곳에 모아 적금하는 것이 아니라 단기, 중기, 장기로 목표를 설정하여 그에 맞게끔 저축금액을 분산해서 저축하고, 시간에 따른 장점과 단점을 활용한 상품의 분배(짧은 시간은 무조건 안정적인 상품, 긴 시간은 물가상승률을 고려한 투자상품) 등을 통해서 효율적으로 관리할 수 있다. 10년, 20년 이상씩 장기간에 걸쳐 저축과 투자를 해나가며 결혼자금부터 노후자금까지 모두 대비할 수 있다. 이런 방식은 복리 이자와 함께 목돈을 차곡차곡 모아 나갈 수 있는 장점이 있으며, 상품에 따라서 과세를 피할 수 있는 비과세 혜택도 누릴 수 있다.

이 부부의 경우에는 크게 두 가지로 나누었다. 하나는 주택에 관한 부채를 갚는 형태의 저축 방법과 또 다른 하나는 다가오는 재무이벤트를 준비하기 위한 투자방법이다. 그전에 부부의 공제 부분을 해결하기 위해서 현재의 청약저축을 청년우대형청약저축으로 전환해서 준비하기로 했다. 주택에 관련된 대출을 갚아나가면서 전세보증금을 나의 순자산으로 유입하는 순연의 역할과 누나에게 빌린 보증금을 갚기 위해 신협의 비과세 저축에 가입했으며, 혹시나 의지가 약해지는 걸 막기 위해서 통장은 아예 누나한테 맡겼다. 또한, 현재 4,000만 원의 전셋집 대출자금 상환을 위해서 지방의 은행과 통신사가 연계된 저축상품에 가입해서 약간은 높은(?) 우대금리를 적용받기로 했다.

다음으로 다가올 재무이벤트를 준비하기 위해서 적립식 펀드를 여러 개로 나누어서 분산투자하여 물가 리스크를 줄이기로 하고, 이를 나중에 돈이 모였을 때 부부의 시드머니로 활용하기로 했다. 또한 이사로 인한 남은 잔금 및 보험 해지금을 통한 630만 원의 자금과 매월 잉여자금을 CMA에 넣어서 아내가 임신을 했을 때 출산자금으로 활용하려고 한다. 또한 발행어음을 통한 자금으로 아내의 혹시 모를 경력 단절을 대비해서 (소득이 줄게 되면 대출 상환 적금부터 해지할 것 같아서) 미리 대출 상환을 위한 돈을 모으기로 했으며, 이는 아내가 계속 맞벌이를 했을 시에 신혼희망타운에 입주할 수 있는 최소한의 자금으로 활용하기로 했다.

04

월급쟁이라면
꼭 알아야 할
금융상품 제도

0.1% 금리에
목숨 거는 저축,
어디에 하면 좋을까?

₩ 이자가 중요한 저축은 시중은행보다 저축은행

이자소득세는 이자에 따른 세금이라고 보면 되는데 일반과세, 세금우대, 저율과세, 비과세 총 4가지로 분류된다.

이자소득세 종류

구분	일반과세	세금우대	저율과세	비과세
세금	15.4%	9.5%	1.4%	0%

우리는 한 달 동안 일해서 월급을 받을 때 세금을 떼고 받는다. 이렇게 받은 돈의 일부를 저축하게 되는데, 저축한 금액에서도 만기 시 세금을 뗀다. 이때 제하는 세금은 대부분 일반과세로 15.4%에 해당한다. 조금이라도 세금을 줄일 수 있는 방법을 찾는다면, 거주지 근처 농협, 수협, 신협, 새마을금고, 산림조합에 가서 조합원이나 준 조합 자격을 받고 통장을 만들어 적금하면 이자 소득세는 없고, 농어촌 특별세 1.4%(3,000만 원 한도)만 내면 된다.

₩ 영업점은 없지만, 은행보다 금리가 높은 인터넷전문은행

카카오뱅크, K뱅크 등과 같은 인터넷전문은행은 국내 금융 부분의 경쟁력과 IT강국의 이미지, 그리고 날로 발전하는 모바일 시장과 맞물려 소비자의 편의성을 높이고자 등장하였다. 또한 핀테크, 계좌 이동제와 같은 금융과 ICT 부문 간의 융합을 통해 금융 서비스를 발전 및 혁신시키고자 등장하였다. 그렇다면 인터넷전문은행이 이미 인터넷뱅킹에서 제공하고 있는 서비스와 다른 점은 무엇일까?

가장 큰 차이점은 바로 '이자'에 있다. 우선 인터넷전문은행은 무점포로 인한 점포세와 웹 기반의 업무처리로 인한 인건비의 절감 등으로 은행 한 점포당 들어가는 순수 사업비가 줄어들어, 그렇게 절감된 부분이 고객에게 돌아가기 때문에 고객들은 시중은행보다 더 많은 예금이자를 받게 된다. 이런 리턴 서비스는 예금이자 부분에서만 차별화되지 않고, 현금·포인트·게임 아이템 중 선택해서 받을 수 있도록 돼 있다. 또한, 빅데이터를 활용한 차별화된 새로운 신용 평가 시스템을 통해 가정주부나 학생 등 금융거래 실적이 없어 은행에서 불리한 평가를 받았던 소비자들도 중금리 대출을 할 수 있게 되었다.

인터넷전문은행의 장점으로는 점포가 없기 때문에 기존의 오프라인 점포와 달리 영업시간에 제한이 없다는 것이다. 연중무휴로 24시간 이용 가능한 것과 인건비의 절감으로 인한 사업비 감소로 소비자가 예전보다 높은 혜택을 누릴 가능성이 크다.

또 한 가지 무시할 수 없는 부분이 가계 대출이다. 일반적으로 중금리 대출은 '연리 10%대'를 말하는데 기준금리 1%대의 '초저금리 시대'에 19.99%를 중금리로 보는 것은 금융사와 금융 당국의 이상한 논리다. 연 10%대의 중금리 대출 시장이 없다 보니 4~7등급의 중신용자들이 고금리 대출을 받는 '금리 절벽'이 존재했는데, 인터넷전문은행의 등장으로 자연스러운 상호(인터넷전문은행, 은행사, 저축은행사, 보험사 등) 경쟁 심리가 나타나면서 중금리 대출 시장이 열리게 되었다.

💰 이 시대 핫이슈 상품인 환매조건부채권과 발행어음

환매조건부채권은 가까운 미래 자금, 즉 단기자금을 효율적으로 관리할 수 있는 상품으로, 채권을 발행하여 조건을 충족하면 다시 되사주는, 이른바 '환매'를 조건으로 붙인 채권이다. 이 상품은 3개월, 1년으로 짧게 움직일 수 있어 유동화가 가능한 것이 장점으로 환매채, RP라고도 한다. RP는 수신상품의 하나로, 은행이나 증권회사가 일정 기간 후 다시 사들인다는 조건으로 고객에게 판매하는 금융상품이다. 대상 채권으로는 국채, 지방채, 특수채, 회사채 등이 있다.

발행어음은 증권사가 지급을 약속하고 자체 신용으로 발행하는 만기 1년 이내의 단기 금융상품이다. 증권사, 종금사가 자체 신용으로 어음을 발행해 일반 투자자에게 판매하는 상품으로 일종의 채권이라고 생각하면 된다. 투자자가 금융사에 대출해주고 그에 따른 이자를 받는 셈이다. 발행어음은 1년 이내의 단기 투자상품이며, 확정 금리를 제공하기 때문에 안정성 대비 높은 수익률을 가져갈 수 있다는 장점이 있다.

환매조건부채권과 발행어음의 특징

구분	환매조건부채권	발행어음
취급사	증권사	증권사
만기일	30일, 60일, 90일, 180일, 1년 중 선택	1년 이내 고객이 설정 가능
예금자보호	×	×

02

예금자보호는 안 되어도 비교적 안전한 상품은 더 있다

ⓦ CD? 음악을 듣는 CD 플레이어가 아니다

양도성예금증서(CD)는 은행이 예금을 맡았다는 것을 인정하여 발행하는 증서로 제3자에게 양도가 가능한 단기 금융상품이다. 일반적인 예금이 예금주 본인의 이름이 명기되어 발급되는 것과 달리, CD는 무기명의 예금증서가 발행되어 자유롭게 양도 및 양수를 할 수 있다.

가장 흔한 유형은 요구불예금증서와 정기예금증서이다. 요구불예금증서는 이자가 붙지 않는 대신 필요할 때 언제든지 돈을 찾을 수 있다. 이 예금증서는 주로 건축 청부업자들이 입찰할 때 신용이 좋다는 것을 증명하거나 공사 보증금으로 이용한다. 또한 차용금의 담보로 이용할 수도 있다. 우리가 잘 알고 있는 정기예금증서는 이자가 붙는 대신 일정한 기간이 지나야만 돈을 찾을 수 있다. 정기예금에 대한 이자는 신용거래통장이나 당좌예금보다 높다. 만기가 되기 전에 정기예금된 돈을 찾으면 이자에서 손해를 보게 된다. 요구불예금증서와 정기예금증서는 대개 양도할 수 있지만, 그 계좌에 대해 수표를 발행할 수는 없다

CD는 증서당 최저가는 500만 원이지만, 보편적으로는 1,000만 원짜리의 예

금증서와 3개월짜리의 상품이 주를 이루고 있다. CD 금리는 금융권의 주택담보대출의 시장금리 연동 기준으로 만기 3개월 CD 금리가 활용되며, 은행은 이를 바탕으로 해서 CD 금리의 신용도에 따라 가산금리를 더해서 대출금리를 결정한다.

CD의 장점은 은행 금리보다 금리가 높고, 무기명으로 발행되기 때문에 익명이 보장된다는 것이다. 또한 금액의 상한선 제한이 없으며, 만기일에 예금증서만 있으면 누구나 예금인출이 가능하다. 단점으로는 무기명으로 거래되며 양도가 가능하기 때문에 간혹 돈 세탁으로 활용되며, 위조와 절도의 가능성이 있다는 점이다. 단기자금으로 운용되지만 중도에 해지가 불가능하기 때문에 급하게 돈을 활용할 수 없다. 또한 예금자보호가 되지 않는다.

사상 초유의 최저금리 시대인 요즘은 대안 투자처 찾기가 만만치 않다. CD 금리가 은행 상품보다 좀 더 높은 금리로 부리되는 것은 예금자보호를 받을 수 없기 때문이다. 당연히 예금자보호가 되지 않기 때문에 예금보험공사에 들어가는 비용이 줄어 정기예금보다 금리가 높다.

🏧 더 이상 저금리 상품은 싫어요

MMF(Money Market Fund)는 단기금융펀드라고도 불린다. 증권사나 투자신탁회사의 대표적인 단기 금융상품이며 고객들의 자금을 모아 펀드를 구성하여 재투자하는 방식으로 수익을 내는 상품이다. CMA 통장처럼 은행 예금식으로 수시 입출금이 가능하며 하루만 돈을 맡겨도 펀드 운용 실적에 따라 이자를 받을 수 있는 매력적인 상품이다. 그러므로 MMF 통장은 목돈은 있는데, 예금

같은 곳에 넣어두기에는 기간과 금리가 불만족스럽고, 그렇다고 투자를 하기에는 손실이 부담스러운 경우에 주로 활용된다. 증권사나 은행, 종금사 등 대부분의 금융회사를 통해 가입할 수 있다.

MMF는 고객이 일정 규모의 자금을 한 달 이상 6개월 이내 단기간 투자할 자금을 활용하는 통장으로, 자산운용사는 고객들의 자금으로 펀드를 구성한 다음 투자 대상 중 안정성 있고 높은 수익률이 예상되는 만기 1년 이내의 단기상품인 콜론, 기업어음(CP), 양도성예금증서(CD) 등에 집중투자, 높은 수익을 발생시킨다.

MMF는 CMA처럼 수시 입출금이 가능하고 하루만 예치해도 운용 실적에 따른 이익금을 받을 수 있기 때문에 단기자금 운용에 적합하다. 또한 MMF는 법적으로 우량 채권에만 투자하도록 되어 있기 때문에 손실에 대한 위험은 매우 낮다. MMF의 평균 금리는 보통 연 2~2.5% 수준이고 하루 단위로 금리가 적용된다.

상품의 운용 기간 만기 설정은 30일 이상 180일 이내이다. 언제든지 수시 입출금이 가능하나 입금 후 29일 이내에 인출 요청을 할 때는 중도해지수수료를 물어야 하므로 원금 손실이 발생할 수 있다. 한 달 이전에 써야 할 자금은 미리 구분해 다른 상품에 예치하는 것이 손해를 줄이는 방법이다.

환매수수료가 없어서 상대적으로 CMA보다 높은 수익을 낼 수 있기는 하나, 이 또한 상대적이다. 변동금리이기 때문에 금리의 오르내림에 따라 투자한 채권의 가치도 오르내리게 된다. 금리 하락 시기에 수익률이 더 오르는 상품이다.

💰 그래도, 많이 알려진 CMA로 준비할래요

CMA(Cash Management Account)는 종합자산관리라는 뜻으로, 고객의 돈을 투자 관리하여 그 수익을 고객에게 돌려주는 상품이다. CMA 통장에 저축을 하면 해당 금액이 투자가 되고, 그 수익금의 일부를 이자로 받게 되는 것이다. CMA 통장은 하루만 입금해도 이자가 붙을 정도로 단기적 운영에 유리하고, 입출금이 자유로우나 중장기적 재테크 방법으로 적합하지 않은 특성을 가지고 있다.

따라서 가까운 시기에 집이나 자동차 구매, 결혼 등으로 목돈이 필요한 사람의 경우에는 CMA 통장을 이용한 저축이 적합하다. 또 비상금 통장으로 활용할 수도 있다. 즉, 유동성이 필요한 자금의 경우 CMA 통장에 저축하면 만족스러운 효과를 거둘 수 있다.

CMA 통장은 시중은행보다는 금리가 높고 입출금이 자유롭다는 장점에 인기가 높아 여러 금융사들이 좋은 상품을 지속적으로 출시하고 있는 추세다. 수수료 면제 등 여러 우대 혜택에 자동이체 서비스까지 각 금융사마다 특색 있는 CMA 통장이 출시되어 있다. 유일하게 종금사에서 취급하는 종금형 CMA의 경우에는 5,000만 원까지 예금자보호가 되지만, 증권사에서 취급하는 RP형 CMA, 예금형 CMA 등의 경우에는 예금자보호가 되지 않는다.

물론 증권사에서 취급하는 CMA의 경우에도 증권사는 고객에게 확정 금리를 약속하고 손실 부분은 증권사에서 떠안는 구조이기 때문에 위험은 없지만 증권사가 망하고 투자된 채권이 부도가 날 위험은 도사리고 있다. 그러나 증권사만 망하고 투자된 채권이 부도가 나지 않을 경우에는 채권 원금만큼 보호를 받을 수 있다.

이런 CMA 상품을 고를 때 어떤 부분을 우선적으로 봐야 하는지 살펴보자. 먼저 앞에서 말했듯이 CMA 상품은 아무리 안전한 상품이라고 하지만 엄연히 투자상품이므로 원금 보장이 안 된다. 물론 증권사에서 원금 보장을 해주지만 리스크가 있는 상품이므로 유의해서 선택해야 한다.

CMA의 종류

구분	MMF	MMW	종금형	RP
금리	실적배당	실적배당	확정금리	실적배당
특징	콜론, 기업어음(CP), 양도성예금증서(CD) 등에 집중투자. 투자 결과에 따라 이익과 손실이 발생	일일 정산을 통한 복리효과	5,000만 원 예금자보호	채권에 투자하여 수익금을 고정금리로 받음

둘째로는 상품이 비슷하게 운영되므로 이자율이 높은 CMA를 고르는 게 좋다. 각 금융회사 간 미미한 이자 차이를 보이지만 당연히 이자를 좀 더 주는 상품에 맡기는 게 맞다.

셋째로는 출금 및 이체 수수료가 저렴한 CMA를 선택하는 게 좋다. 요즘처럼 안전자산의 금리가 물가상승률을 따라가지 못할 경우에는 각종 누수자금을 줄여야 한다. CMA도 물가상승률 이상의 투자 효과를 내기 어렵기 때문에 출금 및 이체 수수료가 발생하고 있는 현재 실정상 체감적으로 수수료가 비싸다고 느껴진다. 그래서 출금수수료, 이체 수수료도 먼저 꼼꼼히 따져 봐야 한다.

넷째로는 CMA와 연관성 있는 서비스 중 자신에게 필요한 혜택을 가진 상품을 골라야 한다. 요즘 상품들을 보면 별도의 계좌 개설 없이 CMA 계좌 내에서 직접 주식이나 펀드 투자를 할 수 있는 기능이 있고, CMA에 신용카드나 체크카드를 연결하여 편리하게 상품을 구매할 수 있는 기능도 있다. 또한 인터넷뱅킹 서비스는 모든 금융회사 CMA에서 공통으로 제공하고 있다.

다섯째로는 CMA 통장을 월급 통장으로 이용하는 사람이라면 관리를 잘 해야 한다는 걸 잊어선 안 된다. 예전에 TV 광고에서 등장했던 "하루만 맡겨도 높은 이자를 줍니다."라는 말만 믿고 많은 사람들이 CMA를 월급 통장으로 쓰고 있지만 대부분이 이를 제대로 활용하고 있지 못하다. CMA를 월급 통장으로 사용하는 분들은 각종 이체 날을 조정해야 한다. 상담을 한 고객분들이 상품을 고를 때 보면 이체 날이 급여 날에 몰리는 경우가 많다. 즉 각종 공과금, 신용카드 대금, 보험료 등의 이체 일을 월급을 받은 다음날이나 가까운 날로 지정을 해두는데, 제아무리 하루만 맡겨도 이자를 주는 상품이라 해도 월급이 들어오자마자 그 다음날 각종 이체로 다 빠져나간다면 월급 통장을 CMA로 바꿔도 아무런 효과가 없다.

03

투자가 처음인 당신에게 견문을 넓히는 첫 투자

직접투자보다 적립식투자에 관심을 갖자

펀드(FUND)란 어떤 특정한 목적을 위해 여러 사람으로부터 모은 자금의 집합체 또는 뭉칫돈을 투자해서 다시 투자 수익금을 여러 사람들이 일정한 배분에 의해 돌려받는 것이다. 즉, 재테크 차원에서 말하는 펀드란, '여러 사람의 돈을 모아' 전문가가 대신하여 투자하고, 투자를 통해 얻은 이익을 투자자들에게 돌려주는 상품을 의미한다.

주식이나 부동산 등에 개인 투자자들이 직접 뛰어드는 것과는 달리 전문가라고 하는 펀드 매니저들이 주된 주식이나 채권에서부터 금·구리와 같은 원자재, 부동산, 선박과 같은 실물자산까지 다양한 곳에 투자하지만 주된 대상은 증권형 펀드인 주식과 채권이다.

펀드는 운용 실적에 따라 이익이 나면 이익을, 손실이 나면 손실을 돌려주는데 이런 상품을 '실적 배당형' 상품이라 하고, 원금에 대해 추가로 얻는 부분은

'수익'이라고 한다. 펀드는 이처럼 운용 실적에 따라 돌려받는 것이 다르므로, 원금을 보장해줄 수도 없고 확정적인 금리를 보장해줄 수도 없다. 따라서 당연히 예금자보호도 안 된다.

🅦 그럼 펀드에 대해 자세히 알아볼까?

펀드는 판매회사, 운용회사, 수탁회사로 구성된다. 판매회사는 대표적으로 증권회사와 은행이라 할 수 있으며, 펀드를 가입할 수 있는 곳이다. 운용회사는 투자자로부터 모은 자금을 주식 및 채권, 부동산 등에 투자 운용하는 회사이며, 수탁회사는 투자자로부터 모은 투자금액을 보관 및 관리하고 자산운용회사의 펀드 운용을 감시하는 곳이다.

펀드는 투자 방식에 따라 거치식 펀드, 적립식 펀드, 사모펀드로 나눌 수 있다. 거치식 펀드는 투자금을 한 번에 투자하여 일정 기간 동안 넣어두고, 만기가 오면 투자금과 이익금을 돌려받는 방식이다. 적립식 펀드는 매달 일정액의 투자금을 정기적금 형태로 납입하고 계좌에 쌓인 투자금에 대한 이익을 다달이 받는 방식이다. 사모펀드는 소수의 투자자로부터 모은 자금을 운용상의 제약 없이 투자하여 수익을 내는 펀드이다.

펀드의 종류에는 증권 펀드, MMF 펀드, 파생상품 펀드, 부동산 펀드, 실물 펀드, 재간접 펀드, 특별자산 펀드, 혼합자산 펀드 등이 있다. 여기서 대표적인 증권 펀드, 특별자산 펀드, 부동산 펀드, 혼합자산 펀드에 대해 좀 더 자세히 알아보자.

증권 펀드	MMF 펀드	파생상품 펀드
주식, 채권에 투자	초단기 채권에 투자	선물, 옵션 등 파생상품 투자

부동산 펀드	실물 펀드	재간접 펀드
부동산 투자	선박, 석유, 금 등 실물자산에 투자	다른 펀드에 투자

특별자산 펀드	혼합자산 펀드
미술품, 영화, 원자재 등에 투자	어디에 얼마 이상 투자해야 한다는 제한 없이 투자할 수 있는 펀드

증권 펀드는 주식과 채권에 투자하는 펀드다. 이는 다시 주식형, 채권형, 혼합형으로 나눌 수 있는데, 주식과 채권의 투자 비율에 따라 주식형은 주식에 60% 이상, 채권형은 채권에 60% 이상, 혼합형은 주식과 채권 각각 60% 미만으로 투자하게 된다. 투자 지역에 따라 국내 펀드와 해외 펀드로 나뉘는데 국내 주식형 펀드의 경우 운용 전략에 따라 배당 수익을 목적으로 하는 배당형 펀드, 시세차익을 목적으로 하는 가치형 펀드, 급성장할 것으로 예상되는 주식에 투자하는 성장형 펀드로 나뉜다.

특별자산 펀드는 금 또는 원자재, 영화, 뮤지컬, 임차권, 광업권, 미술품 등에 투자하는 펀드로, 투자대상이 포괄적이고 다양하며 상품 구조가 복잡하고 최소 가입액 기준이 높은 경우가 대부분이다.

부동산 펀드는 부동산이나 부동산을 기초자산으로 하는 파생상품에 50% 이상 투자하는 펀드를 말하며, 펀드의 수익은 임대수입과 프로젝트 파이낸싱의 구조를 띠고 있다.

Tip

프로젝트 파이낸싱
수익성이 높은 사업에 투자해 수익을 내는 구조로 대부분 폐쇄형 펀드이다.

혼합자산 펀드는 어디에 얼마만큼 이상 투자해야 한다는 제한 없이 원하는 대상에 투자할 수 있는 펀드이기 때문에 높은 수익률을 기대할 수 있는 반면, 높은 투자 리스크를 갖는다.

펀드에 투자할 때는 3가지 정도 고려해야 하는데, 첫째는 비용 구조이다. 펀드는 예금이 아닌 투자상품인 관계로 일정액의 수수료를 떼는데, 적게는 0.6%에서 많게는 3~4% 이상 떼기도 한다. 펀드 가입자가 부담해야 하는 비용에는 한 번만 납부하는 1회성 비용인 수수료와 일정 기간마다 정기적으로 부과되는 보수가 있다.

여기서 수수료는 펀드 가입 시 내는 선취 수수료, 만기 후 내는 후취 수수료, 중도 환매 수수료 등의 크게 3가지로 구분할 수 있다. 투자자가 펀드 가입 시 선취 수수료를 지급한 경우에는 언제 환매를 하더라도 환매 수수료를 내지 않는다. 반대로 후취 수수료의 상품을 가입했을 때에는 펀드를 팔 때나 만기 시 환매 수수료를 내게 된다.

Tip

클래스별 펀드의 특징
A형 : 선취 판매 수수료 부과
B형 : 후취 판매 수수료 부과
C형 : 판매 수수료가 없는 대신 보수만 부과
D형 : 선취, 후취 둘 다 부과 → 2006년 8월 이후 만들어진 펀드만 적용
E, S형 : 온라인 전용 상품으로 펀드 수수료 및 보수가 저렴

일정 기간마다 정기적으로 부과되는 보수는 크게 네 가지로 나뉘는데 자산운용사에 지급하는 운용보수, 증권사와 은행 등 판매사에 지급하는 판매보수, 주식 등 유가증권을 보관하고 있는 수탁사에게 지급하는 수탁보수, 기준가 산정이나 회계업무 등을 맡은 회사의 몫으로 돌아가는 비용인 사무관리보수 등이 있다. 이 네 가지 보수를 합한 것이 '총보수'이다. 보통 총보수는 펀드 순자산에 대해 계산되며, 한 번만 부과되는 것이 아니라 매년 지속적으로 펀드 계좌에서 빠져나가기 때문에 펀드 비용 중 가장 큰 비중을 차지한다. 따라서 동일한 유형의 펀드라면, 총보수가 낮은 것을 선택하는 것이 유리하다.

펀드 수수료와 펀드 보수는 금융투자협회 전자공시 서비스에서 검색할 수 있으며, 온라인 펀드 슈퍼마켓에서 펀드를 가입하게 되면 총보수를 줄일 수 있는 장점은 있다. 물론 온라인 펀드 슈퍼마켓에 직접 가입해야 한다는 단점은 있다.

둘째는 펀드 크기인데 펀드의 규모가 크다는 것은 많은 투자자들이 펀드를 선택했다는 것이고, 역으로 펀드의 규모가 작다는 것은 그만큼 선택을 못 받았다는 것이다. 그렇다고 무조건 대형 펀드가 유리한 건 아니다. 펀드의 규모가 1조 원 이상이 되는 대형 펀드는 빠르게 변하는 주식 시장에 민첩하게 대응하기 힘들다. 시장의 상황에 따라 섹터나 종목의 변화를 시도해야 할 때 편입종목을 바로 매도하기도 어렵고, 신규 유망종목을 채워놓기도 어렵다.

펀드를 선택할 때 작은 규모의 펀드보다는 큰 규모의 펀드가 좋은데, 시장 상황에 따라 민첩하게 대응할 수 있는 300억~1조 정도의 규모의 펀드가 시장의 대응력도 좋고, 추가자금 유입으로 인해 펀드의 규모를 키워나가는 데 유리하다.

셋째는 수익률이 꾸준히 좋고 안정적인 펀드를 선택해야 한다. 펀드를 운영하는 기간 동안 매일 수익을 낼 수는 없기 때문에 수익률 보는 기준을 3개월, 6개월, 1년, 3년 등 분리해서 그 추이를 파악하는 게 좋다. 수익률의 상승과 하락폭이 좁을수록 좋은 펀드다. 수익률 자체가 오르락내리락하기 때문에 꾸준히 수익을 내고 있다는 것은 그만큼 운영을 잘하고 있다고 볼 수 있다. 또한 기간을 분리(3개월~3년)해서 동일 유형의 펀드들 중에서 얼마나 수익을 냈는지 비교해보는 것도 중요하다. 단기 성과가 다른 펀드에 비해 아주 좋은 펀드도 나올 수 있는데, 이는 이 펀드의 다른 특수한 시장의 운 때문에 수익률이 좋을 확률이 높기 때문에 이런 펀드보다는 전 기간에 걸쳐 꾸준히 성과낸 펀드가 안정적이다.

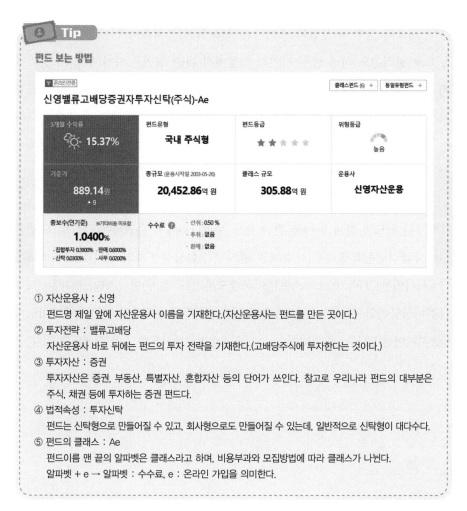

Tip

펀드 보는 방법

① 자산운용사 : 신영
펀드명 제일 앞에 자산운용사 이름을 기재한다.(자산운용사는 펀드를 만든 곳이다.)
② 투자전략 : 밸류고배당
자산운용사 바로 뒤에는 펀드의 투자 전략을 기재한다.(고배당주식에 투자한다는 것이다.)
③ 투자자산 : 증권
투자자산은 증권, 부동산, 특별자산, 혼합자산 등의 단어가 쓰인다. 참고로 우리나라 펀드의 대부분은 주식, 채권 등에 투자하는 증권 펀드다.
④ 법적속성 : 투자신탁
펀드는 신탁형으로 만들어질 수 있고, 회사형으로도 만들어질 수 있는데, 일반적으로 신탁형이 대다수다.
⑤ 펀드의 클래스 : Ae
펀드이름 맨 끝의 알파벳은 클래스라고 하며, 비용부과와 모집방법에 따라 클래스가 나뉜다.
알파벳 + e → 알파벳 : 수수료, e : 온라인 가입을 의미한다.

ⓦ 달걀을 한 바구니에 담지 말라는데 이런 펀드들은 어때?

뱅크론 펀드

　미국 및 유럽의 저 신용등급 기업 대출에 간접적으로 투자하는 상품으로, 금융회사가 미국 및 유럽의 신용등급이 낮은(BBB-) 기업에 운용자금을 빌려주면서 발생하는 대출 채권을 '뱅크론(Bank Loan)'이라고 하며, 여기에 투자하는 펀드를 뱅크론 펀드라고 한다.

　뱅크론은 주로 기업의 자산을 담보로 설정하고 이뤄지는 대출이기 때문에 다른 부채보다 상환 우선권이 주어지는 선순위 담보대출이라는 뜻에서 '시니어론'으로 불리기도 하며 발행 기업의 입장에서 대출 채권은 자산(부채)이 증가하게 되므로 '레버리지 론'이라고도 한다. 3개월짜리 리보금리(Libor : 런던 금융시장의 우량 금융기관 간 단기자금 거래 시 적용되는 금리)에 가산금리를 더하는 방식으로 산정된다. 즉 투자 적격 등급(BBB 등급) 미만인 기업에 대출해주고 받는 대출 채권에 투자하는 펀드다.

　뱅크론 펀드는 불과 3~4년 전만 해도 우리나라에서 손꼽히는 펀드로 '프랭클린미국금리연동특별자산(대출채권)펀드', 신한금융투자의 '신한BNPP미국배당&시니어론ETF', '이스트스프링미국뱅크론펀드' 등이 있었지만, 현재는 '프랭클린미국금리연동특별자산(대출채권)펀드', 신한금융투자의 '신한BNPP미국배당&시니어론 ETF'는 중지되어 '이스트스프링미국뱅크론펀드'만 판매되고 있다.

[판매중지 상품]

`낮은위험` `헤외재원` `수수료미징구` `펀드리런`

프랭클린미국금리연동특별자산자[대출채권](C-e) 2077802 🔍
클래스더보기 +

수익률(1개월)		기준가 (2020.04.29기준)		모닝스타등급/유형	
수익률(3개월)		**926.55** ▼ 2.03		★★★★★	기타채권형

-4.83%

펀드총규모	102 억원	클래스규모	6 억원
설정일	2014.04.29	운용사	프랭클린템플턴투신운용
보수	1.130%	선취수수료	없음
환매수수료	없음		

⬇ 상품정보다운로드 📄 집합투자규약 📄 투자설명서 📄 간이투자설명서 📄 자산운용보고서 📄 리플렛 📄 자산보관관리보고서

≣ 목록   ✎ 상담신청 ♡ 관심 판매중지

`보통위험` `주식로미징구` `오프라인` `계열사펀드`

신한BNPP미국배당&시니어론ETF1호(H)[주혼-재간](C1) 2062701 🔍

수익률(1개월)		기준가 (2020.04.29기준)		모닝스타등급/유형	
수익률(3개월)		**1,000** ▼ 78.47		★★★★★	

펀드총규모	3 억원	클래스규모	0 억원
설정일	2013.07.29	운용사	신한BNP파리바자산운용
보수	(간이)투자설명서 확인	선취수수료	없음
환매수수료	없음		

⬇ 상품정보다운로드 📄 집합투자규약 📄 투자설명서 📄 간이투자설명서 📄 자산운용보고서 📄 리플렛 📄 자산보관관리보고서

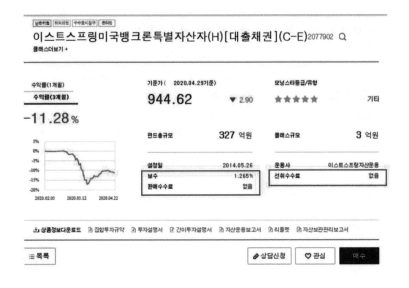

뱅크론 펀드의 장점은 채권형 펀드와는 달리 금리 인상기에 오히려 수익이 올라간다는 점이다. 일반적으로 금리가 오르면 채권 가격이 내려가기 때문에 채권형 펀드는 금리 인상기에 수익이 떨어지기 마련이다. 그러나 뱅크론 펀드는 기준금리가 오르면 대출 금리도 같이 올라가기 때문에 오히려 수익이 나는 구조다. 그래서 미국 금리 인상이 예고될 때마다 뱅크론 펀드의 가격이 들썩인다. 또한 일반 채권은 만기까지 확정된 금리를 지급하지만 뱅크론은 3개월 리보금리에 의해 금리가 조정되기 때문에 안정적인 수익을 올릴 수 있다. 즉, 리보금리가 올라가면 채권을 발행한 기업은 리보금리가 오른 만큼의 이자를 내야 하기 때문에 금리 인상기에는 받을 수 있는 수익이 오른다.

물론 대출해간 기업이 돈을 못 갚고 파산하면 큰 손실 위험이 뒤따를 수 있지만 뱅크론 펀드의 채권들은 담보부 채권이기 때문에 기업이 설령 부도가 나더라도 담보를 처분해 손실을 줄일 수 있다. 채권 회수에 선순위 담보권이 있어서 다른 부채보다 우선적으로 채권 확보에 대한 안정감이 존재한다.

뱅크론 펀드의 단점으로는 우리가 투자하는 채권형 펀드의 채권들은 대다수 안정적인 채권으로 구성되어 있기 때문에 금리 인상의 혜택으로 이자수익이 늘어날 수 있지만 채권 가격의 하락폭도 당연히 커지기 때문에 금리 상승기에는 채권형 펀드의 수익을 장담할 수 없다. 물론 뱅크론 펀드는 소위 말하는 담보 대출의 성격을 띠고 있는 대출형 채권이기 때문에 일반 채권형 펀드보다는 채권 가격의 하락폭이 줄어들 수는 있지만 어쨌거나 채권에 투자하는 상품이라는 점을 간과해서는 안 된다.

또한 뱅크론 펀드는 신용등급이 낮은 기업에 지원하는 대출 채권으로써 신용 위험이 항상 존재한다. 만약에 기업이 도산하게 되면 선순위 담보로 인해 자산을 처분하지만, 만약에 담보 가치의 하락이나 미달 등의 이유로 은행 대출을 전액 회수하지 못할 경우도 생길 수 있다.

환차익의 수익도 가져올 수 있지만, 기본적인 환율로 수익을 가져올 수 있는 외화상품은 앞으로의 환율을 예측하기 어렵기 때문에 환율 변동 위험성은 항상 뒤따른다. 따라서 뱅크론 펀드를 따로 구입하는 방법도 있지만, ISA 계좌를 활용해서 자산 배분과 동시에 시장 흐름에 편입된 단기 이슈 상품을 포트폴리오에 편입하는 방법도 좋은 방법이다.

배당주 펀드

우리가 보통 주식 투자를 하게 되면 매매차익, 즉 처음에 주식을 매수했을 때와 비교하여 주식을 매도했을 때의 가격이 오르면 그 차익을 주식 투자 시 가져갈 수 있는데, 배당투자는 이런 주식 차익과 동시에 기업에서 해마다 회사의 이익금을 주주들에게 분배하는 배당 수익까지 챙겨갈 수 있다.

여기서 배당이란 기업이 일정 기간 동안 영업활동을 해서 벌어들인 이익을 회사 주주들에게 소유 지분에 따라 나눠주는 것이다. 이러한 배당은 자기가 투자하고 있는 기업의 주식을 보유하고 있을 경우, 기업에서 책정한 배당 금액을 한 주당 환산해서 배당금을 분배하는데 이때 배당금에서 15.4%의 세금(소득세 14%, 주민세 10%)을 제한 금액을 받게 된다.

배당주 펀드는 이렇게 배당수익률이 높은 종목들에 집중적으로 투자하는 펀드다. 이러한 배당주 펀드는 주가가 상승하면 주식을 매도해 시세 차익을 얻고, 반대로 주가가 오르지 않으면 연말 배당 시점까지 주식을 가지고 있다가 배당금을 획득하는 매력적인 상품이다. 즉, 배당주 펀드는 배당수익률이 높은 종목에 집중적으로 투자하는 펀드다.

이런 특징이 있다 보니 단기적인 운용 계획을 가지고 있는 투자자에게는 맞지 않는다. 배당주 펀드의 특징상 과거 배당성향을 고려해 주가가 예상한 목표치 이상을 상회할 때에는 매매차익을 실현하고, 주가 하락 시 배당 수익으로 손실을 만회하기 때문에 기업의 배당을 지급하기 위해 평가하는 연말 전쯤에 사고 배당 평가기간이 끝나는 연초에 팔아야 한다는 말들이 있지만(분기나 반기에 배당을 하는 회사는 제외) 환매 수수료와 보수 등을 제하면 결국 배당 수입이라는 한 가지 목적을 가지고 단기 투자할 때 수익실현이 힘들어진다. 또한 배당주 펀드도 '배당'이라는 플러스 소득은 있지만 원래 펀드 상품이기에 펀드 자체의 원금 손실이 나지 않도록 해야 한다.

그렇다면 어떤 배당주 펀드에 투자해야 할까?

첫째는 단기적인 성과를 낸 펀드보다는 3년 이상의 중·장기적인 누적수익률이 높은 펀드를 선택해야 한다. 연간 배당이 재투자되면서 얻는 수익이 만만치가 않다.

둘째는 펀드의 규모와 변동성을 확인하여 선택해야 한다. 펀드의 규모가 작을 시에는 자금이동의 영향을 많이 받는다. 또한 중·장기적인 관점에서 투자를 해야 하기 때문에 변동성이 낮아야 한다(펀드평가 사이트를 통한 펀드수익률의 표본오차가 낮은 기업이 변동성이 적음).

셋째는 배당 성향이 높은 포트폴리오를 갖춘 펀드를 선택해야 한다. 배당 성향이 낮게 된다면 결국은 시세차익만 보게 된다.

넷째는 이왕이면 가치주 고배당 펀드에 투자하면 좋다. 자익적인 투자에 따른 배당 수익이 배당주 펀드의 장점이기 때문에 이왕이면 장기적으로 꾸준히 수익을 낼 수 있으며, 시장 등락에 큰 영향을 받지 않고 안정적인 수익을 낼 수 있는 가치주에 투자하는 비율이 높은 배당주 펀드에 투자하는 게 좋다.

부동산 펀드

자본시장과 금융투자업에 관한 법률에 의해 펀드 자산의 50%를 초과하여 부동산 관련 자산에 투자하는 펀드를 말한다. 실물인 부동산 이외에 부동산 관련 금융상품에도 투자 가능하며 운영 형태에 따라 나뉜다. 이렇듯 부동산 펀드는 부동산이나 부동산 관련 대출 채권 등에 투자하는 금융상품이다.

주로 부동산 개발 시행사에 돈을 빌려주고 분양대금 등으로 자금을 회수하는 대출형 상품이 많으며, 우리나라의 부동산 선호 정책에 의해 최근 몇 년 간의 부동산 가격의 상승세에 힘입어 원금 손실 우려가 적다는 의견이 팽배해지면서 안정적인 상품으로 투자자들에게 인식되고 있다.

부동산 펀드에는 네 가지 종류가 있는데 대출형, 임대형, 경공매형, 직접 개발형이 있다. 대출형은 아파트, 상가, 주택 등의 개발 회사에 자금을 빌려주고 그 회사로부터 대출이자를 받아 수익을 내는 프로젝트 파이낸싱 방식이다. 임대형은 부동산을 직접 매입 후에 이를 임대해 임대수익을 얻거나 매매차익을 얻어 수익을 관리하는 방식이며, 경공매형은 법원에서 실시하는 경매 및 공매를 통해 부동산을 매입하고 임대수익과 함께 매매차익을 통해 수익을 실현하는 방법이다. 직접 개발형은 직접 부동산 분양 및 임대를 진행하면서 수익을 추구하기 때문에 상대적으로 위험도가 크다.

₩ 단일 종목보다는 지수에 투자하는 건 어때?

ETN

ETN(Exchange Traded Note)은 특정 지수의 변동과 수익률이 연동되는 파생결합증권으로, 특정한 지수에 따라 수익률이 연동되고 일반 펀드나 주가연계증권(ELS)과 달리 증시에 상장되어 주식처럼 쉽게 거래할 수 있다는 점에서 ETF(Exchange Traded Funds)와 유사하다고도 볼 수 있다. 그러나 ETN은 증권사가 상품을 개발해서 기초지수의 수익률을 그대로 지급하는 파생결합증권이고, ETF는 자산운용사가 개발해서 기초지수를 추적하게끔 운용하는 펀드이기 때문에 속성을 들여다보면 분명한 차이점이 있다. 또한 ETF보다 운용상의 규제가 적다 보니 그만큼 다양한 상품을 만들 수 있다.

위에서 언급했듯이 증권회사가 무담보 신용으로 발행한 ETN은 변동하는 지수수익률에 따라 결정되는 수익률을 투자자에게 만기에 지급해야 하는 계약상의 의무를 가진 증권이다. 그러므로 확정수익률을 지급하는 채권(Bond)과 실물자산의 수익 변동폭에 따라 지급되는 펀드(Fund), 발행 시 약정한 조건에 따라서 수익률을 지급하는 ELS(Equity Linked Security)와도 확실히 구분되며 투자자가 직접 주식과 채권 등을 거래하는 직접투자가 아닌, 증권사를 통해 투자하는 간접투자 방식이다.

또한 ETN의 속성상 시장가격과 실질가치 간에 차이가 발생할 수 있다. 그래서 매매할 때마다 실질가치 지표를 참조하여 투자할 수 있도록 발행사(증권사)에서 지표 가치를 제공하며, 투자자는 이 지표 가치를 기준으로 시장가격의 적정성을 판단한 후 거래를 체결할 수 있다.

수익률은 투자 기간 동안의 기초지수 누적 수익에서 투자 계약 이전에 미리 정한 약정 보수 등의 제비용을 차감해서 산정된다. 이런 ETN은 시장가격, 일일 지표 가치(ETN상품 1증권당 실질 가치), 실시간 일일 지표 가치(장중의 실시간 지표 가치로 전일 지표 가치에 당일의 기초지수 변화율을 반영하여 산출), 추적 대상지수, 괴리율(매일 장 종료 이후 1회 산출되며 시장가격과 지표 가치 간의 차이) 등이 투자수익률에 영향을 미친다.

이러한 ETN의 장점은 첫째 판매보수가 저렴하고 증권거래세가 면제된다는 점이다. 통상 1% 이내의 기본 보수만 존재하고, 주식을 매매할 때와는 달리 증권거래세가 면제되므로 투자비용을 보다 절약할 수 있다. 또한 매매차익에 대해서는 비과세이다. 둘째로는 간소화된 발행 절차와 운용 방식에 대한 제한이 축소되며 그동안 운용상의 제약으로 투자가 쉽지 않았던 글로벌 주식, 해외지수, 리츠, 원자재 등 자산에 대해서도 ETN을 통해 투자할 수 있다는 점이다. ETN 시장에는 다양한 해외지수, 해외업종 등이 상장되어 있고, 국내외 시장 상황 등을 보면서 실시간 매매도 가능하다. 셋째는 시시각각 변화하는 시장 상황에 신속하게 대처할 수 있다는 점이다(거래소 상장을 통해 언제라도 시장 상황에 따라 매매를 할 수 있다). 넷째는 소액 투자라도 주식을 기초자산으로 하는 ETN을 5종목 이상으로 지수를 구성할 수 있도록 하여 다양한 포트폴리오를 형성할 수 있다는 것이다. 다섯째는 거래소에 상장돼 거래되기 때문에 실시간으로 매매할 수 있을 뿐 아니라, 일반 주식 거래와 동일하게 매매 후 + 이틀 후 돈을 찾을 수 있다는 점이다.

ETN의 단점은 첫째, ETN이 증권사의 자기 신용을 바탕으로 발행하는 상품으로 무보증·무담보 회사채와 동일한 신용 위험도를 갖고 있기에 발행사(증권사)가 파산할 경우 발행사로부터 받아야 할 금액을 미리 설정한 담보를 팔아 지급해주거나 타 기관이 대신해서 지급해주지 않는다는 점이다. 둘째, 원금 비보장의 상품으로 기초지수 하락 시 손실이 발생할 수 있으며, 발행 수량이 투자자에게 전량 매출되거나 추가 상장이 신속히 이루어지지 않아 유동성이 부족할 경우에도 가격 급락의 가능성이 크다는 것이다. 셋째, 상장폐지 요건에 해당되어 상품 자체가 폐지될 경우에도 손실이 발생한다는 것이다. 넷째, 거래소에 상장되어 거래되는 상품이기 때문에 호가가 충분하게 제시되어 있지 않은 종목의 경우 투자자가 원하는 가격에 즉각적으로 거래하지 못할 수도 있는 점이다.

Ⓦ 이란성 쌍둥이들 ELS 시리즈

ELS 상품

ELS(Equity-Linked Securities)는 주가연계증권으로 기초자산에 어떤 조건을 만족하면 정해진 수익률에 따라 만기나 그전에 지급을 약속하는 상품인데, 여기서 기초자산을 무엇으로 하느냐에 따라 다양한 상품으로 나누어진다. 대표적으로 주가지수를 기초자산으로 한 상품과 개별 주식을 기초자산으로 한 상품, 두 가지로 분류된다.

보통 ELS와 주식과 펀드를 많이 헷갈려 하는데, ELS와 주식의 차이점은 주식은 주가가 올라가면 수익이 발생하지만 ELS는 조건별로 수익이 결정되고, 그 조건에 맞는 이율을 보장받는다는 것이다.

ELS는 원금 보장형과 원금 비보장형으로 나누어진다. 원금 보장형은 기초자산이 하락하더라도 원금을 보장해주기 때문에 기대수익률이 낮다. 단, 만기 이

전에 환매하거나 발행 회사가 부도가 나면 지급 불능으로 원금을 보장받을 수 없다는 점에 유의해야 한다. 원금 비보장형은 기대수익률은 높고 조기 환매가 가능하다는 점에서 현금 유동성이 좋은 편이지만 원금 손실의 위험이 따른다.

또한 ELS는 펀드와는 다르게 조건에 따른 수익률이 정해지고, 투자 만기가 정해져 있어 연장되거나 변경되지 않으며, 상품에 따라 조기 상환을 할 수 있는 옵션이 있다.

ELS의 종류와 특징

종류	원금 보장형	종류	원금 비보장형
녹아웃	기간 중에 처음 정한 주가에 한 번이라도 도달하면 확정수익을 지급	리버스 컨버터블	주가 하락폭 이하로 떨어지지 않으면 수익 지급
양방향 녹아웃	정해놓은 주가에 도달할 때 정해진 수익 지급	스텝다운형	일반형, 안전형, 월지급식, 슈퍼
불스프레드	가입할 때 정한 한도 내에서 만기 시 주가상승률에 비례해 지급		
디지털	정해놓은 주가 초과 시 수익 지급		

ELS는 주식파생상품의 특성상 특정 조건을 충족해야지 수익을 가져갈 수 있다. 예를 들어 '특정주식의 가격이 6개월 후 10% 이상만 하락하지 않으면 10%의 금리를 준다'와 같은 것이다. 그렇다 보니 지금껏 일부 투자자들이 특정 주식, 선물, 기타파생상품의 개별 종목 연동 ELS들에 투자한 후 실패하고 나서부터 지수 종목 ELS에 관심을 가지기 시작했다.

원금 보장형이라고 해서 수익이 생기는 것이 아니라 이자를 하나도 못 받게 되면 수익 발생에 실패했으니 손해라고 볼 수 있다. 투자자의 원금 보장 수준이나 수익률, 투자 기간 등 상황에 따라 상품을 결정할 수 있는 장점이 있지만 조건의 범주를 벗어나면 손해를 보는 게 단점이다.

DLS 상품

　DLS(Derivatives Linked Securities)는 파생결합증권으로 ELS와 성별 다른 남매 관계라고 생각하면 된다. ELS와 수익구조는 거의 비슷하지만 기초자산의 범위가 다르다는 게 가장 큰 차이점이다. ELS의 기초자산은 개별 주식이나 주가지수인 반면, DLS의 기초자산은 신용, 실물자산, 금리, 통화 등으로 ELS에 비해 다양하다.

　DLS는 주식, 이자율, 통화(환율), 신용위험지표(기업 신용등급의 변동, 파산 등), 실물자산(금, 은, 원유) 등 다양한 기초자산 가격에 투자하여 기초자산의 가격이 특정 범위 내에서만 움직이면 약정된 수익을 얻는 상품이다. 기초자산을 개별 주식이나 주가지수에 한정한 ELS와 달리 주가 외의 기초자산 가격에 투자한다는 점과 DLS의 경우 변동성이 큰 만큼 원금 보장형이 많다는 것이 특징이다.

　예를 들어 1억을 투자하면 채권에 70~90%를 투자하고, 나머지 10~30%를 선물옵션에 투자를 한다고 보면 된다. 적은 돈으로도 큰 수익을 올릴 수 있다는 장점인 옵션으로 수익을 내는 구조다. 물론 그만큼 리스크도 존재하지만 안전한 채권 비중을 높임으로써 예금 채권보다는 높은 수익률로 주식보다는 낮은 수익률로 투자할 수 있는 상품이라고 할 수 있다.

　또 다른 예를 들어보자면, 런던의 금요일 오후 공시가격을 기초자산으로 하는 만기 1년의 원금 보장 콜옵션 상품의 DLS라면, 최초 기준 가격 대비 수익률이 낮은 기초자산을 기준으로, 만기 평가가격이 최초 기준가격의 10% 이상이면 만기에 상승률의 70%를 지급받고, 만기 평가가격이 최초 기준가격의 100% 미만인 경우에는 만기에 원금을 보장하는 식이다.

　DLS는 만기 지급일 혹은 조기 상환일에 지급이 이루어지는 것이 원칙이다.

중도 상환을 원하는 경우, 투자설명서에 명시된 중도 상환 신청 가능일(발행일 익일부터 만기평가일 전일까지 매주 월요일 오후 5시 이전)에 유선 또는 서면 요청하여 중도 상환 신청일 익영업일 종가를 기준으로 산출된 공정가액에 청산 비용(발행 후 6개월 미만인 경우 공정가액의 10% 미만, 6개월 이상인 경우 공정가액의 5% 미만)을 차감한 중도 상환금액을 중도상환신청일 이후 4영업일에 지급받을 수 있다. 이 경우 투자자에게는 투자 원금의 손실이 발생할 수 있고, 중도 상환 신청일이 아닌 경우 환금성에 제약이 있다.

DLS의 장점으로는 첫째 고수익을 추구할 수 있다는 것이다. 투자 원금 가운데 일부를 우량 채권에 투자하고 일부를 옵션 투자 재원으로 사용하므로 고수익이 가능하며, 원금 보장의 수준이 낮을수록 고수익 구조의 상품이 만들어진다. 둘째 다양한 기초자산과 만기 구조에 따라 맞춤 설계가 가능하다는 점이다. 상품의 구조가 다양하고 링크된 기초자산도 다양하기 때문에 투자 성향과 투자 설계에 맞춰 상품 선택이 가능하다. 셋째 원금 보장 수준이 다양하다는 점인데 원금 보장 수준을 100%, 95%로 조절하는 등의 상품 설계가 가능하기 때문에 투자 리스크를 조절할 수 있다.

DLS의 단점으로는 첫째 환금성의 제약이 있다는 것이다. 중도 상환 신청일이 아닌 경우 환금성에 제약을 받는다. 둘째는 예금자보호법이 적용되지 않는다는 것이며, 중도 상환 시 중도 상환수수료를 공제한 금액이 지급되어(원금 보장형 포함) 원금 손실이 발생할 수 있다는 점이다. 셋째는 원금 손실의 가능성이 있다는 점이다. 투자 상품의 특성상 언제라도 원금 손실의 가능성이 존재하고, 만기 기간이 정해져 있어서(시간상의 제약) 손실 회복이 어렵다(손실 회복 시까지 기다려 손실 폭을 줄일 수 있는 기회가 없다).

원금 비보장 상품의 경우 기초자산의 하락 정도에 따라 만기 시 투자원금의 손실 가능성이 있으므로, 사전에 가입 상품의 설계 구조와 그에 따른 위험 수준을 충분히 이해하고 투자를 결정해야 한다. 상품의 구조에 따라 원금의 전액이 손실될 수 있으니 위험성을 고려해서 상품 분배를 해야 한다. 또한 DLS의 상품 구조는 기본적으로 옵션의 형태를 띠고 있다. 그런데 옵션이란 구조가 좋으면 가격이 비싼 특징이 있다.

ETF

ETF(Exchange Traded Funds)는 상장지수펀드로 펀드이기는 하지만 상장된 주식처럼 언제든지 필요할 때 매매할 수 있도록 만든 상장된 펀드이다. 증권사나 은행사 등에서 가입하는 펀드를 거래소에서 쉽게 거래할 수 있도록 만든 상품이다.

펀드를 증권거래소에서 개별 주식처럼 거래할 수 있기 때문에 ETF 투자를 할 때에는 증권사 계좌를 만든 후 자신의 컴퓨터에 HTS(홈트레이딩시스템)를 설치하여 자신이 직접투자하는 형태로 이루어진다(당연히 주식거래소 시장의 개·폐장 시간과 동일하게 움직인다. 장외 주식과는 당연히 다르다).

ETF의 종류에는 섹터ETF, 인버스ETF, 해외ETF, 지수ETF가 있는데 섹터 ETF는 지수투자보다 변동성은 크지만 위험이 분산되는 특징이 있으며, 반도체

IT, 은행, 헬스케어, 필수재 등에 투자할 수 있다. 인버스ETF는 코스피지수가 떨어지면 이익을 얻고, 오르면 손해를 보는 상품이다. 해외ETF는 미국, 유럽 등 국가에 투자를 하는 상품이며, 지수ETF는 대표적인 기업에 투자하는 대표적인 ETF 상품이다.

ETF의 장점으로는 첫째 포트폴리오 분산이 손쉽다는 점이다. 특정 회사에만 투자하지 않고 지수구성 종목 전체에 분산투자가 가능하다. 둘째는 시간분산 전략이 용이하다는 점이다. 주가가 급상승한 시점을 피해서 ETF에 투자한 후 장기간 적립식 펀드에 적립하는 것처럼, ETF에 투자한다면 장기적으로는 시장 수익률만큼의 수익을 얻을 수 있으며 시간의 편차를 둬서 기간 및 시간의 분산이 가능하다. 셋째로는 실시간 조회와 매매가 가능하고 가격변동 파악이 쉬워, 빠른 투자 판단이 가능하다는 점이다. 넷째로는 일반 펀드나 주식에 비해 변동성이 낮으며, 거래세가 면제된다는 점이다. 다섯째로는 기초지수를 추종하기 때문에 운용보수가 낮고, 거래소 거래이기 때문에 판매보수가 없으며 또한 공개성과 투명성이 보장된다. 여섯째는 펀드를 주식처럼 거래할 수 있기 때문에 공격적인 투자자에게 적합하며, 일반주식처럼 거래가 가능하다(HTS를 통한 매매)는 점이 있다.

ETF의 단점으로는 펀드의 주식화이지 주식은 아니기 때문에 거래량이 다른 펀드와 다르게 크지 않아 매수와 매도를 할 때 불편할 수 있다는 점이 있다. 또한 거래방법이 주식의 직접 거래와 비슷하기 때문에 손해를 볼 수 있다. 특히 지수가 한 번 떨어질 때는 종잡을 수 없을 정도로 급락할 수 있다.

ETF는 주식처럼 거래할 수 있는 펀드다. "주식처럼 거래할 수 있는"이라는 말처럼 간단하게 거래를 할 수 있지만 위험의 손실도 크다. 하지만 "펀드다"라는 말처럼 펀드의 특징인 시간과 분배에 따른 리스크 헤지 기능을 잘 사용할 수 있다면 공격적인 투자를 원하지만 주식은 너무 공격적이기 때문에 간접투자를 원할 경우에는 ETF 상품이 안성맞춤이다.

개인적으로 투자상품에 있어서 가장 중요한 것은 리스크 헤지라고 생각하는데, 이를 위해 가장 중요한 것은 시간과의 싸움, 즉 장기 투자다. ETF도 3년 이상의 기간을 두고 목적을 정해 투자하는 것이 좋다. 주식 시장의 매력인 실시간 거래로 인한 즐거움도 느낄 수 있고, 잘 활용하면 펀드의 적립식투자의 안정성 부분도 보이기 때문이다. 매월 특정일을 정해놓고 투자하는 방법도 좋다.

또한 특정 주가 수준의 커트라인을 정해놓고 하락률을 기록할 때마다 매입하는 방법도 좋다. 성공적인 투자를 위해서는 집착하거나 급해져서는 안 된다. 매수한 이후에는 다음 매수일까지 잔고를 보지 않는 것이 적립식투자의 성공 법이다. 매일 몇 번씩 주식 시장을 바라보고 있을 경우에 간접투자 수단에서 직접투자 수단으로 바뀐다는 것을 잊어서는 안 된다.

🅦 원금 보존되는 투자는 희박하다. 그래도 좀 더 안전한 투자가 있지 않을까?

채권 투자

정부나 공공기관, 주식회사 형태의 사적 기업에서 발행하는 일종의 차용증서로, 일반 투자자들로부터 장기자금을 조달받기 위해 발행한다. 즉 채권은 발행자가 매입자에게 이미 약속한 이자와 만기 시 원금의 지급을 약속한 유가증권이다.

증권회사를 통해서 계좌를 개설하고 직접 채권 시장을 통해 거래할 수 있는

데, 채권 투자는 알게 모르게 우리와 상당히 밀접한 곳에 있다. 투자상품을 고를 때 이왕이면 안정적인 투자상품을 선호하기에 CMA나 펀드 등을 통해 간접투자의 형태로 투자하기도 하고, 안정성이 상당히 높은 국채나 지방채 등을 통해서 채권에 직접투자하기도 한다.

우리가 흔히 알고 있는 채권으로는 국공채, 회사채, 교환사채, 전환사채, 하이일드 채권, 부동산 채권과 옵션이 탑재된 후순위 채권, 콜옵션, 하이브리드, ABS 등이 있다. 채권을 발행주체, 이자지급, 옵션탑재 형태 등에 따라 분류하면 발행주체에 따라 국채, 지방채, 특수채, 회사채로 나눌 수 있고, 이자지급 형태에 따라 할인채, 이표채, 복리채로 구분할 수 있으며, 옵션탑재 형태에 따라 SB, EB, CB, FRN, BW로 나눌 수 있다.

채권의 종류와 특징

구분	종류	특징
발행주체 형태	국채	국가에서 발행한 채권으로 가장 안정적이지만 가장 수익이 적을 수 있다.
	지방채	지방자치단체가 발행한 채권이다.
	특수채	특별법으로 설립된 기관이 발행하는 채권이다.
	회사채	주식회사가 발행한 채권이다.
이자지급 형태	할인채	만기에 액면가만큼 돌려주는 채권이다. 대신 발행 시 이자율을 빼고 판매한다.
	이표채	가장 일반적인 채권으로 정해진 주기(월, 분기, 6개월, 1년 등)마다 이자를 지급하고 만기에 액면가를 돌려주는 채권이다.
	복리채	만기 시 원금과 이자(복리)를 동시에 돌려주는 채권이다.
옵션탑재 형태	SB (고정금리 채권, Straight Bond)	표면금리가 정해져 있고, 만기까지 고정 이자를 지급하며, 만기에 원금을 지급하는 보통 채권이다.
	EB (교환사채, Exchangeable Bond)	발행한 회사가 보유한 주식으로 전환할 수 있다.
	CB (전환사채, Convertible Bond)	채권 발행 시 조건이 정해지며 그 조건인 기간, 전환가격에 따라 보유한 채권을 발행한 회사의 주식으로 전환할 수 있다.

FRN (금리변동부사채, Floating Rate Notes)	채권의 만기는 3년 이상 10년 미만이며, 이자가 기준 금리의 변동에 따라 같이 변동된다.
BW (신주인수권부사채, Bond with Warrant)	발행사 주식을 인수(매수)할 권리를 가진다.

또한 기업의 신용등급에 따라서 AAA 등급(원리금 지급 능력이 최상인 채권)~D 등급(상환 불능 상태의 채권)으로 나누어진다.

채권 투자의 장점으로는 첫째로는 안정성을 꼽을 수 있는데 채권 투자는 채권 발행자에 대한 채무에 대한 이자로 수익이 발생하기 때문에 신용등급이 높은 곳의 채권에 투자(BBB 등급)하면서 안정성을 확보할 수 있다. 둘째는 수익성으로 채권 투자는 채무에 대한 이자소득이 목적이지만 주식과 같이 가격 변동으로 인한 시세차익으로 인한 소득도 기대해볼 수 있다. 셋째는 환금성으로 주식은 매도하면 3일 후에 현금이 입금되지만 채권은 당일 지급된다. 넷째는 채권 만기 기간 동안 채권 가격의 등락으로 채권 매매에 따른 시세차익을 가져올 수 있다. 다섯째는 주식과의 연계를 통한 주가차익으로 옵션 형태의 채권인 교환사채, 전환사채 등으로 채권의 만기 시 채권 수익과 일정 시점 이내에 주식으로 전환할 수 있다.

채권 투자의 단점으로는 첫째 이자율 위험성으로 채권도 투자상품이기 때문에 은행 적금처럼 100% 안전한 상품은 아니며, 채권의 특성상 시중의 이자율이 높아지면 채권의 가격이 하락한다. 둘째는 발행 기관의 지급불능 위험인데 얼마 전에 성남시의 예에서 보듯이 모라토리엄 선언, 즉 채권의 발행 주체가 채권 원리금을 지급하지 못하는 지급불능 선언의 위험이 존재한다.

채권 투자의 리스크 헤지를 위해서는 다음과 같은 사항을 체크해야 한다. 첫째 최고 주주의 변동 사항을 확인해야 한다. 회사채의 경우 기업의 최대주주가 자주 바뀌면 기업은 안정적으로 회사를 운영하기가 어려워지며 그로 인한 경영 부실의 가망성 때문에 상장 폐지가 될 가능성도 높아진다. 둘째 신용등급이 높은 채권에 투자해야 한다. 안정성 때문에 무조건 AAA 등급에만 투자를 했을 경우에는 기대수익만큼 수익이 따라올 수 없기에 BBB 등급 이상의 채권에 투자하면 비교적 안정적인 투자를 할 수 있다. 셋째 그 밖에 투자자 보호를 위하여 필요한 사항을 체크해야 한다. 사업보고서의 '그 밖에 투자자 보호를 위하여 필요한 사항'에서 제재 현황을 보면 임직원의 비리, 횡령, 배임 혐의 등의 내용을 확인할 수 있다. 또한 기업의 자금조달 방식도 알 수 있다. 넷째 비상장 주식 투자는 주의, 또 주의해야 한다. 소규모 비상장 법인은 증권신고서 등을 전자공시시스템에 공시할 의무가 없기 때문에 기업의 상황을 알 수가 없다. 다섯째 금융감독원의 전자공시시스템을 이용해야 한다. 금감원의 전자공시사이트에서 경영성과와 재무상태를 확인할 수 있는 사업보고서와 자금을 조달할 때 공시하는 서류인 증권보고서를 잘 검토하면 기업의 자금형태 등을 확인할 수 있다. 채권 투자에서는 안정성이 우선되므로 회사채의 경우에는 확인할 수 있는 최대한의 기업 정보를 확인하고 분석하여 투자해야 한다. 또한 큰 금액의 투자보다는 비교적 소액으로 시작하여 경험과 노하우를 쌓아나가는 것이 무엇보다 중요하다.

물가연동국채

원금 손실 우려가 적고 절세 혜택으로 총수익도 높일 수 있는 상품 중 대표적인 것이 바로 '물가연동국채'다. 물가연동국채는 정부의 이자비용 절감, 안정적인 재정조달 기반확보, 민간의 물가연동채권 발행 시 기준금리 제공 및 효율적인 물가 예측지표 도입을 위해 2007년 3월 최초로 발행되었다. 일반적인 국고채는 만기시점에 상환될 때까지 원금이 변동하지 않고 지급되는 이자도 일정한

데 반해, 물가연동국채는 원금이 물가에 연동되어 증감하기 때문에 발행 이후 물가 변동에 따라 원금 및 지급되는 이자도 달라진다.

물가연동국채의 원금은 '물가연동국채 발행 당시의 액면가 × 물가연동계수(지급일 소비자물가지수/발행일 소비자물가지수)'로 산출하며, 이렇게 정해진 원금액에 표면이율을 곱하여 이자 지급액이 결정되기 때문에 이자도 물가수준에 따라 변동한다.

좀 더 구체적으로 물가연동국채는 물가가 하락하면 원금도 하락하는 것이 정상이지만 만기 때까지 보유 시 물가가 하락하더라도 정부가 액면가를 보장해주기 때문에 수익형 상품이지만, 절대 안전형의 상품이라고 말할 수 있다. 또한 물가상승률 외에도 연 1.5%의 금리를 제공하기 때문에 더욱 안정성 있는 상품이다. 물가상승만큼 원금이 늘어나기 때문에 같은 자산을 가지고 있다 하더라도 물가연동국채에 투자한 경우가 일반 적금 등에 투자한 경우보다 더 많은 투자 효과를 볼 수 있다.

물가연동국채는 각 은행이나 증권사를 통해 가입할 수 있다. 액면 금액이 크기 때문에 주로 고액자산가들이 많이 투자하고 있는데, 은행사에서 물가연동채권 신탁상품에 가입하거나, 은행사나 증권사를 방문해서 채권 매입을 의뢰하면 된다. 소액 투자가들은 물가연동채권 펀드에 가입할 수 있지만, 펀드 가입 시에는 원금 상승분에 대한 비과세 혜택이 없다. 그러나 2012년 4월부터 투자 단위가 100만 원에서 10만 원으로 줄어들어 누구나 적은 금액으로 투자할 수 있다.

물가연동국채는 물가가 많이 올라야지 수익률이 올라가는 성격이 있기 때문에 상대적으로 물가상승률이 낮은 시기에 투자해서 물가가 많이 오를 때를 대비하는 게 좋다(공공요금의 상승으로 정부 차원에서 물가상승에 대한 압박 여론이 있을 때 투자하는 게 좋다). 그렇기 때문에 물가연동국채의 변수 부분은 당연히 정부의 물가 정책이 크게 작용한다. 따라서 정부가 물가안정을 위해 대중교통비나 공공요금의 인상을 억제하는 정책을 펴고 등록금을 인하한다는 등의 뉴스가 나오거나 물가 변동 요인이 많은 선거철을 전후해 관련 내용을 잘 살펴봐야 한다. 물가의 특성상 중·장기 상품으로 활용하면 좋다.

특정금전신탁

고객으로부터 자금을 받아 고객이 선택하고 지정한 방법으로 운용을 한 후 수익을 돌려주는 실적 배당상품이다. 즉 펀드와 같이 고객으로부터 예탁받은 자금을 금융사가 직접 운용하는 것과 다르게 고객이 지정한 운용방법의 조건에 맞게끔 운용한 후 수익을 배당하는 신탁이다.

투자자는 CP(기업어음), 특정 기업의 채권이나 주식 등의 구입을 지정할 수 있다. 그러나 현실적으로 일반인들은 금융상품을 잘 모르기 때문에 특정금전신탁이 투자자가 상품의 종류와 규모를 지정할 수 있다고 하지만, 대다수의 고객들은 금융기관(은행, 증권사) 직원의 권유에 의해 투자를 결정하는 경우가 많다.

특정금전신탁은 크게 정기예금형, 단기특정신탁형(MMT), 주가연계신탁형(ELT), 채권형으로 나누어진다. 정기예금형은 기본적으로 5,000만 원까지 예금자보호를 받는다. 은행이나 요즘 많은 사람이 관심을 갖는 저축은행의 정기예금으로 운용되기 때문에 상대적으로 안정적인 수익을 가져갈 수 있다는 것과 확정 금리를 가져갈 수 있다는 게 장점이다. 고객이 최소 2,000만 원 이상 은행·증권사 등 금융회사에 신탁하면 금융회사가 우량 시중은행의 정기예금 중심으로 투자하는 상품이다.

단기특정신탁형(MMT)은 단기자금인 RP(환매조건부채권)나 CP(기업어음) 등에 투자하는 상품이며, 1일 이상의 신탁계약 기간으로 하루만 맡겨도 이자가 지급된다. 은행사의 단기특정신탁은 RP, 증권사의 단기특정신탁은 CP가 주를 이룬다.

주가연계신탁형(ELT)은 코스피 200 등 주로 국내외의 종합주가지수에 따라서 성과 수익을 가져간다. 2개 이상의 지수로 구성되는데, 현재 주를 이루는 게 코스피지수와 항생지수로, 이 두 개의 시장을 동시에 보는 게 일반적이다.

채권형은 투자적격등급 내의 회사채나 CP 등에 투자하는 상품이다.

앞에서 말한 네 가지 이외에도 해외투자형, 자문형, 분리과세형, 주식형, 부동산형 등 다양한 형태의 다른 자산에 투자하는 상품을 설계할 수 있다. 정기예금형, 특정금전신탁형 상품 외에 신탁상품 가입자도 금융회사가 파산 등의 사유로 신탁금을 지급하지 못하는 상황이 발생할 경우 5,000만 원 한도 내에서 원리금을 되돌려받을 수 있다.

ⓦ 이게 끝이겠니? 이런 투자는 어때?

랩어카운트

증권사 등이 고객의 자산 규모와 투자 성향 및 위험 수용도를 파악하여 고객의 자산을 적당한 금융상품 등에 투자해주고 수수료를 받는 것을 말한다. 즉 포장하다는 뜻의 Wrap과 계좌라는 Account의 합성어로 여러 자산을 랩으로 싸듯 한곳에 모아 관리해주는 '종합자산관리계좌'를 의미한다. 자산운용과 관련된 여러 가지 서비스를 한데 묶어 고객 성향에 맞게 제공하고, 고객이 맡긴 재산에 대해 자산 구성에서부터 운용 및 투자 자문까지 해주며, 통합적으로 관리해준다.

랩어카운트는 펀드와 직접투자의 성격을 모두 갖고 있는 상품이다. 펀드와의 차이점은 여러 가지가 있지만 이 중 가장 핵심은 고객 맞춤형 투자가 가능하다는 것이다. 두 상품 모두 운용자가 전문가라는 점은 같지만 펀드의 경우는 커다란 바구니에 여러 사람의 돈을 모아서 투자하는 것이다. 그래서 고객 개개인의 성향에 따라 펀드를 운용할 수가 없다. 하지만 랩어카운트는 고객별로 계좌를 운용하기 때문에 특정 고객의 성향을 반영하여 운용할 수 있다.

또한 펀드의 경우 투자자 입장에서는 자신이 가입한 펀드가 어떤 식으로 운용되고 있는지에 대해서 모르고 있는 경우가 많다. 물론 주식이나 채권이 어떤 종목에 편입되어 있는가 정도는 확인할 수 있지만 구체적으로 어떻게 운용되고 있는지는 알 수 없다. 그래서 펀드 운용에 불만이 있다고 하더라도 이를 표출할 방법이 환매를 통한 펀드 해지밖에 없지만, 랩어카운트는 자신의 계좌가 어떻게 운용되고 있는가를 알 수 있으며, 계좌 운용에 불만이 생기는 경우 직접 운용에 간섭할 수도 있다.

현재 판매되는 랩어카운트 상품은 리서치형, 절대수익추구형, 자유형 등 크게 세 가지로 나눌 수 있다. 증권사가 붙여놓은 이름은 서로 다르지만 기본적인 틀은 비슷하다.

리서치형은 각 증권사 리서치 센터의 모델 포트폴리오에 기반하여 운영한다. 모델 포트폴리오는 거시경제 지표와 시장의 흐름, 업종별 전망, 개별 기업의 시가총액 비중 등을 종합적으로 고려해 선정한 20~30개의 유망종목으로 구성되며 이 경우 수익률은 결정적으로 해당 증권사의 리서치 역량에 좌우된다. 그러나 모델 포트폴리오가 나와 있어도 실제 개별 고객의 자산을 어떤 종목에 편입해 어떻게 운용할 것인지는 가입 상품의 유형, 시장의 사정을 반영해 자산운용 매니저가 최종적으로 정한다.

절대수익추구형은 선물옵션 거래가 자동적으로 편입된다. 투자자들은 대부분 상승장에서는 평균상승률 이상의 최고 수익을 원하고, 하락장에서는 손실이 최소화되기를 바란다. 절대수익추구형은 주식 매수 물량만큼 선물계약을 걸어놓기 때문에 상승장에서는 매입 종목이 시장의 평균수익률(KOSPI 200)을 초과해 상승하는 만큼 차익을 챙길 수 있다. 반대로 상승률이 시장 평균에 못 미쳐도 선물계약 때문에 손실은 나지 않는다. 하락장에서도 마찬가지로 평균하락률 이하로만 떨어지지 않으면 수익이 발생한다. 절대수익추구형은 저위험–저수익 상품으로 분류된다.

자유형은 거액 자산가를 대상으로 하는 상품이다. 기본적인 틀을 미리 정하지 않고, 투자 대상에서 배분 비율까지 모든 것을 고객이 선택할 수 있도록 한다. 그런 면에서 '1대 1 펀드'라는 랩어카운트의 기본 개념에 충실한 가장 고객지향적인 상품이라고 할 수 있다.

랩어카운트의 유형은 크게 '투자대상 상품을 기준으로 한 분류'와 '자산운용 방식에 따른 분류'로 나누어볼 수 있다.

랩어카운트의 종류와 특징

구분	종류	특징
투자대상 상품을 기준으로 한 분류	컨설턴트 랩	영업사원이 해당 증권사와 계약을 맺고 있는 투자자문회사를 소개하는 프로그램으로, 고객 성향에 따라 적합한 투자 전략을 수립 후 이를 바탕으로 주식, 채권, 뮤추얼 펀드 등 직·간접 상품을 망라한 다양한 포트폴리오를 제공하는 유형이다.
	뮤추얼 펀드 랩	고객 성향에 따라 적합한 투자전략을 수립한 후 이를 바탕으로 뮤추얼 펀드, 수익증권 등을 포트폴리오를 구성한다. 컨설턴트 랩과는 달리 반드시 펀드 선택을 전문적으로 하는 투자자문 업자가 개입할 필요는 없다.
자산운용 방식에 따른 분류	일임형	투자자가 투자에 관한 결정 권한의 일부 또는 그 전부를 투자 자문사나 증권사에 일임하여 운용한다.
	자문형	증권사 또는 자문사가 포트폴리오를 구성하여 제안하면 고객이 증권사나 자문사가 제안한 포트폴리오를 선택하거나 고객 스스로 운용한다.

랩어카운트 상품의 또 다른 중요 포인트는 투자에 대한 기대수익과 위험의 관계이다. 즉, 위험을 반영하는 투자를 할 수 있다는 것이 특징이다. 그동안 대다수의 투자자는 기대수익에만 초점을 맞추고 투자했기 때문에 조금씩 수익을 얻어 한꺼번에 원금까지 날리는 투자를 반복했다. 그 영향으로 투자자층이 두텁지 않아 냄비 장세를 연출했다.

실제 투자에서는 높은 수익을 내는 것보다 중요한 것이 위험의 최소화인데, 랩어카운트 상품은 각 고객의 투자성향을 진단하여 그에 맞는 기대수익과 위험을 조절한 맞춤형 포트폴리오를 제공함으로써 고객들에게 장기적으로 안정적인 수익을 얻도록 할 수 있다. 또한 위탁 수수료를 챙기기 위해 고객들에게 과당매매를 권유하는 증권사의 도덕적 해이로부터 고객을 보호할 수 있고, 증권사로서도 거래횟수에 관계없이 안정된 수익을 확보할 수 있어 고객 및 증권사 모두에게 윈-윈(Win-Win)이 되는 상품으로 평가할 수 있다. 하지만 일정 재산이 있어야 가입할 수 있고, 여전히 고위험 상품군으로 분류되는 만큼 잘못 운용할 경우 큰 손실을 가져올 수 있는 단점이 존재한다.

랩어카운트는 그 재산에 비례하여 일정 비율을 비용으로 매 분기(혹은 매월)마다 투자일임수수료(혹은 수수료, 후취 수수료, 평잔 보수)를 지불한다. 그리고 랩어카운트의 성과가 목표치를 초과하면 초과 수익에 비례해 추가로 비용을 더 내는 성과 보수도 있다. 또한 최초 투자 시 투자자금의 일부를 '선취 수수료'서 징수하기도 하고, 반면에 너무 일찍 랩어카운트에서 돈을 빼갈 경우 수익금의 일부를 환매 수수료로 가져가기도 한다.

랩어카운트에 가입하려면 가까운 증권사 영업점을 찾아가면 된다. 최근에는 가입 최소금액이 1,000만 원~3,000만 원 대로 낮아져 가입이 용이해졌다. 영업점에서 투자성향을 파악하기 위한 상담을 받게 되며 보통 증권사들은 고객들을 보수형, 안정형, 균형형, 적극형, 공격형 등으로 분류해 서로 다른 자산배분 전략을 권유한다.

핵심적인 것은 위험성이 큰 주식의 배분 비율이다. 공격형일수록 주식 비중이 높아진다. 그리고 투자 계약에 앞서 반드시 알아야 할 것은 랩어카운트는 다른 투자상품보다 수수료가 높고, 원금 손실 위험이 있다는 점이다. 그래서 투자 일임에 동의하면 규정을 어긴 불법적인 거래가 아닌 이상 손실이 생겨도 기본적으로 문제를 제기할 수 없게 되므로, 신중하게 판단해야 나중에 불필요한 분쟁을 줄일 수 있다.

크라우드 펀딩

투자, 대출, 후원, 기부 등을 목적으로 웹이나 모바일 네트워크 등을 통해 다수의 개인으로부터 자금을 모으는 행위를 말한다. 크라우드 펀딩으로 사업 자금을 모으고 싶은 사람이 인터넷 등에 제안서를 올리면, 이를 지지하는 여러 사람들(Crowd)이 소액을 기부·후원해서 자금을 조달(Funding)할 수 있게 된다. 즉 한 사람이나 한 단체가 큰 금액을 투자하는 것이 아니라 개개인의 소액 자산을 모아서 투자하는 것이므로 투자자의 체감 부담률도 낮춘다. 또한 지분형 크라우드 펀딩은 자금 회수 시간이 상대적으로 짧고 투자 기간과 비교하여 고수익을 기대할 수 있어서 지금처럼 1%대의 저금리 시대의 매력적인 대안투자로 주목받고 있다.

크라우드 펀딩은 크게 투자형(증권형), 대출형, 후원(기부)형 세 가지로 나눠진다.

투자형(증권형)은 신생기업이나 벤처기업, 개발 프로젝트 등에 투자하는 방식으로, 자금 수요자는 은행을 통하지 않고도 쉽게 투자금을 조달할 수 있고, 투자자는 투자에 따른 지분 획득 등을 통해 수익을 낼 수 있다.

대출형은 개인과 개인 사이에서 이루어지는 P2P 금융의 일종이다. 자금 여유가 있는 개인은 돈을 빌려주고 나중에 이자와 함께 돌려받음으로써 수익을 올릴 수 있고, 돈을 빌리는 개인 또는 법인은 높은 이자율을 피할 수 있다. 대출 심사를 통한 복잡한 절차를 거쳐야 하는 금융권을 통하지 않아도 쉽고 간단하게 돈을 조달할 수 있기 때문에 특히 금융기관으로부터 대출받기 어려운 이들이 주로 찾는다.

후원형은 영화 · 연극 · 음반 제작, 전시회, 콘서트 등의 공연, 스포츠 행사, 그리고 다양한 사회공익 프로젝트 등 주로 창작활동, 문화예술상품, 사회공익 활동 등을 지원하는 것으로, 자금을 후원하고 공연 티켓, 시제품, 기념품을 받거나 기여자 명단에 이름을 올리는 형태로 이루어진다.

크라우드 펀딩으로 소액 투자자들에게는 새로운 형태의 투자 기회가 생겼고, 아이템과 아이디어 하나만으로는 제도권 금융 자금을 마련할 수 없는 창의적 기업에게는 투자를 받을 수 있는 기회를 얻었다. 이렇게 소액 투자가와 돈이 필요한 사업가에게 '사업 운용'과 '투자 수익'의 기회를 주고받을 수 있다는 큰 메리트가 있지만, 도덕적 해이로 사기 의도가 있는 기업이 펀딩에 나설 가능성이 언제든지 존재하기에 주의해야 한다. 또 사업이 실패로 돌아갔을 경우에는 투자자의 투자금을 모두 날릴 수 있기에 그에 맞는 제도가 보완이 되어야 한다. 아무리 좋은 투자처라고 하더라도 일정 기간 검증을 거친 후 투자의 안전성과 수익성을 확인하고 투자를 해야 시행착오를 줄일 수 있다.

달러 투자

경제가 불안할수록 안전자산에 대한 선호도가 높아진다. 그래서 대한민국 원화보다는 세계에서 가장 안전하다는 미국 달러에 돈이 몰린다. 그로 인해 원 달러 환율이 치솟아 원화보다 달러의 가치가 더 높아진다. 포트폴리오의 구성 시 글로벌 경제위기가 오면 다른 자산이 손해를 보더라도 달러에서 수익을 내서 균형을 맞추기 위해 달러 투자의 비중을 일정 부분 배분한다.

달러 투자는 크게 7가지로 나누어볼 수 있다.

첫째는 달러 직접투자이다. 가장 쉬운 방법 중 하나로, 시중은행 지점에 가서 원화를 달러로 환전해 보유하는 방법이다. 환전 수수료를 지불해야 하지만 매매차익에 대한 세금이 없기 때문에 손쉽게 외화를 이용해 재테크를 할 수 있다. 즉 달러 가격이 낮을 때 미리 조금씩 사두었다가 적절한 시기에 파는 것이다. 이때 유의할 점은 사는 가격이 파는 가격보다 높기 때문에 차익을 보려면 팔 때 가격을 염두에 두고 시세를 계속 살펴봐야 한다는 것이다. 또한 증권사에서 해외 주식 투자를 위한 계좌를 개설하고 직접 미국 주식 투자에 나서는 방법도 있다.

둘째는 달러 예금이다. 가입자격에는 제한이 없고, 보유하고 있는 달러를 예치해도 되며, 원화를 달러로 환전하여 넣어둬도 된다. 우리가 흔히 가입하는 원화 예금과 마찬가지로 달러 예금에는 외화보통예금, 외화정기예금 등이 있다. 이율은 높지 않지만 환차익을 기대하는 분들이 선호하며, 외화예금으로 발생하는 환차익은 이자소득세, 금융종합과세대상이 아니기 때문에 절세 측면에도 유리하다. 5,000만 원까지는 예금자보호 대상이라는 장점도 있다.

셋째는 달러 보험이다. 원화가 아닌 달러로 보험료를 내는 상품이며, 일부 보험사에서 판매한다. 달러 예금보다 금리가 상대적으로 높고, 10년 이상 유지하면 '비과세 혜택'도 받는다.

넷째는 달러 RP다. 달러화 환매조건부 채권으로, 달러 강세로 수혜를 누릴 수 있는 상품 중 하나다. 원화가 아닌 달러로 투자한다는 점이 특징이다. 달러를 새로 환전할 필요 없이, 이미 달러를 보유하고 있는 자산가들이 단기간 자금을 운용할 목적으로 활용한다. 금리가 타 상품보다 낮기 때문에 달러 강세 시 환차익을 얻을 목적으로 투자한다.

다섯째는 원달러 ETC상품이다. 상장되어 거래할 수 있는 ETF의 한 종류로, 달러가 강세면 수익, 달러가 약세면 손실이 나는 상품이며 주식처럼 손쉽게 사고 팔 수 있는 장점이 있지만, 거래가 적을 땐 불리한 가격에 거래가 체결되는 단점도 있다.

여섯째는 달러 ELS상품이다. 달러 예금, 달러 RP, 달러 보험의 수익률이 만족스럽지 않은 투자가라면 좀 더 공격적인 달러 ELS에 관심을 갖는 것이 좋다. 달러 ELS는 기존 ELS와 동일한 방식이나 달러로 투자하기 때문에 추가 환차익을 노릴 수 있는 점이 큰 장점이다. 반대로 원금 손실의 우려가 있다는 사실을 명심해야 한다.

일곱째는 언헤지(Unhedre) 해외투자펀드이다. 대부분의 해외투자펀드는 헤지형 펀드다. 환율이 오르거나 떨어져도 수익률에 영향을 주지 않도록 환헤지를 하고 있다. 하지만 달러화가 강세를 보인다면 헤지하지 않는 '언헤지 펀드'가 유리하다.

비트코인

정체불명의 일본 프로그래머로 알려진 사토시 나카모토(Satoshi Nakamoto)가 개발해 2009년 공개한 전자 화폐로, 디지털 통화를 발행하고 관리하는 중앙장치가 존재하지 않는 구조이다.

블록체인이라는 온라인 공개 장부에 모든 거래내역이 기록되며, 전 세계에 분산되어 있는 비트코인 지갑이 모든 거래를 인증하고 전파한다. 이 시스템을 통해서 해킹이나 위조를 막으며 안전을 보장할 수 있다. 게다가 '공개 장부'라는 블록체인의 특성 때문에 비트코인 시스템은 누구나 접속하고 들여다볼 수 있는 오픈소스 소프트웨어다. 비트코인 지갑의 주인이 누구인지 몰라도, 그가 그동안 비트코인으로 언제 누구와 거래했는가에 대한 정보는 기록되어 있다. 단지 익명거래를 보장한다는 말이 나온 이유를 유추해보면 비트코인에 모든 거래내역과 주소가 공개되어 있지만, 비트코인의 주소는 어떠한 개인정보도 포함하고 있지 않아 비트코인 이용자의 개인정보는 보호되기 때문이다. 다시 말해, 비트코인의 송금에는 비트코인 주소 외에는 어떠한 정보도 필요하지 않다.

비트코인 거래는 6단계 인증 절차를 거쳐서 이루어진다. 이 인증은 신용카드 회사나 은행, 결제 대행사가 하지 않고, 비트코인 이용자가 컴퓨터를 통해 한다. 비트코인 거래가 P2P 방식으로 이루어지기 때문이다. 비트코인의 거래 방법은 증권사의 증권거래소 시스템과 비슷하다고 보면 된다. 증권사의 매매 프로그램으로 주식을 사고팔듯 비트코인의 매매 프로그램을 통해 비트코인을 사고팔면서 차익을 남긴다. 증권거래소와 달리 비트코인은 24시간 오픈한다. 하루에도 수십 번씩 오르락내리락 하기 때문에 단타매매를 하는 사람들이 많다.

비트코인의 장점으로는 첫째, 발행 주체가 따로 없기 때문에 전 세계에서 동일한 기준으로 가치를 인정받을 수 있다. 따라서 세계 각국에서 환율 차이로 인한 평가절하는 없다. 둘째, 금융기관의 중개 없이 운용돼 환전이나 송금에 대한 수수료 등을 절감할 수 있다. 셋째, 모바일이나 온라인을 통해 거래가 이루어지기 때문에 기존 화폐를 사용할 때보다 편리하다. 넷째, 현재 비트코인을 활용한 크라우드 펀딩이 진행되고 있는데 오픈소스 소프트웨어 개발비, 소규모 기업의 운영비 등을 모으기 위한 투자유치 활동이나 기부를 통한 펀딩 과정에서 온라인 간편 결재로 후원이 가능하며, 수수료가 낮아 소액 투자유치 시 수수료를 줄일 수 있다.

비트코인의 단점으로는 첫째, 가격 변동성이다. 2018년에는 비트코인 광풍이 불어 2만 달러가 넘을 때도 있었다(2020년 7월 기준으로는 9천 달러 정도이다). 이렇듯 폭락과 폭등을 거듭하고 있는 변동성이 너무 크기 때문에 투자자들에게 금전적으로 막대한 손해를 입힐 수 있다. 둘째, 비트코인은 블록체인으로 만든 대표적인 암호화폐이다. 이런 블록체인의 계정은 퍼블릭 키(모두에게 공개가 되는 키)와 프라이빗 키(안전하고 공개되지 않는 키)를 가지고 있는데, 프라이빗 키를 해킹이나 본인의 부주의로 잃어버리면, 자산 자체를 잃게 된다. 셋째, 비트코인만으로 거래할 수 있는 곳이 별로 없다는 점이다.

비트코인이 향후 시장에서 활용되기 위해서는 몇 가지 요건이 충족돼야 한다. 첫째는 시장의 호재와 악재 요인에 따라 비트코인 가격 변동폭이 커 화폐로서 일정한 가치를 갖지 못하는 점이 해소되어야 한다. 둘째는 쓰기 힘든 돈은 화폐로서의 가치를 잃어버리기 쉽기 때문에 비트코인을 취급하는 가맹점이 많이 늘어나야 한다. 셋째는 앞에서도 언급했듯이 규제가 마련되어야 한다. 금융당국의 규제를 받지 않으면 각종 불법과 돈 세탁 등의 부정적인 목적으로 사용되기 때문이다.

정크본드(하이일드 채권)

정크(Junk)는 '쓰레기', 본드(Bond)는 '채권'을 뜻하며 이를 그대로 해석하면 '쓰레기 같은 채권'이다. 채권에는 발행 기업이 부도나지 않고 이자를 제때 지급할 수 있는지 여부를 평가한 신용등급이 매겨지며, 신용등급이 높을수록 원금을 떼일 가능성이 작아지고 신용등급이 낮을수록 원금 손실의 가능성이 커진다.

정크본드는 BB+ 이하의 신용등급이 낮은 기업에 투자하기 때문에 투자위험이 높은 만큼 고수익을 얻을 수 있다. 그러나 실제로는 신용등급 BB+ 이하인 채권이 무조건 위험한 것은 아니다. 채권 투자가 안정성을 추구해 이뤄지는 것이라는 인식이 워낙 강해서 등급 기준에 따라 위험성을 다소 까다롭게 판단할 수는 있어도 특정 기준에 이르지 못한다고 꼭 위험하다고 보긴 어렵기 때문이다.

채권이나 어음은 신용등급에 따라 투자적격 등급과 투자부적격 등급으로 나뉘지며, 정크본드는 투자부적격 등급인 투기등급 채권에 속한다.

채권 신용등급

Moody's	Standard & Poor's	Grade	Risk
Aaa	AAA	IG(투자등급)	최저 리스크
Aa	AA	IG(투자등급)	낮은 리스크
A	A	IG(투자등급)	낮은 리스크
Baa	BBB	IG(투자등급)	중간 리스크
Ba, B	BB, B	Junk(정크본드)	높은 리스크
Caa, Ca, C	CCC, CC, C	Junk(정크본드)	최고 리스크
C	D	Junk(정크본드)	디폴트

이런 정크본드의 종류는 크게 세 가지로 나누어진다. 첫째는 채권 발행 당시에는 투자적격 등급이었으나 기업의 실적부진, 경영악화 등으로 투자부적격 등급으로 변한 것이다. 둘째는 규모가 작거나 실적이 낮아 높은 신용등급을 받지 못한 신규 기업의 채권이다. 셋째는 M&A를 위한 자금조달의 목적으로 발행되는 채권이다.

정크본드(하이일드)에 투자할 때는 대상 기업과 시장에 대한 분석이 필수적이지만 개인 투자자의 정보력에는 분명히 한계가 있다. 따라서 대다수의 펀드 투자처럼 직접투자보다는 하이일드 채권에 투자하는, 즉 펀드를 통한 간접투자가 가장 현명한 방법이다. 현재 외국 하이일드 채권과 이머징 국가의 국공채 위주로 투자하는 해외 채권형 펀드 등의 상품이 있다. 그리고 변액보험 펀드에 하이일드 채권이 있다면 이를 활용하는 방법도 나쁘지 않다.

정크본드는 쉽게 말해서 부실채권이다. 즉, 신용등급이 낮은 채권을 의미하며 부실채권이기 때문에 쪽박을 찰 수도 있다. 정크본드를 하이일드 채권으로 부르는 것은 바꿔서 말하면 그만큼 고위험 상품이라는 뜻이다. 그런데 정크본드로 자금이 유입된다는 것은 일반적으로 경기가 회복된다는 신호이기 때문에 정크본드의 변화 추이를 보며 경기를 읽을 수 있다. 그리고 금리 수준과는 반대되는 신용도를 가지고 거래되는 상품이기 때문에 미연준 의장의 말 한마디에 따라서 언제든지 크게 오를 수도 있고 떨어질 수도 있다.

정크본드는 이처럼 높은 리스크를 내포하고 있지만 반대로 고수익을 노리는 투자자들에게는 상당히 매력적인 상품이다. '위험할수록 수익은 높아지고 안전성을 따지면 그만큼 수익은 줄어든다'는 투자의 기본은 변하지 않는다. 모든 것은 양날의 검과 같다.

04

월급쟁이 내 집 마련과
금융상품으로 하는
부동산 투자

💰 적은 돈으로 부동산 투자를 하고 싶다

대한민국 사람들은 그 누구보다 거주용 자산, 특히 아파트에 대한 선호도가 높다. 분양할 때와 입주할 때의 가격 차이(신축 아파트에 대한 기대심리로 인한 프리미엄 금액 : Pee)로 인해 주택 가격 상승이라는 목표를 이루는 경우가 많아 대출을 통해서라도 부동산에 투자하려고 한다. 그래서인지 다들 부동산 투자를 위해서는 목돈 중에서도 아주 큰 목돈이 들어간다고 생각한다. 그런데 소액으로도 부동산에 투자할 수 있는 상품이 리츠(REITs : Real Estate Investment Trusts)다. 이는 다수의 투자자로부터 자금을 모아 부동산에 투자, 운영하고 수익을 투자자에게 돌려주는 주식회사를 의미한다.

리츠는 부동산 개발사업, 임대, 주택저당채권 등에 투자할 수 있으며 증권에서 성행하는 뮤추얼 펀드와 유사한 형태를 지니고 있어 '부동산 뮤추얼 펀드'로도 불린다. 즉 비용이 많이 들어 개인이 투자하기 힘든 빌딩, 오피스텔, 호텔 등을 매입 후 운용하고 수익을 투자자들에게 되돌려주는 금융상품이다. 개인이 직접 운용하는 게 아니라 전문운용사에 맡기다 보니, 공실 리스크가 적고 번거

로운 임대차 관리에 관여하지 않아도 된다.

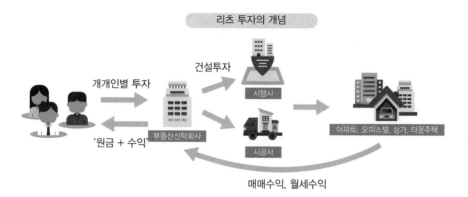

리츠는 일반 기업의 주식처럼 증시에 상장되기 때문에 주가가 오르면 시세 차익도 올릴 수 있다. 부동산의 공동구매인 셈이다. 저금리가 지속되고 있고 마땅한 고수익 금융상품이 없는 마당에 부동산 펀드인 리츠는 투자의 다양성 확보 차원에서 투자자들에게는 매력적인 상품이다.

강남에 대형 빌딩을 짓는다고 가정해보자. 토지 소유주는 임대수익을 기대하고 빌딩을 건립한다. 그런데 리츠 방식으로 하면 이 빌딩을 어느 한 회사가 짓는 것이 아니라 투자자를 모집하여 돈을 모은 후 이를 재원으로 건립한다. 임대수익이 발생하면 투자자의 몫만큼 수익을 돌려준다. 이처럼 리츠는 전문가들이 개인이나 기관 투자자들로부터 자금을 모아 부동산에 투자한 다음, 일정 기간이 지나 운용수익을 확보한 후 투자 수익을 투자자들의 투자 비율에 따라 배당해주는 상품이다.

부동산 리츠는 회사형과 신탁형이 있는데, 회사형은 주식을 발행해서 투자자를 모으는 것으로 일정 기간을 단위로 배당하며, 증권 시장에 상장해서 주식을 사고 팔 수가 있다. 신탁형은 수익증권을 발행해서 투자자를 모으는 것으로 상장이 금지되어 있다.

리츠에 일반 투자자들이 투자하기 위해서는 펀드 공모에 직접 참여하거나, 펀드가 증시에 상장된 후 주식을 매입하는 두 가지 방법이 있다. 공모에 참여하는 경우 저렴하게 주식을 매입하기 때문에 증시 상장 후에 주가가 오르면 상당한 시세차익을 기대할 수 있다.

리츠 선진국인 미국의 경우 지난 10년간 리츠 상품들은 연간 6~10%선의 고율 배당을 해왔다. 이처럼 선진국의 경우 리츠 상품의 투자수익률이 일반적으로 주식의 투자수익률이나 은행 금리를 능가한다는 점에 주목할 필요가 있다. 또 최근 들어 주택 임대 관리업 등록 업체 수가 급증했다는 점도 눈여겨봐야 한다. 아직 우리나라 시장은 외국에 비해 규모가 작지만, 이는 앞으로 시장 규모가 커질 가능성이 있다는 의미도 된다.

리츠 도입 초기에는 업무용 빌딩에 투자하는 대형 펀드가 시장을 주도하겠지만 미국처럼 호텔, 임대주택, 물류센터, 쇼핑몰, 할인매장 등 특정 부동산 상품에 중점적으로 투자하는 특화된 리츠 상품이 출현할 것으로 보인다. 일본은 1% 미만의 저리 대출을 받아 부동산 투자를 하고, 그 결과물을 고객들과 공유하는데, 한국 역시 비슷한 수순을 밟아 나갈 것이다.

물론 일본 부동산투자신탁 규모가 100조 원이 넘고, 그에 비해 우리는 이제 걸음마 단계이지만, 지금까지 부동산 시장을 정부가 경기를 살리기 위한 정책 대상 0순위로 다뤄온데다가 실적을 바탕으로 이러한 방법이 재평가를 받고 있다는 점을 고려하면 앞으로 충분한 성장을 기대할 수 있다. 특히 미분양 물량을 중심으로 리츠 공급이 폭증하게 될 것인데, 상대적으로 시장이 형성되는 초기 단계인데다가 소규모 법적 문제를 해결할 수 있기 때문에 각광받을 수 있다. 다만, 많은 전문가들이 예측하고 있는 부동산 버블이 우리나라를 피해가고, 적절한 거품이 빠지며, 약간의 조정을 받은 후에 저금리 기조의 영향이 지속된다는 전제가 필요하다.

이렇게 리츠는 저금리 시대에 투자 대안으로 떠오르고 있다. 이것이 활성화되는 것은 임대산업의 발전과 더불어 부동산 시장이 기업화가 되기 시작하는 과정으로도 볼 수 있다. 미분양 사태가 이어질 경우 고육책으로 임대 사업을 전개할 수밖에 없는데, 그중 한 기업이 태동하여 리츠 전문 회사로서 주목받는 식이될 수 있다는 것이다. 그래서 건설주들이 미분양 해소를 위해 리츠 사업에 뛰어들고, 유명한 리츠 전문회사인 맥쿼리인프라와 비슷한 형태로 코스피 상장을 추진한 후 높은 배당을 주는 방식으로 부동산 리츠가 시장친화적발전을 거듭하면 저금리 시대에 대세로 자리잡을 수 있다. 이 과정에서 수혜가 예상되는 종목을 찾는 것보다 경쟁이 종식된 후 살아남은 업체를 골라 투자하는 것이 향후 안정적인 배당 수입을 기대할 수 있다.

리츠는 법령상 배당 가능 이익의 90% 이상을 주주에게 배당하도록 의무화한 점에서 투자자로 하여금 높은 수익성을 누릴 수 있도록 한다. 또한 실물자산 특유의 안정적인 자산가치를 확보하면서도 '리츠'의 주식거래를 통해 부동산 특유의 낮은 유동성을 제고시킬 수 있다는 점도 투자 대상으로서 매력적이다. 그리고 부동산 투자 및 관리가 리츠를 통해 이루어지기 때문에 투자자의 부동산 관리에 관한 부담을 해소할 수 있으며, 국토교통부의 지도·감독 하에 운영되므로 사업에 대한 투명성이 제고되는 점도 리츠의 장점으로 볼 수 있다.

하지만 리츠는 부동산에 투자하는 펀드라는 사실을 잊으면 안 된다. 엄밀히 말해서 투자상품의 리스크와 부동산, 특히 임대 부동산의 고유 리스크를 함께 갖고 있는 것이다.

리츠가 일반화되면 지속적으로 돈은 유입될 것이다. 돈이 몰리다 보면 투자할 수 있는 건물은 한정적이고, 투자금은 투자로 지출되어야 되기 때문에 공실률 부담이 있는 건물에 투자하게 되어 수익률 하락이 발생할 수 있다. 또한 정부의 정책에 따라서 부동산 시장의 출렁거림도 있으니 신중히 접근해야 한다.

또한 최근 연 5~6%의 수익률로 인기를 끈 해외 리츠가 코로나19의 직격탄을 맞고 있다. 국내 부동산 시장 역시 약세 전망이 나오며 투자자들이 리츠 투자를 망설이고 있는 것은 리츠 상품 또한 부동산 경기를 타기 때문이다.

₩ 저렴하게 내 집 마련하는 방법

만능키 청약통장을 꼭 사수하라

지금처럼 은행의 금리는 내려가고 사교육비 지출은 나날이 늘어나며 주택 가격까지 많이 올라간 상황에서 굳이 많은 금액의 대출을 받으면서까지 주택을 구입하는 것은 리스크가 크다. 그래서 청약통장을 활용하여 임대 및 장기전세 주택 그리고 공공 및 민영 아파트 분양을 받을 수 있는 자격을 확보하는 것이 좋다.

청약통장의 특징

구분	내용
가입 대상	누구나 가입 가능하다.
불입 금액	2만 원~50만 원까지 자유롭게 설정 가능하고, 일반 적금과 비슷하거나 좀 더 높은 이율을 제공한다. 연체 없이 매월 약정에 납입일에 납입하여야 유리하다(단, 입금하려는 금액과 납입 누계액의 합이 1,500만 원 이하인 경우 50만 원을 초과하여 입금 가능하다).

청약통장의 자격 조건이 완화되면서 1순위 조건이 수도권 지역은 가입 후 1년이 경과하면 되고 수도권 외 지역은 가입 후 6개월이 경과하면 된다. 납입금에 따라 주택면적을 선택할 수 있는데, 납입금은 지역별로 85㎡ 이하 주택에 청약하려면 서울과 부산의 경우 300만 원, 기타 광역시는 250만 원, 기타 시·군은 200만 원의 예치금이 있어야 한다. 또한, 모든 면적에 청약하기 위해서는 서울

과 부산은 1,500만 원, 광역시는 1,000만 원, 기타 시·군의 경우 500만 원의 예치금이 필요하다.

청약통장이 통합되면서 청약 1순위 조건이 24회차 이상 불입에서 12회차 이상 불입으로 줄어들었고, 유주택자 감점 제도가 폐지되었으며, 무주택으로 간주되는 소형 주택의 기준이 확대되어 주택 보유자의 청약기회가 늘어났다. 그러나 그만큼 경쟁이 치열해졌다고 볼 수 있다. 청약 제도가 지나치게 복잡하다 보니 인터넷 청약 시 가점 기준이 되는 무주택 기간 등을 잘못 입력해 의도치 않게 '부적격자'가 되는 경우도 종종 발생하기 때문에 청약 가산점을 잘 보고 비교해야 한다.

청약통장은 단순히 주택 구입의 목적 외에도 주택 분양권을 팔 수 있는 재테크 수단이 되고, 연말정산 소득공제에서 절세 혜택(총 급여 7,000만 원 이하 무주택 세대주인 근로자가 납입금액의 40% 범위 내에서 연간 240만 원까지 공제가 가능)을 받을 수 있는 등 가히 만능통장이라고 할 수 있다.

특별공급을 주목하라

아파트를 자가로 가장 저렴하게 살 수 있는 방법 중에 하나가 바로 분양이다. 이런 아파트 분양에 청약통장이 활용된다. 특별공급, 청약 1순위, 청약 2순위의 순서대로 아파트 청약 당첨을 하는데 아무래도 조건이 어느 정도 제한되어 있는 특별공급에서 좀 더 수월하게 아파트 청약 당첨을 받을 수 있다.

아파트 분양은 공공분양과 민간분양으로 구분되는데 대략 공공 주택 특별공급 65%, 민영 아파트 특별공급 35%를 노리는 것이 좋다. 공공분양이란 공공주택 사업자가 국가 또는 지방자치단체의 재정이나 주택도시기금의 지원을 받아 분양을 목적으로 국민주택규모 이하의 주택을 공급하는 것을 말하며, LH(한국토지주택공사)나 SH(서울주택도시공사) 같은 공적 사업 주체가 분양하는 것이다. 민간분양이란 민간기업인 주택 건설 사업자가 주택 지구 내에서 건설되는 공공 주택 외의 주택을 분양을 목적으로 공급하는 것으로, 소위 우리가 아는 자×, 레미×, 푸르지× 같은 브랜드의 아파트라고 생각하면 된다.

공급방법으로는 일반공급, 우선공급, 특별공급이 있는데 일반공급은 우선공급 대상자 및 특별공급 대상자에 속하지 않는 사람들을 대상으로 주택을 분양하는 방식이며, 우선공급은 행정구역의 통합으로 주택 건설지역이 변동되어 주택을 우선공급받을 필요가 있는 기존 거주자나 임대 사업자 등을 대상으로 주택을 분양하는 방식이다. 특별공급은 다자녀 가구, 신혼부부, 노부모 부양자, 생애 최초 주택구입자, 기관추천자 및 도시개발사업에 따른 철거주택 소유자, 해제된 개발제한구역의 주택 또는 토지 소유자, 외국인 등을 대상으로 주택을 분양하는 방식이다. 특별공급은 평생의 단 한번의 기회가 주어지며, 무주택자만 가능하다.

특별공급 제도

	공급의 종류	'공급'의 비율
특별공급	생애 최초로 주택을 구입하는 사람	공공, 민영 20%
	혼인기간 7년 이내인 신혼부부	공공 30%, 민영 20%
	기관 추천 국가유공자나 장애인을 해당 기관에서 추천	공공, 민영 10%
	미성년 자녀를 3명 이상 둔 사람	공공, 민영 10%
	만 65세 이상 직계존속을 3년 이상 부양	공공 5%, 민영 3%
일반공급	해당 주택 건설지역에 거주하는 사람 (무주택 기간이 길고, 청약통장의 납입금액과 납입횟수가 많으면 유리하다.)	그 외 대상

신혼이라면 30%~50% 무조건 할인되는 신혼희망타운을 노려라

신혼희망타운은 말 그대로 결혼을 앞둔 예비부부나 결혼을 한 지 7년 이내의 무주택 신혼부부에게 육아와 보육에 특화된 주택을 전량 공급하는 것이다. 2022년까지 15만 호를 주변 시세보다도 저렴하게 공급해주고 대출 이자도 시중 다른 주택 대출보다 더 저렴하다.

신혼희망타운 분양자격은 신혼부부, 예비 신혼부부, 한 부모가족으로 나누어지는데 신혼부부는 7년 이내의 혼인 기간인 무주택세대 구성원이고, 예비 신혼부부는 모집공고일로부터 1년 이내에 혼인사실 등을 증명할 수 있는 무주택세대 구성원이며, 한 부모가족은 6세 이하의 자녀가 있는 무주택세대 구성원이 해당한다. 신혼희망타운 입주자격은 청약통장 가입이 6개월 경과하고 납입인정 횟수가 6회 이상인 자이다. 소득기준은 외벌이는 전년도 도시근로자 가구당 월평균 소득의 120% 이하, 맞벌이는 전년도 도시근로자 가구당 월평균 소득의 130% 이하이다. 총자산은 3억 3,000만 원 이하(부동산 + 자동차 + 금융자산 + 일반 자산 − 부채 = 순자산 3억 3,000만 원 이하)이다.

신혼희망타운 분양자격

구분	3인 이하	4인 이하	5인 이하
외벌이 월평균 소득의 120% 적용	약 648만 원	약 739만 원	약 803만 원
맞벌이 월평균 소득의 130% 적용	약 702만 원	약 801만 원	약 870만 원

공급방법으로 30%는 2년 이내 신혼부부 및 예비부부(가구 소득/해당 지역 거주 기간/청약저축 납입횟수)에 우선 공급하고, 나머지 70%는 30% 우선 공급 탈락자 및 잔여자(미성년자 수/무주택기간/해당 지역 거주 기간/청약저축 납입횟수)에 공급한다.

신혼희망타운의 가장 큰 장점은 분양가상한제를 적용하여 초기 공급 가격을 시세보다 저렴하게 공급한다는 점이다. 위례 신혼희망타운의 경우 주변 시세보다 3억 원 정도 저렴한 3.7억~4.5억 원에 분양했다. 공급형의 기준으로 연 1.3% 고정금리로 최장 30년간 집값의 70%까지 지원해주는 것 또한 큰 장점이다.

₩ 적은 돈으로 할 수 있는 재테크, 경·공매와 NPL

경·공매

경매는 주로 채권자의 요청에 의해 법원이 채무자의 물건을 매각하는 방식이다. 공매에서 압류 자산은 한국자산관리공사가 '국가재산'을 매각하는 방식과 금융기관 등에서 '유입자산'이나 '비업무용 부동산'을 매각하는 방식을 취한다. 둘 다 공개경쟁을 통한 매각이라는 점에서 같지만 똑같은 부동산에 대한 매각이어도 법원에서 하면 경매이고, 다른 기관에서 하면 공매라고 생각하면 된다. 또 경매와 공매는 명도, 유찰 시 차감의 비율, 입찰 방식 등이 다르다.

보통 경매 물건은 법원에서 바로 인도 명령을 받아 점유자를 퇴거시키면 되지만 공매 물건은 명도 소송을 거쳐야 되는 문제점이 있다. 즉 경매는 법원에서 민사집행법의 절차에 따라 매각 후 인도명령 제도(낙찰자의 신청을 통해 대항력이 없거나 권원 없는 점유자를 강제집행으로 내보낼 수 있는 제도)에 의해 간단한 신청 절차로 강제집행이 가능하다.

공매는 법원 이외의 기관에서 국세징수법의 절차에 따라 실시하는 제도(세금을 징수하기 위한 목적으로 재산은 처분할 수 있으나, 즉 경매와 같이 인도 명령 제도가 없다는 것이다)이기 때문에 부동산 경매는 유찰 시 법원에 따라 20~30%씩 차감되고, 다음 입찰까지는 통상 한 달이 걸리며, 유찰 횟수에 제한이 없다. 그런데 부동산 공매는 유찰 시 10%씩 차감되고, 다음 입찰까지는 통상 일주일 정도 소유되며, 50%까지 떨어질 경우 진행이 중지되고 협의에 따라 새로운 매각 예정 가격이 결정된다. 경매는 관할법원 현장에서 기일 입찰 방식이며, 부동산 공매는 온비드 사이트에서 전자입찰을 통해 입찰하는 방식이다. 부동산 경매의 입찰보증금은 최저가의 10%이고, 공매는 입찰가의 10%이다.

NPL

NPL(Non Performing Loan)은 은행에서 부동산 담보대출을 받고 대출이자가 3개월 이상 연체된 무수익 여신을 가리키는 용어다. 흔히 부실채권이라고 부른다. NPL 투자는 이렇게 금융기관으로부터 쏟아져나오는 NPL 물건이나 매물에 투자하는 것이다.

집을 구입할 때 보통 은행 대출을 많이 이용하는데, 은행은 집을 담보로 근저당을 설정한다. 이것을 근저당 채권이라 하고, 이 근저당 채권이 3개월 이상 연체 시 부실채권이 되는데, 이것을 NPL 부동산 부실채권이라고 한다. 그럼 은행은 손실을 줄이기 위해 A라는 자산관리회사에 NPL을 팔아넘기고, A는 NPL 부실채권을 다른 작은 소형 B나 개인 투자자에게 팔아넘기는 시스템으로 거래가 이루어진다.

NPL 물건이 경매에서 낙찰되면 채권액을 배당받는 방법이 있고, NPL 물건을 자신이 직접 경매하고 낙찰받는 방법도 있다. 이 경우 투자물건의 장래성을 보고 이를 되팔아 수익을 남길 수도 있다.

예를 들어 살펴보자. 백화점에서 어쩌다 한 번씩 고가의 물품을 바자회 기부 식으로 경매를 한다. 이 경매에 참여하여 A라는 물건을 산다고 치자. 김 씨라는 사람은 50만 원에 입찰하고 이 씨라는 사람은 55만 원에 입찰했다. 그런데 서 씨라는 사람은 백화점 주위의 구두점에서 60만 원짜리 백화점 상품권을 할인해서 45만 원에 샀다. 그리고 그 45만 원의 비용이 들어간 60만 원짜리 상품권을 가지고 입찰에 참여해서 60만 원을 써서 낙찰을 받았다.

이것이 NPL 물건에 대한 투자의 장점이다. 또 이 물건을 60만 원에 다른 사람에게 팔게 되면 내가 A라는 물건을 비록 상품권으로 구입했지만 입찰받은 가격 그대로 판매했기 때문에 양도세도 내지 않는다. 결국 서 씨는 15만 원의 양도차익이 생겼지만 세금을 내지 않아도 된다.

NPL의 매력은 여기서 시작된다. A라는 물건을 부동산, 상품권을 NPL이라 생각하면 이해가 빠를 것이다. 경매는 가격에 큰 메리트가 있지만 입찰 경쟁률과 낙찰가율 상승으로 경매를 통한 낙찰을 보장할 수 없다는 점이 NPL 경매와 다르다.

NPL은 담보부 채권 중에서도 부실한 근저당권을 채권 최고액 한도 내의 실채권액에서 일정 부분 할인을 받아 매수한 다음 우선변제권을 행사할 수 있는 실채권액만큼 우월적 낙찰을 받을 수 있다. 즉 일반 경매 입찰은 입찰경쟁 과열(독점적 낙찰 어려움)과 물건 매각 시 양도세 부담, 채권자 지위의 정보 접근성의 어려움을 겪는 대신에, NPL 경매 입찰은 일반 경쟁 시 우월적 낙찰(독점적 낙찰)이 가능하고, 위에서 언급했듯이 물건 매각 시 낙찰가만큼의 양도세 부담이 없으며 채권자 지위의 정보 접근성이 우월하다.

이런 NPL은 담보부 NPL(부동산을 담보로 대출한 채권이 3개월 이상 연체된 채권)과 무담보부 NPL(신용카드, 신용대출 등 담보 없이 대출한 채권이 3개월 이상 연체된 채권)으로 나누어진다. 즉 부동산 담보 같은 '담보부 NPL', 신용도를 보고서 빌려주는 '무담보 NPL'로 구분된다.

담보부 NPL은 잡을 담보가 있어서 안전하고 수익률이 낮지만, 무담보 NPL은 잡을 담보가 없고 위험성이 있어서 수익률이 높다. 대부분의 투자는 위험률이 올라갈수록 수익률 또한 비례한다. 담보부 NPL 같은 경우에도 유찰이 장기화되면 소액임차인은 자금이 장기적으로 묶일 수 있기 때문에 이 부분에 항상 주의해서 투자해야 한다.

NPL의 장점으로는 첫째 1순위 저당권에 투자함으로써 채권확보 안정성이 높으며, 재실사 평가를 통해 정확한 회수금액을 알 수 있다. 둘째 빠른 환금성으로 투자 기간이 비교적 짧은 시간 내에 배당을 받을 수 있다. 셋째 양도세·배당소득에 대한 비과세 효과를 얻을 수 있다. 채권자로서 배당에 참가하기 때문에 세금이 부과되지 않아 더 높은 수익을 기대할 수 있다. 넷째 투자대상 물건의 소재 파악이 가능해 물건의 시장성과 가치 판단이 쉽고 투자 여부를 선택 및 매입가격 결정이 용이하다. 다섯째 경매 낙찰 시 자금 부담을 경감할 수 있는데 직접 낙찰을 통한 잔금 납부 시 배당받을 금액으로 낙찰대금에서 상계신청을 할 수 있고, 90%까지 대출을 받을 수 있어 적은 자금으로 소유권을 취득할 수 있다. 마지막으로는 낙찰 실패 시 재투자가 가능하다는 점인데 채권을 구입하고 입찰에 참여해 낙찰을 받지 못한 경우에도 배당을 통해 투자금액을 회수할 수 있다. 그리고 경매 물건을 꼭 낙찰받고자 했으나 제3자가 낙찰받았다면 경매 진행을 취소하였다가 추후 다시 경매를 진행해 낙찰받을 수 있다.

NPL의 단점으로는 첫째 협상의 어려움으로, 매도자와 협의를 통한 매수 방법을 사용하거나 매도자에 일방적으로 끌려가는 구조로 되어 있어서 매도인 입장에서는 한 푼이라도 더 받으려 하다 보니 낙찰가보다 높은 가격을 제시하는 것이 일반적이고, NPL을 구입해 경매에 참여하는 경우에도 과도한 입찰가격에 낙찰하는 사례가 빈번히 발생한다는 것이다. 둘째는 초보자 접근의 어려움으로 기초적인 부동산 지식을 바탕으로 경매에 관한 지식도 갖추어야 활용할 수 있는 점이고, 셋째는 가격 측정이 어렵다는 것인데 부동산 경기와 시세에 영향을 받아 감정가를 예측하는 데 어려움이 따른다는 것이다. 넷째는 투자할 물건의 종류가 제한적이라는 점이다. 그러다 보니 사실상 무용지물인 토지나 임대가 안 되는 장기 공실 상태인 상가 등을 고가에 낙찰받도록 유도하는 경우가 많이 발생한다. 따라서 NPL 구입 시에는 그 채권의 목적물인 부동산의 가치 평가가 우선되어야 한다. 채권의 대상 부동산을 꼭 방문해 살펴보고, 이것이 구입하고자 하는 목적에 부합하는 물건인지 분석해봐야 하며, 인근 부동산을 방문해 임대현황이나 매매가격 등의 타당성 조사도 해야 한다. 다섯째는 부동산은 위치의 고정성으로 인한 안정성이 있는 반면에 시대적 흐름에 따라 그 용도와 가치가 변화한다는 점을 인식해야 한다. 마지막으로는 경매의 유찰로 원금 손실이 발생할 수 있는 위험이 존재한다.

대입보다
어려운 보험 상품,
나에게 맞는 보험 알아보기

우리가 살면서 꼭 필요한 재무이벤트가 있다. 누구에게나 필연적으로 다가오는 재무적 환경을 위해서 소히 말하는 "목돈"이 들어간다. 이런 "목돈"을 만들어가는 과정을 조금이라도 줄이기 위해서 "재테크"라는 걸 하게 되는데, 이런 재테크를 하기 위해서는 현재의 빠듯한 지출구조에서 소히 말하는 "저축"을 할 수 있는 숨통이 틔어야 한다.

목돈 마련을 위해서 꼭 체크해야 할 부분이 고정지출 중 누수지출이라든지, 변동지출 중 소비금액의 한계점을 정하고 지출하는지 체크해야 한다. 고정지출 중 생활비에 해당하는 부분 등은 상황에 따라서 발 빠르게 대처할 수 있지만, 조절이 불가능한 상품 중 가장 큰 게 보험상품이다. 이미 많은 고객들이 자신의 소득 금액의 15~20% 이상의 보장성 보험료 지출이 자동이체되어 지출되고 있다. 이는 자신의 소득과 지출 중에서 굉장히 큰 부분을 차지한다.

재무상담을 하다 보면 한 달 식비, 주택 대출 상환비, 자녀 학원비, 식비 다음으로 보장성 보험료 지출이 많이 빠져나가는 것을 본다. 개인적으로 적정한 보험료 수준은 소득의 10% 내에서 미혼은 3~6% 정도, 기혼은 10% 미만으로 생각하고, 보장성 보험의 가입 순위는 실손보험 > 암, 심장질환, 뇌질환에 관한 진단비 > 사망보장(가장일 경우)으로 본다.

보험료 때문에 고민 많은 1인

사회초년생의 가계부를 보면 의외로 취업을 하고 나서 각종 다양하고 중복되는 보험을 들고 있는 경우가 많다. 이에 적게는 20만 원부터 50만 원 이상의 보장성 보험을 중복으로 가입하는 경우도 더러 본다.

"보험료 때문에 고민이 많은 1인입니다. 제가 보험료를 가지고 이렇게 상담신청을 할 줄은 꿈에도 몰랐네요. 왜냐하면 제가 다니는 회사가 보험회사거든요. 저는 보험회사에서 설계사분들의 수납 업무를 도와주는 총무일을 하고 있습니다. 더욱이 한 회사 전속도 아니고 여러 곳에서 일하고 있습니다. 그런데 일을 하면서 보험료가 계속 늘어나 문제입니다. 혼자서 열심히 생각하고, 줄여보려고 했는데 줄일 게 하나도 없더라고요. 하지만 보험료가 월급에서 꽤나 차지해 점점 삶이 피폐해져 도저히 안 되겠다 싶어 재무상담을 신청합니다. 보험을 가입하거나 리모델링할 때 기준을 어떻게 잡으면 될까요? 기준! 정말 어렵네요."

보험가입 내역은?

가입내역	보험료	필요 사유
건강보험 + 실손보험	130,000원	건강보험 + 실손보험은 무조건 있어야 하죠! (한번 리모델링한 것으로 암진단비 5,000만 원 들어가 있습니다.)

운전자보험	30,000원	자동차보험과는 다르게 운전자보험은 나를 위한 보험으로 꼭 필요하다고 생각합니다(적립금 있습니다).
화재보험	50,000원	화재 시 옆집에 불이 옮겨가면 배상을 해야 하기 때문에 꼭 가입해야 하는 것으로 압니다(적립금 있습니다).
암보험	35,600원	암에 걸리면 생활비가 많이 필요하기 때문에 꼭 1억은 가입해야 한다고 해서 추가 가입했습니다. 하지만 이 상품은 80세 만기입니다(소멸성입니다).
종신보험	200,000원	10년 후 200%가 된다고 해서 가입했어요. 적금 용도로 요즘 저금리에 좋은 상품이라고 생각합니다.
연금저축보험	250,000원	근로자라면 누구나 하나쯤은 가지고 있지 않을까요? 연말정산을 위해서 꼭 필요한 상품이라고 생각합니다.
엄마 치매보험	55,000원	치매에 걸리면 치료비가 많이 나가기 때문에 그때를 위해 가입했습니다(소멸성입니다).
치아보험	33,000원	치아 상태가 안 좋아서 추후 임플란트나 틀니를 대비해 가입했습니다(소멸성입니다).
자동차보험료	890,000원	직장이 집하고 가까운데, 버스로 가기가 애매하고 삥 돌아서 가기 때문에 차가 꼭 필요합니다(1년에 한 번으로 보험료는 매번 다릅니다).

월 지출현황은?

총수입은 월 급여 220만 원과 연 상여금 50만 원, 그리고 비정기적인 특별보너스 100만 원이다. 엄마와 둘이서 살고 있고, 엄마도 직장생활을 하고 있으며, 생활비는 본인이 내고 있다.

상담 전	
정기지출	
생활비	60만 원
통신비	7만 원
보험료	33만 원
유류비	20만 원
용돈	40만 원
비정기지출	
자동차세금, 보험료	100만 원
명절비용	40만 원

상담 후	
정기지출	
생활비	40만 원
통신비	4.3만 원
보험료	18만 원
유류비	20만 원
용돈	30만 원
비정기지출	
자동차세금, 보험료	100만 원
명절비용	40만 원

비소비성지출	
연금저축	25만 원
종신보험(적금)	20만 원
비상금	5만 원

비소비성지출	
청약저축	2만 원
비대명 우대은행저축	40만 원
조합원저축	20만 원
적립식펀드(미국주식형,원자재)	20만 원
연금펀드(기간이전및감액)	10만 원
개인연금(엄마)	10만 원
비상금(CMA)	5만 원

보통 보험은 여러 발생 위험에 따라서 저강도 저비용에 따르는 부분을 보장하기보다는 고강도 고비용의 발생 상황이 벌어졌을 때 금전적인 어려움을 해결하기 위해 든다. 쉽게 말해서 감기에 걸려서 병원 가서 진료를 받고 처방받기 위해 보험을 가입하는 게 아니라, 위험사항이 발생했을 경우에 자신이 감당할 수 없는 범위의 금액과 차후 위험사항을 해결한 후 일상생활에 복귀할 때까지의 수입 문제를 해결하기 위해서 보험에 가입한다.

위와 같은 사례에서는 어떤 위험상황이 발생했는지를 판단하는 게 우선이다. 가장 기본적인 질병과 혹시나 모를 큰 사고에 대한 기본 보장이 필수적인데, 의료비의 가장 기본적인 부분은 실손보험으로 해결하지만 실손보험은 현재 매년 갱신돼 나이가 들수록 보험료가 올라가는 구조다. 또한 15년 이후에 자기 부담이 늘어날 수 있으니 정액형 건강보험으로 보완해야 하는데, 보장이 큰 순서로 준비를 하면 된다. 또한 엄마와 함께 살고 있는 현재의 특성을 고려한 가이드라인이 필요하다.

보장성보험 고강도 저위험 중요 체크사항

암 진단비, 뇌혈관 진단비, 허혈성심장 진단비를 고려하여 가입해야 한다. 각종 수술비의 경우 생명보험에서는 특약으로 질병과 재해수술을 보장해주고 있고, 손해보험은 질병수술과 상해수술로 나누어져 있기도 하며, 8대, 16대, 32

대, 64대 질병 수술비와 상해 수술비로 분류되어 있기도 하다. 그리고 동일 조건 대비 광범위한 보장이 이뤄지는지 확인해야 한다.

Tip

암 진단비의 경우 보험사들마다 특약의 범위와 보장기준이 약관에 따라 다르기 때문에 이를 꼼꼼히 살펴보고, 현재 많이 발생하는 갑상선암이나 경계성종양 등의 범위와 생식기암과 유방암, 대장암의 분류가 소액암으로 보장되는지 일반암으로 보장되는지 등을 파악해야 한다. 고객들의 보험증권 등을 보면 뇌출혈, 뇌경색만 보장되는 경우가 가장 많은데 쉽게 말해서 뇌출혈 보장은 원인불명의 뇌경색, 중풍 같은 보장이 안 될 경우가 많기에 뇌에 관련된 분류 코드인 I60~I69까지 보장을 받을 수 있는 뇌혈관 진단비로 보장을 받고, 심장 진단비의 경우에도 급성심근경색증으로 보장되는지, 허혈성 심장질환으로 보장되서 그 범위가 넓은지 등을 파악하여 약관의 보장범위가 최대한 광범위한 것으로 골라야 한다.

뇌 질환 보장 범위

- **164** 출혈 또는 경색증으로 명시되지 않은 뇌졸중
- **167** 기타 뇌혈관질환
- **168** 달리 분류된 질환에서의 뇌혈관 장해
- **169** 뇌혈과 진활의 후유증

- **163** 뇌경색증
- **165** 뇌전동맥의 폐색 및 협착
- **166** 대뇌동맥의 폐색 및 협착

- **160** 거미막밑 출혈
- **161** 뇌내출혈
- **162** 기타 비외상성 머리내 출혈

심장질환 보장 범위

- **120** 협심증
- **124** 기타 급성 허혈성 심장질환
- **125** 만성 허혈성 심장병

- **121** 급성심근경색증
- **122** 속발성 심근경색증
- **123** 급성심근경색증에 의한 특정현재 합병증

연금보험을 포함한 저축성 보험

위의 사례를 보면 그 흔한 청약저축도 가입하지 않았다. 물론 현재 엄마와 같이 살고 있어서 부담이 다소 줄겠지만 보험 등도 필요하다. 그렇다고 보험이 모든 걸 해결해주는 것은 아니다. 다만 노후에 중요한 연금보험을 가입하는 게 좋다. 그러나 현재의 본인 상황에 맞춰 준비하는 게 맞다. 세액공제가 되는 연금상품이 현재 나의 연말정산에서 다른 공제로 커버할 수 없는지 보고, 상품에 따라서 기관 이전도 고려해봐야 한다.

세액공제 연금상품이 노후에 연금소득세를 내는 것보다 더 적게 이자가 부리된다면 심각히 따져봐야 한다. 또한 10년 후의 200% 종신보험은 없다. 20만 원씩 연 20% 이자로 했을 때에 비과세 상품의 이자가 2,420만 원, 저율과세 1.4%인 신협이나 단위농협의 상품의 이자가 2,386만 1,200원, 세금우대 9.5% 상품의 이자가 2,190만 1,000원, 일반 과세 15.4% 상품의 이자가 2,047만 3,200원이다.

결론적으로 20%의 이자를 주는 상품만이 10년 후 원금 대비 2배가 된다는 것이다. 저축과 투자를 미래의 목적에 맞게 분배하고 보험에 가입하는 게 좋다. 우리나라의 연금은 가장 기본적인 국민연금과 직장에서의 퇴직금인 퇴직연금의 2층 구조를 가지고 있다. 이점을 고려한 개인연금의 설계가 가능하며, 연금소득에 관한 세금을 고려한 노후 설계가 필요하다.

보험료 줄이는 방법

현대인의 식생활 변화와 정신적 스트레스의 증가, 고령화에 따른 수명 연장 등의 이유로 치매보장 보험의 중요성이 커지고 있다. 특히 엄마와 생활하는 상황상 치매보험이 꼭 필요해보인다. 치아보험도 화재보험도 이유를 따지다보면 모두 필요하다. 일단 치아보험에 임플란트 금액과 총 보험료를 한번 계산해보면 어떤 게 유리한지 계산이 된다. 임플란트를 해야 한다는 것은 본인의 현재 생각이고, 병원에 가서 치아 진단을 받아보는 게 우선이다. 또한 화재보험과 운전자보험의 적립금을 삭제해서 보험료를 줄여나가야 한다. 이렇게 한두 푼씩 줄여서 목돈을 만들어야 한다.

재무목표 만들기

1순위	비상금 600만 원 만들기
2순위	목돈 1,000만 원 만들기

가계부 바꾸기

항목	행동사항
상여금&보너스 150만 원	지출 내역을 하나씩 따져보니 상여금이 얼마 안 된다고 생각하고 다 지출해버린다. CMA 통장을 활용해서 비상자금으로 묶어버리고, 연말에 정산해 엄마나 친구와의 여행자금으로 활용하기로 했다.
생활비, 용돈 100만 원	생활비와 용돈의 명확한 경계가 없다. 용돈 안에 옷값부터 미용비까지 포함되다 보니 부족분은 그대로 엄마한테 주는 생활비의 변동을 가져온다. 용돈 30만 원, 생활비 40만 원을 정하고, 범위 안에서 지출하기로 했으며 남는 금액을 저축하기로 했다.
통신비 7만 원	요금제 변경으로 요금을 줄였다.
보험료 33만 원	운전자보험 + 엄마 보험 + 본인 보장성 보험료를 합해서 18만 원으로 줄였다.
연금저축 25만 원	기관 이전을 통한 수익 발생 부분과 감액을 통한 불입금을 조정하였다.
종신보험(적금) 20만 원	종신보험은 해지했다.

₩ 종신보험, 고민하지 말고 정기보험으로 바꿔라

종신보험이란 보험 가입 이후 평생 동안 보험 가입자의 사망을 보장(사망보험금 지급)하는 보험이다. 평생 사망보험금에 따른 보장비용이 빠져나가게 되어 있다. 사망보험금 1억 보장에 10만 원대 이상의 보험료가 인출된다. 이런 종신보험은 여유 있는 삶이나 부동산 자산 등이 있어서 자녀에게 상속이 일어날 경우를 대비하기에 좋다.

하지만 요즘엔 부부가 맞벌이를 해도 소득의 상당 부분이 자녀 교육비로 지출되고 집마저도 부채를 낀 채 사게 된다. 노후 준비는 엄두도 못 낸다. 종신보험의 기본 모태는 사랑하는 가족에 대한 책임이다. 그런데 보험료 때문에 저축도 못하고 미래 연금도 대비하지 못한다는 건 말도 안 된다. 합리적인 가족사랑, 또는 책임이 필요하다. 이럴 경우에는 자식이 성인이 되기 전까지 정해진 기간만큼 피보험자의 사망시 보장해주고, 보험료는 종신보험의 1/5도 안 되는 정기보험에 가입하는 것을 추천한다.

가끔 종신보험을 연금으로 판매하는 사람들을 본다. 종신보험의 경우 납입한 보험료에서 사망보험금 지급을 위한 재원인 위험 보험료, 비용·수수료가 차감되고 적립되기 때문에 10년 이상 보험료를 납입해도 적립금(해지환급금)이 이미 납입한 보험료(원금)에 미치지 못할 가능성이 높다. 또한 최저보증 이율을 준다는 말로 유인하거나 안정형 연금보험이라면서 판매하는데, 종신보험의 연금전환을 신청하게 되면 종신보험을 해지하고 해지 시 지급되는 해지환급금을 재원으로 연금을 지급하기 때문에 일반적으로 같은 보험료를 납입한 연금보험보다 적은 연금액을 수령할 가능성이 높다.

ⓦ 부자들은 세금 절약이나 증여의 형태로 가입하는데, 일반인도 가입할 수 있는 변액연금

펀드는 상품 그 자체에 한 가지 특징만 가지고 있지만, 변액상품은 종합과자 선물세트처럼 상품 내에 일반계정과 특별계정이 존재한다. 일반계정은 사망보험금과 사업비 수수료가 나가는 계정이라면, 특별계정은 자신이 투자한 펀드 상품들이 존재하는 계정이다. 이 특별계정 안에는 여러 가지 펀드들이 들어 있어서 펀드와 펀드끼리의 투입 비율 이동이 가능하다.

예를 들어 자신이 가지고 있는 변액상품이 주식형 펀드에 투자되어 있다고 가정해보자. 그런데 갑자기 대형 악재에 의해서 주식 시장이 하락하고 있다. 보통 펀드일 경우에는 이런 하락장을 그대로 받아들여야 한다. 그러나 변액상품은 펀드와 펀드 간의 자유로운 이동이 가능하기 때문에 주식형 펀드에서 금 펀드나 해외채권형 펀드, 천연자원 펀드 등으로 언제든지 바꿀 수 있다. 이게 펀드와 변액상품의 가장 큰 차이점이다.

이런 변액상품은 다시, 매월 납입하는 적립식 변액상품과 일시 납입하는 변액상품으로 납입방법에 의해 나눠진다. 일반 적립형 변액은 매월 10만 원 이상의 납입액으로 가입할 수 있고, 이런 적립식 변액상품은 매월 펀드의 변동되는 가격으로 적립하기 때문에 일정 기간이 지나면 매입단가의 평균 절감 효과를 누릴 수 있다는 게 장점이다. 단점은 사업비 지출이 과다한 것인데 이를 보완하기 위해서 수시 추가납입, 정기 추가납입이 이뤄지고 있다. 일시납입형 변액은 아주 저렴한 사업비가 한 번에 부과되는 형태의 상품으로 만들어진 일시납 변액상품과 연금이라는 기능이 있는 일시납 변액연금으로 분류된다. 이들은 사업비를 확 낮출 수 있고, 비과세이며, 펀드의 이동이 자유로운 게 장점이지만 적립식 상품의 가장 큰 특징인 평균 매입단가의 효과는 가져갈 수 없는 게 단점이다.

Tip

은행, 증권사, 보험사의 연금 뭐가 다른 거죠?

노후대비를 위해 많은 이들이 연금상품을 알아보는데, 그때마다 헷갈리는 것 중 하나다. 은행, 증권사, 보험사에서 판매하는 연금은 판매사의 특성을 닮아 상품의 내용이 조금씩 다르다.

구분	세제적격연금			세제비적격연금		즉시연금
	연금저축보험	연금저축펀드	연금저축신탁	연금보험	변액연금	
판매회사	보험사	증권사	은행	보험사	보험사	보험사
납입방식	정기납	자유	자유	정기납	정기납	일시납
연금형태	확정기간, 종신	확정기간	확정기간	확정, 종신, 상속	종신, 조기집중, 상속, 체증, 확정	확정, 종신, 상속
소득(세액)공제	총급여 5,500만 원 초과 : 연 400만 원 한도로 13.2% 세액공제 총급여 5,500만 원 이하 : 연 400만 원 한도로 16.5% 세액공제			×	×	×
연금수령시 소득세	*만 55세 ~ 69세 수령 : 5.5% *만 70세 ~ 79세 수령 : 4.4% *만 80세 이상 : 3.3% *중도 해지 시 기타 소득세 16.5%를 내야 함			×	×	×
비과세	×	×	×	세법에서 정한 요건 부합시 ○	세법에서 정한 요건 부합시 ○	세법에서 정한 요건 부합시 ○
적용금리	공시이율	실적배당	실적배당	공시이율	실적배당	공시이율
예금자보호	적용	적용되지 않음	적용	적용	적용되지 않음	적용
특징	최저보증이율, 중도인출, 추가납입, 중도해지시 손실 있음	채권형, 혼합형, 주식형	2018.1.1.부터 판매중지 채권형, 안정형 (주식 10% 미만)	최저보증이율, 중도인출, 추가납입	다양한 펀드를 통해 수익창출, 중도인출, 추가납입	최저보증이율, 중도인출, 추가납입

💰 보험의 성격을 띠고 있으며 연말정산이 가능한 상품

퇴직연금

근로자의 노후소득 보장과 안정적인 노후생활을 위해 재직기간에 미리 준비할 수 있게 만든 제도다. 재직기간 중에 퇴직금 지급재원을 외부 금융기관에 적립하고 운용하는 것으로, 근로자가 퇴직할 때 일시금이나 연금형태로 지급받게끔 하고 있다.

퇴직연금 제도를 시행하기 전 퇴직금 제도는 퇴직금을 회사 내 적립했기 때문에 기업이 도산하면 근로자가 이를 받기 어려웠지만, 변경된 제도인 퇴직연금 제도에서는 외부 금융회사에 퇴직금이 적립되므로 기업이 도산하더라도 근로자에게 퇴직금을 보장해줄 수 있다. 이런 퇴직연금 제도는 2005년 12월 1일 시행 이후 근로자 100인 이상 사업장으로 의무가입이 확대되었고, 2022년부터는 모든 기업으로 확대된다.

회사는 노사 합의에 따라 확정 급여형 퇴직연금(DB)과 확정 기여형 퇴직연금(DC) 중에 퇴직연금 상품을 정할 수 있으며, 여기에 기업형인 개인형 퇴직연금계좌(IRP)가 추가되면 퇴지연금은 총 세 가지로 나뉘게 된다.

확정 급여형(DB)은 퇴직 시에 받을 퇴직급여가 미리 확정된 형태로, 사용자가 매년 부담금을 금융회사에 적립(예상 퇴직금의 70% 이상 금융기관 적립 가능)하여 책임지고 운용한다. 근로자는 퇴직 시 운용 결과와 무관하게 사전에 합의된 수준(30일분 평균임금 × 계속 근로 기간)의 퇴직금을 수령한다.

확정 기여형(DC)은 사용자가 납입할 부담금이 정해진 퇴직연금 제도다. 사용자는 근로자의 개별 계좌에 부담금을 정기적으로 납입하고 근로자가 직접 적립금(연간 임금총액의 1/12 이상 금융기관 적립)을 운용한다. 근로자가 추가로 납입할 수도 있으며, 부담금과 운용손익 총액을 근로자가 받는다.

개인형 퇴직연금(IRP) 제도는 확정 기여형과 동일한 방식으로 운영되며, 근로자가 직장을 옮기거나 퇴직하면서 받은 퇴직급여를 자신 명의의 계좌에 적립하여 활용할 수 있도록 한 것이다. 2012년 7월 26일 '근로자 퇴직급여 보장법' 개정에 따라 도입되었다. 퇴직연금 급여를 지급받는 55세 이전까지 운용 기간의 수익에 대한 추가 과세이연 혜택이 주어진다. 근로자의 자기 부담금은 연간 1,800만 원까지 추가로 납입이 가능하며 55세 이상일 경우 연금 또는 일시금 중 수령 방법을 선택할 수 있다.

DB형은 회사, DC형은 운용사를 통해 받던 퇴직연금이 이제는 DB형이든, DC형이든 상관없이 우선 IRP계좌를 만들고, IRP계좌를 통해 퇴직금을 받도록 바뀌었다. 이는 회사에서 지정한 운용사를 통해 퇴직금을 운용하는 게 아니라 근로자 자신이 선택한 운용사(은행, 증권사, 카드사)를 통해 운용한 뒤 자신의 퇴직금을 가져가도록 한 것이다.

퇴직연금의 장점으로는 첫째 추가 납입으로 인한 퇴직소득을 더 가져갈 수 있다는 점이다. 둘째로는 예전에 기업의 도산으로 인한 퇴직금 미수령이 사외적립, 운용으로 해결되었다. 셋째는 IRP를 활용하여 이직을 하더라도 퇴직급여를 합산하여 적립이 가능하다. 넷째는 추가납입 시 연 400만 원 한도 내에서 12%까지 세액공제 혜택을 받을 수 있다. 다섯째는 기업의 입장에서는 퇴직연금 납입액 전액 손비인정(경비)되어 세금 절감 효과를 누릴 수 있다.

퇴직연금의 단점으로는 DC형일 경우 투자 결과에 따라 법정 퇴직금보다 퇴직연금이 작아질 수 있고, 위험부담을 근로자 본인이 지게 되어 근로자 노후 보호에 미비한 점이 있다. 또한 노후를 대비한다는 목적 때문에 본인 명의의 주택 구입 및 가족의 6개월 이상의 부상, 개인의 파산과 회생, 천재지변의 피해를 입는 경우를 제외하고는 중간 정산이 힘들다는 것은 요즘처럼 사교육비의 증가,

주택 가격의 인상 등으로 경제적 여유가 없는 때 아쉬운 점이라고 할 수 있다.

노란우산공제

퇴직연금이 근로자의 소득공제상품이라면, 노란우산공제는 사업자(개인사업자, 법인사업자)의 소득공제상품이라고 볼 수 있다. 노란우산공제의 핵심 키워드는 소득공제와 퇴직금이다. 노란우산공제란 소기업 소상공인이 폐업이나 노령 등의 생계 위협으로부터 생활의 안정을 기하고 사업재기의 기회를 제공받을 수 있도록 중소기업협동조합법에 따라 중소기업중앙회가 관리·운용하는 상업주의 퇴직금(목돈) 마련을 위한 공제 제도이며, 연간 300만 원까지 소득공제 혜택이 주어진다.

대기업이나 중견기업이 아닌 사업자라도 누구나(1인으로 운영하는 사업자, 임대 사업자, 공동 사업자, 법인 사업자, 프리랜서 등 사업소득이 발생한다면 노란우산공제 가입대상에 해당) 가입이 가능하다. 가입기관은 가입 접수 원기관인 중소기업중앙회이며 국세청 전산등록 및 가입 후 관리를 정확히 받을 수 있다. 개인사업자는 5월 종합소득세 신고 시, 법인 대표자는 연말정산 시 최대 300만 원 소득공제를 받을 수 있다. 노란우산공제는 소득공제 혜택을 받을 뿐만 아니라 압류로부터 전액 보호되기 때문에 폐업 시 어려움을 해결할 수 있는 사회 보호망의 역할을 한다.

노란우산공제 상품 혜택

구분	특징
절세혜택	연 300만 원 소득공제 혜택을 부여하므로 세 부담 높은 사업자의 절세 전략으로 탁월함(최소 198,000~최대 1,254,000원)
복리이자	납입부금에 연 복리 이자율이 적용되어 목돈 마련에 좋음
압류금지	공제금은 압류가 금지되어 사업 실패 시에도 보호받을 수 있음
무료보험	가입 후 2년간 상해로 인한 사망 및 후유장해 발생 시 보험금을 받을 수 있음

노란우산공제 상품은 개인사업자들의 절세나 공제상품으로는 좋다. 그러나 이름 그대로 공제상품이다 보니 중간에 해지하게 되었을 경우에는 보험회사의 보험상품처럼 환급금의 제약이 있다. 그리고 만약 폐업을 하지 않고 10년 이내에 사업을 중지하면 기간별로 손실을 보게 된다. 중도 해지하면 그동안 세금 혜택 받은 것을 모두 토해내야 한다. 또 개인사업자의 경우 배우자나 자녀에게 사업의 전부를 양도하면 간주 해약이 되어 손해를 보게 된다. 특히 개인사업자가 현물 출자에 의한 법인으로 전환되어도 간주 해약이 된다. 그리고 가입자가 법인 대표인 경우 질병이나 부상 이외의 사유로 물러나게 되면 간주 해약이 되어 손해를 보게 되는 단점이 있다.

05

똑똑한 재무관리로
한푼, 두푼 아껴
종잣돈 만들기

1,000만 원 모으기 실전사례

🗨 0원에서 1,000만 원 모으기

우리는 살면서 100만 원, 1,000만 원 등 종잣돈을 모아야겠다고 수도 없이 다짐한다. 하지만 '종잣돈이 왜 필요하지? 얼마가 필요하지? 언제 필요하지?'라는 고민은 하지 않는다. 단순하게 남들보다 부자가 되고 싶어 돈을 모아야겠다는 생각만 하기 때문이다. '무조건 많이 모아야지!'라는 막연한 생각보단 목적이 있어야 돈을 모으는 데 있어 집중할 수 있다. 예를 들면 '180만 원짜리 노트북을 사야지!'라는 목표가 생긴다면 그 목표에 맞게 매월 얼마씩 모을 수 있는지 파악해보고, 구매할 수 있는 기간을 산출할 수 있다.

종잣돈 1,000만 원이라는 돈은 재무적 측면에서 꽤 상징적인 액수다. 취업을 한 사회초년생에게는 독립을 할 때 월세에 대한 보증금으로 쓰일 수 있을 테고, 30대 초반의 직장인에게는 급여의 3개월 해당하는 비상자금이 될 수도 있다. 또한 출산을 앞둔 가정에는 출산 전 검사비용과 출산 후 산후조리원 비용 등으로 쓰이기도 한다. 또한 자녀의 대학 입학자금으로도 지출될 것이다.

1,000만 원 모으기의 기간은 소득의 30%를 저축하느냐 50%를 저축하느냐에 따라 결정된다. 즉, 내가 매달 얼마를 모을 수 있느냐에 따라 만기 도래 기간이 자동 결정된다. 물론 1,000만 원은 아이를 낳아 기르고 교육하면서 만들기에는 그리 만만치 않은 액수다. 조금 모았다 싶으면 갑자기 돈 쓸 일이 생겨서 실패를 거듭하게 마련이다.

그러나 소득활동을 하고 있다면 1,000만 원 모으기를 10년, 20년 목표로 두지 않는다. 거의 1~3년 단기 목표로 설정해서 모으기 시작한다. 그래서 1,000만 원 모으기의 가장 큰 핵심은 내가 매월 얼마씩 저축을 할 수 있느냐이다. 단순하게(이자를 제외하고) 월 84만 원씩 모으면 1년이면 가능하고, 2년을 모은다면 42만 원, 3년을 모은다면 28만 원씩 저축을 하는 건 누구나 계산하고 바로 실천할 수 있다.

기존에 자산이 있는 상태에서 1,000만 원을 더 모으고 싶다면 물론 방법론적으로 다른 길을 찾았을 것이다. 굴릴 수 있는 돈의 비중을 계산해서 좀 더 공격적인 투자상품에 투자해 예상 시기를 짧게 잡을 수 있겠지만, 우리는 0원에서 지금 1,000만 원을 만들어야 하기에 지출을 최대한 줄여 저축과 투자를 늘리는 방법을 찾아야 한다.

💰 섣부른 부업보다는 현명한 지출 전략이 필요하다

28세 현재 씨는 이제 막 직장 2년차이지만, 1,000만원은커녕 지금까지 모아둔 돈은 주택청약통장에 있는 40만 원과 얼마 전 이사하면서 보증금 차액으로 발생한 550만 원이 전부다. 매월 15일 290만 원의 급여와 25일 글로벌 화장품 판매회사에서 30만 원 총 320만 원이 통장에 월소득으로 들어온다. 하지만 월급이 들어옴과 동시에 대학 다닐 때 받았던 학자금 대출과 자동차 할부금이 빠져나간다. 그다음으로는 월세, 휴대폰 요금, 보험료 등이 하나씩 자동이체로 나가거나, 지출하고 나면 남는 금액은 28만 원 정도다.

💰 월지출현황은?

총수입은 월급여 290만 원과 부업으로 버는 월 30만 원이다.

상담 전	
정기지출	
월세(공과금포함)	40만 원
학자금 대출	13만 원
자동차 할부	44만 원
휴대폰 요금	10만 원
주유비	10만 원
데이트비용	30만 원
생활비, 용돈	70만 원
보험료	10만 원
화장품 비용	25만 원
비소비성지출	
주택청약저축	10만 원

상담 후	
정기지출	
월세(공과금포함)	40만 원
자동차 할부	44만 원
휴대폰 요금	5.2만 원
주유비,교통비	10만 원
데이트비용,용돈	40만 원
생활비,식비	30만 원
보험료	7.2만 원
비소비성지출	
주택청약저축	10만 원
금리우대형 저축	50만 원
적립식 펀드	40만 원
비상금 통장	13만 원

ⓦ 그렇다면 현재 씨가 재무관리에서 놓치고 있는 것은 무엇일까?

첫째, 부업이라고 해서 다 좋은 것은 아니라는 점이다. 현재 씨는 소득을 더 올리고 싶은데 현재의 급여와 지출의 항목으로는 돈을 모을 수 없다 판단해 지인의 추천으로 화장품만 사면 현재 씨가 따로 소비하는 시간 없이 돈이 들어온다는 말에 매월 화장품 지출을 하고 수입을 받는다.

이는 투자대상자인 현재 씨가 화장품을 사야지 수입이 들어오는 방식으로 전형적인 네트워크 마케팅이다. 지인은 현재 씨에게 우리나라에서는 네트워크 사업이 다단계라는 부정적인 인식이 강하지만 외국에서는 새로운 마케팅 방법으로 각광받고 있다는 말과 함께 현재 투자하려는 화장품 같은 경우에는 미국, 캐나다 등 선진국에서 불티나게 팔리고 있고, 아시아에서는 최초로 우리나라에서 판매하는 것이라며, 현재 씨를 부추겼다.

네트워크 마케팅이 나쁘다, 좋다의 옳고 그름을 따지기보다는, 이제 입사 2년 차의 사원이 결국에는 회사 근무시간에도 밖에서 통화하며 지인에게 영업을 하고 있는 현실에 현재 씨 또한 자신의 선택에 의문을 품고 있었다고 한다. 어렵게 취업문을 두드려서 입사를 했는데, 오히려 자기개발은커녕 있는 회사에서도 미운털 박힐 일이다.

30만 원 벌고 50만 원 이상의 지출, 숫자상으로 맞지도 않다. 돈을 더 버는 것도 중요하지만, 그보다 앞서 지출을 줄이는 게 남는 돈으로 인한 소득 상승효과를 일으키기에 좋다.

둘째, 통장거래 내역서의 순서를 바꿔야 한다. 지출 후 저축이 아니고, 선 저축 후 지출이 필요하다. 이렇게 저축과 지출의 순서만 바꿔도 저축액은 늘어난다.

셋째, 통장의 명확한 목표를 세워야 한다. 현재 씨와의 1차 재무상담 후 그의 가계 재무재표를 보고 본인에게 스스로 한 번 지출을 줄여보라고 했다. 그런데 현재 씨는 하나도 못 줄였다. 한참을 머뭇거리다가 생활비(거의 식비와 의류,

헤어 비용임)와 용돈(데이트 비용을 제외한 담뱃값, 술값) 항목 중 담배를 없애 겠다며 금연 얘기를 꺼냈다. 좋은 생각이다. 그런데 과연 그가 진짜로 담배를 끊을 수 있을까?

현재 씨와 이야기를 해보니 모든 포인트가 지출에 맞춰져 있었다. 학교생활 때 하지 못했던 지출을 하면서 인스타그램에 사진을 올리는 게 일상이 되었으 며, 여자친구와의 데이트 흔적을 남기고 싶어 했다. 또한 현재 씨는 이러한 문 화생활을 하기 위해서는 자가용도 필수라고 생각하고 있었다. 진짜 재무에 대 해 고민하는 사람이 맞나 싶었다. 현재 씨의 지금 재무이벤트와 목표는 이렇게 흘러가야 한다.

부채 상환하기 : 학자금, 자동차 할부금
월세 탈출하기 : 정부의 대출 제도를 활용해서 월세를 줄이기
결혼자금 모으기

현재 씨처럼 지금부터 제로베이스에서 시작해야 하는 청년들은 이제껏 꿈꿔 온 생활을 위해 지출을 우선적으로 하지 말고 독한 마음을 먹고 위와 같은 재무 목표를 잡고 저축하고 그 저축을 또 투자하는 형태로 나가야 한다.

넷째, 지출의 비율을 조금씩 더 줄여야 한다. 식비 및 식료품비 품목의 생활 비는 16%, 나머지 정기지출 항목은 30%, 보험료는 3%로 잡고, 그 나머지를 대 출 상환에 맞추어서 저축해야 하는데, 현재 씨는 저질러놓은 자동차의 할부금 과 월세의 비율이 높긴 높다.

₩ 지출을 줄일수록 목표 달성이 빠르다

결국 엄청난 줄이기를 시도해 소득의 40% 수준으로 저축액을 만들었지만, 갚아나가야 할 부채가 있기에 턱없이 부족하다. 고정지출로 많은 포지션을 차지하고 있는 자동차 할부와 월세 때문에 결국에는 대중교통을 많이 활용하고 멀리 데이트를 갈 때에는 차량을 활용하기로 했다. 워낙 고정적으로 나가는 큰 지출이 있기에 조금씩 다 줄이기로 했고, 보험료는 기존의 보험에서 갱신되는 항목은 전혀 없기에 100세에 돌려받는 적립금 2만 8,000원의 지출은 너무 아깝다고 하고 적립금만 삭제했다. 학자금 대출은 기존에 있던 보증금 차입액으로 완납하였고, 화장품 부업은 더 이상 하지 않기로 했다.

1,000만 원 모으기의 가장 중요한 포인트는 어떤 금융상품으로 돈을 모으느냐가 아니고, 지출을 얼마나 줄여서 목표를 조기에 달성하느냐다.

02

지출 많은
사회초년생

"지난달에 갤럭시노트 10을 구입했습니다. 2년 만에 새로운 휴대폰으로 교체해서 마음이 설레네요. 갤럭시 버즈도 같이 구매했습니다. 그리고 사무실 내 휴대폰 무선 충전기까지 한꺼번에 구매해 다소 걱정스럽기도 했지만 또 한편으론 이러려고 돈 버는 거 아닌가 하며 자기 합리화 중입니다. 버즈는 집 앞 헬스장 다닐 때 음악 듣기 위해 구매한 거고, 충전기는 무선 선이 자꾸 빠지고 끊어져서 구매했습니다. 나름 이유 있는 소비라고 자부하고 있습니다.

저축도 열심히 하는 1인으로, 매일 커피 값을 아끼기 위해 2,000원씩 저축을 하고 있고, 목돈을 만들기 위한 저축도 하고 있습니다만, 저축을 죽어라 열심히 한다고 해서 집을 살 수 있는 건 아니기 때문에 먼 미래를 지금부터 걱정하며 안 쓰기보단 조금은 숨통을 틔우기 위해 이런 소비도 필요하다고 생각합니다.

제가 다른 상담자들처럼 소비를 아주 많이 하는 경우라고 생각하진 않습니다. 다만 저축을 더 하고 싶은데 희한하게 저축액을 늘릴 수가 없네요. 매번 '카드값만 내고 남은 돈을 꼭 저축해야지' 라고 생각하는데, 카드값이 늘면 늘었지, 줄진 않더라고요. 도대체 '소비'는 한 달에 얼마를 해야 맞는 걸까요?"

ⓦ 월지출현황은?

총수입은 월급여 248만 원과 연상여 300만 원이다.

상담 전	
정기지출	
월세+관리비	47만 원
통신비(영화사이트결제)	8.7만 원
교통비	8.7만 원
의류비,구두	27만 원
식비,외식비	48만 원
데이트통장	20만 원
생활용품	3만 원
언니와 계(부모님 칠순잔치용)	5만 원
경조사	5~10만 원
1년 헬스 할부(2/6)	5만 원
보험	5만 원
버즈,충전기 등(1/3)	11만 원
비정기지출	
명절비	60만 원
비소비성지출	
일저축	일 0.2만 원
목돈저축	20만 원
청약적금	2만 원
저축	30만 원

상담 후	
정기지출	
월세+관리비	29만 원
통신비(영화사이트결제)	4.3만 원
교통비	8.7만 원
식비,외식비	30만 원
데이트통장	25만 원
생활용품	3만 원
1년 헬스 할부(2/6)	완불
보험	5만 원
버즈,충전기 등(1/3)	완불
비정기지출	
명절비.계비용	120만 원
의류,미용비용	200만 원
경조사	120만 원
비소비성지출	
목돈저축	20만 원
청약적금	2만 원
저축	30만 원
카카오적금	9만 원
적립식 펀드(가치주,미국성장형,원자재)	30만 원
개인연금(채권형)	10만 원
화폐(매월달러환후적립)	10만 원
금(실물투자)	20만 원

🆆 사회초년생은 왜 돈을 모으지 못할까?

보통 사회초년생이 돈을 모을 땐 여러 방해요소들이 있다. 그 첫째가 사회초년생의 특성상 목돈이 없어 낮은 보증금에 높은 월세생활을 하기 때문이다. 둘째는 자가 차량 매입으로 인해 차량 할부, 자동차 보험, 자동차 세금, 유류비 등이 많이 지출되기 때문이다. 개인적으로 아직 큰돈이 없는 사회초년생이 좀 더 낮은 월세를 찾기 위해서 외곽으로 방을 얻어 교통편이 불편해지는 상황에서 경차를 구입해 끄는 것은 어쩔 수 없지만, 다수의 사회초년생들이 월세가 높은 지하철 근처의 원룸이나 오피스텔에 거주하면서 할부로 차량을 구입하는 경우에는 돈을 쉽게 모을 수 없다. 셋째는 진영 씨처럼 얼리 어댑터들의 구매 욕구가 지출을 늘리게 만들기 때문이다. 이들은 새로운 제품이 나오면 남들보다 빨리 사고 싶어 하는데 이들이 가장 많이 구매하는 상품 중에 하나가 휴대폰이다.

한번 생각해보자. 높은 월세에 차량 할부금을 내고 있고 휴대폰 비용마저 많이 나가는데, 매월 데이트 비용으로 30~50만 원씩 지출이 된다면 사회초년생이 돈을 모을 수 있을까? 휴대폰 할부에는 고이자율의 대출이자가 숨겨져 있다. 또한, 지정된 신용카드로 결제 시 할인을 해준다는 조건하에 우리의 월 신용카드 결제는 일정액 이상의 지출을 해야 한다.

🆆 그렇다면 사회초년생은 어떻게 돈을 모아야 하나?

5년차의 직장인인 진영 씨는 이제 사회초년생의 틀에서는 벗어났지만, 통장의 잔고를 보면 사회초년생과 별반 다를 게 없다. 그렇다면 사회초년생 진영 씨는 돈을 어떻게 모아야 할까? 국가나 회사의 예산시스템처럼 진영 씨의 가계부에도 예산시스템을 만들어서 돈을 아끼고 모아야 한다. 그러기 위해서는 한눈에 돈이 어떻게 흘러다니는지 파악해야 한다. 이로 인해 구멍이 나는 목록을 찾아 지출을 어렵게 만들어야 한다.

이를 위해서는 통장 쪼개기를 통해 통장을 분리해놓고, 정해진 지출 규모의 범위 안에서 지출하게 되면, 불필요한 소비를 줄일 수 있다. 통장 쪼개기를 처음 할 때에는 급여 정기지출 통장, 비정기 생활비 통장, 비상금 통장, 투자 통장 등으로 크게 나누지만, 차차 적응이 될 때마다 각자의 소비 통장에 이름표를 달아서 더욱더 분리하면 지출을 통제할 수 있는 경지(?)까지 올라가게 된다.

통장 쪼개기를 통해 소비를 줄이고 저축액을 늘리면 각각의 목표에 맞게 재테크 상품을 분배하는데, 단기간에 종잣돈을 만들기 위해서는 정기적금만큼 좋은 상품은 없다. 물론 요즘 이자가 워낙 낮다 보니 저축은행의 정기적금, 증권사의 발행어음을 많이 활용한다.

중기 이후에 목적자금에 대해서는 투자상품이 따르게 되는데, 개인적인 생각에는 어릴 때부터 금융이나 경제교육을 받았으면 투자금액을 정해놓고 나서 중·장기 투자를 하는 방법도 나쁘지 않다. 이때 꼭 필요한 부분이 국가 및 세계경제 상황이나 금융시장의 움직임 등에 대한 사전 공부다. 하지만 입시 경쟁과 취업 준비, 학비 마련 등으로 바쁜 시절을 보낸 우리로서는 경제 지식이 많이 필요한 직접투자보다는 간접투자의 방법인 적립식투자를 하는 것이 나을 수 있다.

이때 다양한 투자 경험을 쌓기 위해서 소액으로 부동산투자 펀드의 성격인 리츠 펀드나 코스피지수를 추종하는 ETF상장지수펀드, 화폐와 비슷한 가치가 있는 금을 투자하는 골드 펀드, 미래의 기업의 가치를 보고 장시간 투자하는 가치주나 성장형 펀드 등을 경험해보면서 공부하는 것도 좋다. 이러한 기본 개념을 탑재하고 나서는 직접 실천하는 것이 중요하다. 아무리 좋은 계획이 잡혀있어도 행동하지 않으면 말짱 꽝이다.

₩ 소비에는 다 이유가 있으니 무조건 모아라

상담할 때 고객들의 가계부를 들여다보면 모두 나름의 이유로 지출을 하고, 그중에서는 일정 부분 수긍되는 면도 있다. 각자 아끼면서 생활하고 있지만 그만큼 여건이 좋지 못한 것이라는 의미도 된다. 하지만 어느 시인의 시처럼 '자세히 들여다보면서' 내가 어떤 목표를 가지고 있고, 왜 그런 목표를 세웠는지를 생각하면 그때부터 지출 목록 중에 줄일 수 있는 것들이 하나둘씩 보인다.

전반적인 계획을 바탕으로 정확한 재무목표 세우기

재무순위	목적자금	목표내용
1순위	결혼비용	5,000만 원
2순위	재테크	결혼을 하면 신혼희망타운 아니면 10년 안에 아파트를 마련하고 싶음
3순위	노후	공적연금을 제외한 개인연금으로 월 50만 원씩 수령 목표

현재의 소비패턴에서 그 목표를 이룰 수 있는지를 파악하기

재무순위	목적자금	예상기간	현재준비금액	예상비용	3% 상승률 고려	필요 월저축액 (2% 기준)
1순위	결혼비용	5년	2,000만 원	5,000만 원	5,796만 원	57만 원
2순위	주택마련 재테크자금	10년	890만 원	30,000만 원	40,317만 원	296만 원
3순위	노후(개인연금 50만 원씩 30년 확정)	32년	0	18,000만 원	46,351만 원	86만 원

진영 씨는 직장생활을 하면서 결혼자금으로 3,000만 원 가까이 모았다. "왜 이 돈을 활용해서 전셋집으로 가지 않았느냐?"라고 물으니까 전셋집을 알아봤지만 자신이 원하던 구조의 집을 찾지 못하기도 했거니와 결혼자금을 왠지 따로 모아놔야 할 것 같았다고 했다.

진영 씨는 자신의 현재 상태와 목표의 실현 가능성을 따져본 뒤에 마음을 고쳐먹기로 했다. 당장 통장의 잔고로 휴대폰 할부금과 신용카드 할부금을 갚아버리고, 전셋집을 알아보기로 했다(현재 진영 씨의 월세 + 관리비 포함 47만 원은 1년이면 무려 564만 원이나 지출된다. 2년이면 1,128만 원, 3년이면 1,692만 원, 5년이면 2,820만 원이라는 큰돈이 소요된다. 이를 직장생활을 통해 모아둔 적금과 전세자금 대출을 받아 전세로 살게 된다면 비용이 훨씬 절감된다). 또한 데이트 비용으로 20만 원을 쓰고 있는데 과도한 식비와 외식비를 줄이고, 스마트폰으로 하던 쇼핑이 습관화되는 걸 막기 위해 직접 매장을 방문하는 형태로 쇼핑 패턴을 바꾸기로 했다.

기존의 지출 현황을 아래와 같이 지출, 저축, 투자 금액으로 나눈 뒤 통장 쪼개기를 실시했다. 구체적인 목표 없는 투자는 실패한다. 진영 씨의 목적이 구체화되고 명확해졌기 때문에 지금까지의 소비 패턴을 고쳐 지출을 줄일 수 있는 목록을 만들어나갔다.

진영 씨의 통장 쪼개기

급여통장
은행(10일)

248만 원

순수월수령액

| 진영 | 248만 원 |

비소비성 통장	정기지출 통장	비정기지출자금 연간지출
은행,증권사(10일)	은행(10일), 체크카드 사용	
131만 원	**105만 원**	**통장 300만 원+@**

비소비성 통장	정기지출 통장		비정기지출자금 연간지출	
투자상품 중 적립식비율 100% 적립식 펀드 및 화폐, 금, 채권을 분산투자	월세+관리비	29만 원	명절,계	120만 원
	통신비(영화사이트결제)	4.3만 원	의류,미용	200만 원
	교통비	8.7만 원	경조사	120만 원
	식비&외식비	30만 원		
	데이트통장	25만 원		
	생활용품	3만 원		
	1년 헬스 할부(2/6)	완불		
	보험	5만 원		
	버즈,충전기 등(1/3)	완불		

정기지출의 목록에서 경조사 관련 비용, 의류비용의 이동으로 매월 12만 원씩 이동

CMA(수시)현재 : 300만 원의 상여금으로 현재 목록의 비정기지출은 해결할 수 있어서 남은 금액은 안전투자자산으로 활용하기로 함

03

사회초년생의
수정된 재무관리

"돈은 버는 것보다 지키는 게 더 중요하다고 하는데, 저는 정말 이 말을 요즘 뼈저리게 깨닫고 있습니다. 비싼 물건을 사는 것도 아닌데 항상 돈이 부족합니다.

스트레스가 쌓일 때마다 근처 올리브영, 이니스프리, 네이처리퍼블릭 등에 들어가 이것저것 구경하다가 꼭 하나씩 사서 나옵니다. 꼭 당장 필요한 게 아니다 하더라도 '1+1 세일', '특가 세일', '50% 세일' 등이 붙어있으면 지금 안 사면 안 될 것 같단 생각에 사게 됩니다. 비단 화장품뿐 아니라, 지나가다 '티셔츠 10,000원', '폐업 정리' 같은 문구를 보면 그냥 지나가지 못하고 일일이 들어가 뭐라도 하나는 꼭 사려는 저를 발견하곤 합니다.

저의 이런 나쁜 소비! 도대체 어떻게 절제해야 할까요? 카드값을 낼 돈이 없어 며칠 전에 마이너스대출까지 받았는데, 그 돈도 다 어디로 갔는지 모르겠습니다. 아직 월급이 들어오려면 10일 정도 남았는데, 수중에 돈 한 푼 없어 또 휴대폰 소액결제로 현금화할 수 있는 방법을 알아보고 있는데, 저 정말 한심하죠?"

💰 월지출현황은?

총수입은 월급여 215만 원과 연상여 300만 원이다.

상담 전	
정기지출	
관리비	5만 원
인터넷+TV	2만 원
통신비(엄마 4만원 포함)	13만 원
교통비	8만 원
용돈, 주말식비	30만 원
유흥비(친구모임)	35만 원
보험(실비, 치아, 암보험)	29만 원
멜론	1만 원
경조사(생일,결혼)	5~10만 원
생활용품, 잡화	7만 원
전세자금대출	13만 원
마이너스대출	60만 원
비정기지출	
명절비	20만 원
부모님용돈	100만 원

상담 후	
정기지출	
관리비	5만 원
인터넷+TV	2만 원
통신비	8.2만 원
교통비	8만 원
용돈, 주말식비	30만 원
유흥비(친구모임)	10만 원
보험(실비, 치아, 암보험)	9만 원
멜론	1만 원
생활용품, 잡화	7만 원
전세자금대출	13만 원
비정기지출	
명절비	20만 원
부모님용돈	100만 원
경조사	120만 원
비소비성지출	
청약저축	20만 원
통신사 연동 우대적금	20만 원
발행어음	20만 원
조합원 저축	50만 원
인터넷전문은행	11.9만 원

💰 왜 돈을 모으고 싶은가?

20대 초중반에 취업을 한 후 부모님의 그늘에서 벗어나 생활하다 보면 주택비, 생활비 등 지출이 만만치 않다는 걸 알게 되는 데 그리 오랜 시간이 걸리지 않는다. 돈은 모을 새 없이 주머니에서 금방 빠져나간다. 정신없는 직장생활에서 어느 정도 주위를 둘러볼 시기가 되면, '이렇게 살아서는 안 되겠다'는 마음에 몇 가지 무조건적인 줄이기로 돈을 모으기 시작한다. 그렇게 모은 돈으로 전세자금대출을 받아 지긋지긋한 월세생활을 탈출하지만, 처음엔 다소 한정된 금액의 전셋집을 구하기 때문에 생활환경은 월세에 거주할 때보다 나빠질 수도 있다. 필자에게 상담을 받은 세아 씨가 딱 그런 케이스이다.

대학을 졸업한 후 22살이라는 이른 나이에 취직을 하고 나서 정신없이 3년이라는 시간이 흘러 뒤돌아봤더니 가진 자산이라고는 노트북과 월세 보증금밖에 없었다고 한다. 그래서 그때부터 약 2년간 식비 줄이기부터 시작했다고 한다. 굶거나 편의점에서 간단히 요기를 때우며 줄이기식 지출 다이어트를 통해 약간의 목돈(2,100만 원)을 모아 현재의 오래된 빌라를 전셋집으로 구하게 되었다. 그런데 문제는 보상심리라고 할까? 그 후 소비가 통제되지 않고 계속 조금씩 지출이 늘어났다고 한다.

재무설계는 ① 인생의 전반적인 계획을 바탕으로 정확한 재무목표를 세우고, ② 현재의 소비패턴에서 그 목표를 이룰 수 있는지를 확인하며, ③ 나의 현금흐름표에서 누수되는 지출이 있는지를 파악해서, ④ 1차 잉여자금으로 목표 실현 가능성을 시뮬레이션해 보고, ⑤ 부족분 발생 시 좀 더 줄여나갈 수 있는 부분을 체크한 후 품목별 소비 금액의 범위를 정하고, ⑥ 목표기간과 여러 가지 경제적 변수, 나의 특수성을 감안해서 단·중·장기의 분류와 투자상품, 안전상품의 적절한 분배 후 ⑦ 3개월이든, 6개월이든, 1년 이든 지속적인 모니터링 시간을 정해 현재의 마음가짐이나 소비 상황을 체크하면서 혹시 시간의 경과에 따른 느슨해짐을 막는 것이다.

세아 씨의 문제점은 아무런 목표 없이 그냥 돈을 모으고 싶다는 데 있다. 물론 돈을 모아서 좀 더 좋은 전셋집으로 이사를 가고, 결혼도 하며, 주택을 구매할 수 있는 것은 매한가지지만, 그냥 뭉뚱그려서 돈을 모은다는 계획을 잡고 일정한 금액을 모아서는 예상치 못하는 지출이 발생했을 때 무너지는 경우가 많다. 왜냐하면 보통 어떠한 연유로 갑자기 독하게 돈을 모으려고 할 때 우리는 먹는 것부터 줄이고, 옷도 안 사 입으며, 갑자기 모든 소비를 통제해버린다. 이는 시간이 흘러 그 목표를 달성했을 때 보상심리로 과거보다 더 많이 소비하는 부작용을 일으킨다. 전형적인 세로형 저축인 거다. 그렇기 때문에 먼저 재무목표를 세우는 게 중요하다.

전반적인 계획을 바탕으로 정확한 재무목표 세우기

재무순위	목적자금	목표내용
1순위	전세 이사	현재보다 좀 더 좋은 공간의 2,3층 전셋집으로 이사(대출 포함)
2순위	결혼 자금	대출 낀 전셋집을 제외하고 1,000만 원 만들기
3순위	비상금	현금 1,000만 원
4순위	노후	젊을 때 조금씩 준비하고자 함

현재의 소비패턴에서 그 목표를 이룰 수 있는지를 파악하기

재무순위	목적자금	예상기간	현재 준비금액	예상비용	3% 상승률 고려	필요 월저축액
1순위	전세 이사	3년	2,600만 원	6,000만 원	6,556만 원	182만 원
2순위	결혼 자금	7년	0원	1,000만 원	1,230만 원	15만 원
3순위	비상금	2년	0원	1,000만 원	1,061만 원	44만 원
4순위	노후	35년	0원	노후 월200만 원	노후 월563만 원	482만 원

물가상승률을 고려한 현재의 목표 대비 필요금액을 산출해본 결과(0% 이자율) 노후를 빼더라도 세아 씨의 급여보다 많은 금액이 필요하다. 또한, 현재의

도표를 기준으로 장기목표 금액은 최대한 빠른 시간 안에 꾸준히 물가상승률 이상의 투자 수익상품으로 준비하지 않으면, 나중에 모아야 할 돈이 눈덩이처럼 늘어난다는 걸 알 수 있다.

ⓦ 현금흐름표에서 누수되는 지출이 있는지를 파악하기

세아 씨의 통신비 중 본인 것에 해당하는 9만 원이 할부금액인지를 생각했다가 대화를 해보니 소액결제로 지출하는 금액인 것을 알 수 있었다. 회사에서 점심을 해결하기 때문에 주말과 저녁 식비로 20만 원을 지출한다는 것까지는 이해가 되었는데, 핸드폰의 소액결제 비용으로 한 달에 4만 원, 친구들과의 유흥비로 35만 원이 나간다는 것은 지나치게 과한 것은 아니지만 생활비에 구멍 날까 봐 마이너스대출까지 쓰는 사람의 소비로는 바람직하지 않다.

실비라고 하는 보험에 적립금과 건강보험의 특약보험료로 구성되어 있는데도 또 암보험을 중복으로 가입하고 있고, 썩은 이가 2개 있다고 해서 갱신되는 치아보험을 벌써부터 가입하는 것은 조금 과한 생각이라는 생각이 든다. 보험은 고강도 저빈도를 해결하기 위해서 가입하는 건데, 치아보험에서 고강도에 들어가는 임플란트를 하기에는 썩은 이 2개는 애교에 가깝다. 또한 집안 유전력도 없는데 보험을 너무 중복으로 가입했다.

부채에도 좋은 부채가 있다. 예를 들어서 50만 원의 월세가 나가는 사람이 전세자금대출을 받은 이자지출이 훨씬 작다면 좋은 지출이다. 그러나 세아 씨처럼 카드 사용으로 인한 마이너스대출은 자칫 가계경제에 악영향을 준다. 그래서 신용카드 다 자르고, 보험해지금으로 마이너스대출을 전액 상환하기로 했다.

세아 씨의 통장 쪼개기
급여통장 은행(25일)
215만 원
순수월수령액 세아   215만 원

비소비성 통장 은행,증권사(25일)		정기지출 통장 은행(25일), 체크카드 사용		비정기지출자금 연간지출	
121.9만 원		**93.1만 원**		**통장 240만 원+@**	
안정형 비율	100%	관리비	5만 원	명절비	20만 원
		인터넷+TV	2만 원	부모님용돈	100만 원
		통신비	8.2만 원	경조사	120만 원
		교통비	8만 원		
		용돈 및 주말식비	30만 원	매월 일정액의 CMA 자금이 비정기지출로 이동	
		유흥비(친구모임)	10만 원		
		보험(실비,치아,암보험)	9만 원	CMA(수시) 현재 : 300만 원 상여금으로 현재 목록의 비정기지출은 해결할 수 있으나, 추후 발생할 수도 있는 여행비 목록 등을 대비해서 일정액 준비	
		멜론	1만 원		
		경조사	비정기지출통장에서 지출		
		생활용품, 잡화	7만 원		
		전세자금대출	13만 원		
		마이너스대출 보험해지금으로 상환			

04

연말정산,
소비 방법에 따라
연 60만 원 환급금이 달라진다

"직장생활도 아르바이트도 열심히 하면서 살고 있는 30대 초반의 미혼 여성입니다. 곧 있으면 다가올 연말정산을 미리 준비하고자 모의 연말정산을 해봤는데, 예상으로 세금 67만 원 정도 돌려받을 수 있다고 나오더라구요. 비슷한 소득의 남 동료보다 지출도 더 많이 했는데, 동료보다 왜 제가 돌려받는 세금이 적은지 이해가 가지 않습니다.

현재 살고 있는 집 월세는 이 집에 들어올 때 집주인과 신고 안 하기로 하고 깎아서 들어온 거라 공제받을 수 있는 상황은 아닙니다(주민등록 거주 신고 안 함).

신용카드의 경우는 현재까지 사용한 금액 1,250만 원 + 체크카드로 사용한 금액 50만 원 + 현금 영수증 발급 100만 원 정도로 공제금액이 큰 것 같지 않습니다. 보험은 월 8.2만 원 정도 나가는데, 연 100만 원 정도 됩니다. 나머지 돈들은 적금을 그리 많이 한 것 같진 않은데, 다 어디로 갔는지 제 자신도 의아스럽네요. 내년엔 더 열심히 돈아 이루고 싶은 거 꼭 이루었음 하는 바람입니다."

ⓦ 월 지출현황은?

총수입은 월급여 226만 원과 아르바이트로 해서 받는 돈, 월 20만 원이다.

상담 전	
정기지출	
월세	48만 원
관리비,공과금	12만 원
교통비	12만 원
통신비	8만 원
생필품	2만 원
화장품,옷,미용	15만 원
신용카드	80~90만 원
보험료(엄마 간병보험 포함)	12.2만 원
헬스	4만 원
비소비성지출	
적금	50만 원
입출금통장	1,000만 원

상담 후	
정기지출	
전세자금 대출이자	11만 원
관리비,공과금	9만 원
교통비	12만 원
통신비	4.5만 원
생필품	2만 원
식비포함생활비(체크카드 사용)	50만 원
보험료(엄마 간병보험 포함)	12.2만 원
헬스	4만 원
비소비성지출	
금 직접투자	30만 원
엄마 개인연금	10만 원
적립식펀드(미국주식형)	26만 원
전세금 상환 저축	40만 원
청약저축	10만 원
통신사연계적금	5만 원
비정기지출	
경조사	아르바이트비용 월 20만 원 내 대체
미용,의류비	아르바이트비용 월 20만 원 내 대체
여행비	연말정산 환급금으로 대체

ⓦ 연말정산을 잘 활용하라

보통은 연희 씨처럼 싱글일 때 돈을 많이 모으라고 이야기한다. 그런데, 소득 또한 뻔하고 지출 또한 뻔하다. 아끼고 줄여서 모을 수 있는 방법이 가장 기본적으로 좋지만, 연희 씨처럼 아버지의 병환으로 인해 사회초년생부터 돈을 모으지 못했을 경우에는 한 해 한 해 시간이 지나면 조바심 때문에 돈도 제대로 쓰지도 못하면서 알게 모르게 나가는 지출만 많은 경우가 많다. 이런 조바심을 해결하기 위해서는 연희 씨처럼 주 소득 외에도 아르바이트를 통한 추가 소득을 올리는 방법도 좋다. 또한 플러스 소득이 될 수 있는 연말정산을 잘 활용하는 것도 좋은 방법이다. 세금환급금으로 여행비용이나 신용카드 할부금액을 상환할 수 있기에 연말정산을 잘 활용하면 플러스 소득을 만들 수 있는데, 아직도 직장인의 절반 이상이 연말정산이 "어렵다"라고 생각한다.

연말정산은 매달 나의 급여에서 꼬박꼬박 떼어갔던 세금들이 나의 1년간의 지출 상황을 보고 세금을 많이 떼 갔는지, 적게 떼 갔는지를 계산해서 정산하는 작업인데 내 급여에 대해서는 회사에서 국세청에 신고하기 때문에 세무 당국에서 알 수는 있으나, 내가 한 해 동안 얼마를 지출했는지를 알 수가 없다. 그렇기 때문에 연말정산간소화서비스를 통해서 나의 지출 목록이나 증빙서류 등을 확인할 수 있다.

연말정산에 있어서 무조건 지출을 많이 했다고 공제를 받을 수 있는 게 아니기 때문에, 매년 1월에 작년 한 해의 지출 상황 등을 보고 세금을 더 돌려받을까를 계산하지 말고, 미리 소비를 하기 전에 어떻게 소비하는 게 연말정산 시 더 유리한가를 생각하며 지출해야 한다.

ⓦ 급할 때마다 사용하는 신용카드는 연말정산 시 반쪽짜리 지출이다

사회초년생 시절에 갑자기 찾아온 아버지의 병으로 인해 연희 씨는 급할 때마다 신용카드 지출부터 먼저 하게 되었다. 지금은 더 이상의 아버지 병원비는 들어가지 않지만 현재에도 경조사비용 등이 소비되면 나머지들은 습관적으로 신용카드 지출을 한다. 연희 씨는 이런 신용카드 소비부터 바꿔야 한다.

비소비성 금액과 소득 상황을 보고 지출에 따른 돈에 흐름에 대한 계획 세우기			
실수령액	아르바이트 소득	현재 비상금	연말정산 예상 환급금
226만 원 × 1년 = 2,712만 원	20만 원 × 1년 = 240만 원	1,000만 원	103만 원 정도 (소비패턴 수정 후 예상치)
생활비와 저축	경조사비용과 미용비용 등의 비정기지출 형태로 사용	1분기 지나서 중소기업 전세자금 대출 후 전셋 집으로 이사	소비 형태를 체크카드로 바꾸고, 인적공제 또한 변경해서 공제받은 금액 으로 여행비용 사용

들어오는 돈에서 나가는 돈의 지출을 정리했으니, 이제 재무목표를 세워야 한다. 재무목표가 있어야지 목표를 성공하기 위해 끊임없이 지출을 통제할 수가 있다.

전반적인 계획을 바탕으로 정확한 재무목표 세우기	
1순위	전셋집 이사
2순위	시드머니 2,000만 원 만들기(비상금으로 활용)
3순위	엄마의 노후 자금
4순위	작은 공방을 할 수 있는 자가 마련

연희 씨의 목표는 지금은 떨어져 지내지만 꼭 아주 작은 집이라도 마련해서 엄마와 같이 사는 것이다. 모든 재무목표의 우선한 목적이 명확히 있기에 많이 줄여나가야 한다. 따라서 연희 씨는 월세에 살면서 지출하는 48만 원을 전세로 이사하면서 빌린 대출이자 11만 원으로 월 37만 원을 줄였고, 두 달밖에 남지 않은 휴대폰 할부비 완납으로 통신료를 조정하였다. 또한 기존 신용카드 사용은 체크카드 변경 후 소비품목당 지출 금액을 정해서 지출하기로 했다.

ⓦ 싱글인 연희 씨의 현명한 연말정산 방법은?

연말정산의 특성상 공제금액이 가장 큰 인적공제는 결혼이나 출산, 노부모 부양 등으로 받을 수 있다. 결혼한 맞벌이 부부라면 부부의 소득 차이가 많이 날 경우 소득이 적은 배우자에게 공제를 몰아버리는 것도 좋은 방법이지만, 연희 씨처럼 싱글인 경우에는 이런 방법을 활용할 수 있는 데 제약이 있다.

물론 연금저축이나 연금펀드 IRP계좌 등으로 소득공제율을 더 올릴 수는 있지만, 이는 돈이 묶여버려 갑작스럽게 돈이 필요할 경우 사용하지 못할 수 있고, 향후 연금을 받을 시기에 연금소득세를 내야 하는 단점도 있다.

연희 씨의 경우 월세 계약 당시 2만 원을 깎아주는 조건에 월세에 대한 연말 정산이 없었지만 주거지 이동으로 인해 앞으로 전세자금대출로 들어가는 비용에 대한 공제가 가능하다. 전세자금대출 같은 경우 1년 동안의 상환액(= 원금 + 이자)의 40%가 소득공제가 된다. 청약저축이라고 흔히 말하는 주택청약종합저축의 납입액과 합산해서 공제 최고 한도액은 300만 원이다. 그래서 청약저축의 공제가 없다는 가정하에 연 750만 원까지 전세대출로 나가는 금액에 대해 300만 원(750만 원 × 40%)까지 공제가 가능하다.

연희 씨처럼 청약저축으로 10만 원(1년 120만 원) + 전세자금 대출이자 11만 원(1년 132만 원)씩 납부한다면 원금일부 대출 상환은 498만 원(750만 원 − 120만 원 − 132만 원)까지 공제한도로 상환할 수 있고, 그렇게 되면 300만 원까지 공제가 가능해진다. 이를 일반적인 세율인 15%를 적용받는다고 대략적으로 계산하면 45만 원 정도의 세금혜택을 받게 된다.

연희 씨의 통장 쪼개기

급여통장
은행(10일)

226만 원

순수월수령액
연희　226만 원

비소비성 통장 은행,증권사(25일)		정기지출 통장 은행(25일), 체크카드 사용		비정기지출자금 연간지출
121.3만 원		**104.7만 원**		**240만 원 + 연말정산 환급금**
투자상품비율	55%	월세(전세자금대출 이자)	11만 원	경조사
안전상품비율	45%	관리비,공과금	9만 원	여행비
		교통비	12만 원	미용,의류비
		통신비	4.5만 원	
		생필품	2만 원	
		화장품,옷,미용		
		(비정기지출 항목으로 이동)		
		신용카드	0원	
		(체크카드로 식비 포함 생활비)		
			50만 원	
		보험료(엄마 간병보험 포함)		
			12.2만 원	
		헬스장	4만 원	

> 연희 씨의 회사에서는 급여 외의 인센티브는 따로 없고, 여름휴가와 명절에 상품권을 지급한다. 상품권을 통해 엄마선물과 본인의 물품구입 등을 한다.

> 연간 연희 씨의 주말 아르바이트 소득은 240만 원 발생. 이 금액으로 경조사비용 등의 비정기지출로 활용하려고 함(연말정산 환급금으로 여행비 충당).

05

안전 투자 상품을
원하는 부부

"'원금 손실 가능성 있음'이라는 문구가 싫은 사람들 중 한 명입니다. '원금 보존'이라는 단어가 무조건 들어간 상품이 아니면 돈을 넣고 싶지 않습니다. 왜냐하면 최근 DLS 사태로 더더욱 투자에 불신이 쌓였거든요. 하루에 등락을 반복하는 주식은 아예 쳐다보지도 않았고, 오롯이 지금까지 적금만 했습니다. 그것도 1금융권만 거래하고 있습니다. 예전 2금융권 사태로 2금융권에 대한 신뢰도가 떨어진 상태거든요. 그렇게 저축으로 돈을 모았고, 모은 돈으로 전세 만기 후 지금 살고 있는 전셋집으로 두 달 전 회사 복직하기 전에 이사를 했습니다. 전보다 좀 더 넓은 집으로 이사를 하다 보니 전세 가격이 높아 그동안 모았던 적금과 일부 부족한 금액은 부모님께 빌렸습니다. 부모님께 빌렸던 금액은 재무상담 받기 전 전액 상환했습니다.

이번 이사와 최근 육아휴직을 겪으면서 '앞으로 내 집 마련이 과연 가능할까?'라는 생각이 많아졌습니다. 나름 가계부를 쓰고 있지만, 아이 출산 후 저축은 급여를 받아 지출을 다 하고 난 뒤 남은 돈을 입출금 통장에 모아두는 방식입니다. 언제, 어떻게 돈이 쓰일지 모르기 때문에 그 전에 어디에다 넣기 애매하기 때문이죠. 또한, 높은 금리의 저축 상품을 찾고 있지만, 찾기 어렵더라구요. 이번 재무상담을 통해 출산 후 엉망이 된 듯한 가계부 점검과 더불어 저축을 어떻게 해야 할지 방향을 잡고 싶습니다."

₩ 월 지출현황은?

총수입은 월급여 820만 원과 연상여 520만 원이다.

상담 전	
정기지출	
관리비,공과금	27만 원
식비,외식비,생활용품	102만 원
교통비,유류비	35만 원
통신비(핸드폰,인터넷,TV)	12만 원
부부용돈	50만 원
아이돌봄비용	80만 원
보험료	33만 원
기부비용	4.5만 원
꾸밈비용	3만 원
자녀용품	11만 원
문화생활비용	6만 원
경조비용	15만 원
비정기지출	
명절(가족여행)	90만 원
후가비용	48만 원
자동차관련비용	190만 원
비소비성지출	
자녀저축	10만 원
청약저축	5만 원
입출금통장	잔고 13만 원

상담 후	
정기지출	
관리비,공과금	27만 원
식비,외식비,생활용품	102만 원
교통비,유류비	35만 원
통신비(핸드폰,인터넷,TV)	12만 원
부부용돈	50만 원
아이돌봄비용	80만 원
보험료	33만 원
기부비용	4.5만 원
꾸밈비용	3만 원
자녀용품	11만 원
문화생활비용	6만 원
경조비용	15만 원
비정기지출	
명절(가족여행)	90만 원
후가비용	48만 원
자동차관련비용	190만 원
비소비성지출	
어린이 적금(우대이율)	50만 원
적립식펀드(미국주식형,천연자원,채권,리츠)	
	150만 원
발행어음	20만 원
청약저축	20만 원
개인연금	30만 원
연금펀드	20만 원
금 현물투자	50만 원
달러 직접투자	50만 원
카카오뱅크	50만 원

🆆 보호무역 기조로 인한 안전자산 선호

2019년 한 해 세계적으로 많은 일들이 있었지만, 대외적으로 우리에게 직접적인 영향을 끼친 대표적인 사례로 미중 무역전쟁과 한일 무역전쟁이 있다. 국가 간 무역전쟁은 자국의 보호무역으로 이해관계가 있는 국가와 대립하는 양상으로 글로벌 경제성장률에 악영향을 끼쳤다. 이로 인해 금융시장은 불안해지고 안전자산 선호현상은 가속화되었다. 경제 불확실성이 커지는 시기에는 주식 등 위험자산의 비중은 조금 줄이고 채권 및 대체자산의 비중을 확대해나가는 게 좋다.

이 부부는 최근 이사로 인해 통장의 잔고가 13만 원밖에 없다. 이마저도 지난달에는 마이너스였다. 현재 가지고 있는 금융상품은 자녀저축과 청약저축밖에 없다. 이런 상황에서 이 부부는 당연히 투자상품에 대한 고민을 할 것이다.

🆆 '안전자산 = 은행'. 그런데, 은행은 망하지 않을까?

각 은행에서 1인당 5,000만 원까지 보호해준다는 예금자보호법으로 인해 은행이 부도가 나더라도 예금을 보호받을 수 있다고 생각한다. 여기에는 맞는 부분도 있고, 틀린 부분도 있다. 예금자보호법을 통해 내 돈을 돌려받을 수 있는 기관은 정부도 은행도 아닌 예금보험공사이다.

2009년에 미국의 리먼 브라더스 사태로 미국의 시중은행 곳곳에서 뱅크런 사태가 벌어졌다. 결국 너무나 많은 은행이 파산하다 보니 예금보험공사마저 은행 고객의 예치금을 다 지급할 경우 파산할 수도 있다는 우려 때문에 은행이 정상적으로 회복될 때까지 예치금 지급을 늦추었다. 이처럼 짧게는 1년부터 몇 년

이 지나서야 돈을 찾을 수 있는 경우도 발생했다.

뱅크런

은행을 뜻하는 'bank'와 달린다는 의미의 'run'이라는 두 단어가 합쳐져 만들어진 합성어. 은행에 돈을 맡긴 사람들이 은행의 건전성 문제가 있다고 생각하여, 그동안 저축한 돈을 인출하려는 현상으로, 한꺼번에 많은 고객들이 인출하려 하지만, 은행에 돈이 없어 바로 지급하지 못하는 현상이다.

DLS 사태

은행에서 개인투자자를 상대로 DLS상품이 변동성이 낮아 원금 손실이 거의 없는 비교적 안전한 상품이라 판매했다. 시중 'ㅇ'은행에서 판매한 DLS상품 같은 경우에는 독일 국채금리가 마이너스 0.2% 이상이면 4~5% 수익을 가져갈 수 있고, 그 밑으로 떨어지면 원금 손실이 발생하는 상품이었다. 또한 K은행이 판매한 DLS상품은 영국 CMS(파운드화 이자율스와프) 7년물 및 미국 CMS(달러화 이자율스와프) 5년물 금리를 기초자산으로 연동하는 상품이었는데, 기초자산 금리가 가입 시 금리의 60% 밑으로 내려가지 않으면 3~5% 수익을, 60% 아래로 떨어지면 떨어진 만큼 손실을 주는 상품이었다. 이는 2019년 9월 일부 상품에서 원금 100% 손실이 발생해서 문제가 되었다. 또한 사회보험의 성격을 띄고 있는 고용보험기금도 DLS에 투자, 약 476억 원가량의 손실을 기록했다.

Ⓦ Low Risk, High Return

세상에 100% 안전한 금융상품은 없다. 현재의 은행 금리는 물가상승률보다 더 낮다. 그렇기 때문에 자산의 일부분은 물가상승률을 상회할 수 있는 투자상품에 투자해야지 내 자산을 손해 보지 않는다. 상품 측면에서는 분산투자를 통한 리스크 줄이기와 시간적 측면에서는 단·중·장기의 분배를 통한 위험도 낮추기가 필요하다.

지금보다 좀 더 좋은 전셋집 이사로 통장의 잔고는 제로에 가까워졌다. 현재의 상황에서 포트폴리오상에 공격적인 상품으로 분배만 한다고 문제가 해결되지는 않는다. 부부에게 어느 정도의 투자 비중도 필요하지만, 가장 시급한 건 전세자금으로 모든 자산이 쏠리면서 비상시에 쓸 현금 자산이나 유동성 자산이 없는 문제를 해결하는 것이다.

ⓦ 부부는 어떤 재무목표를 가지고 있을까?

먼저 부부의 재무계획부터 세워야 한다. 그래야 시간에 따른 투자리스크를 줄일 수 있다.

재무순위	재무목표	시기	목표내용
1순위	자녀교육1	5년 이후	자녀의 영어유치원 입학
2순위	주택마련	10년	노후에 제주나 강릉의 주택마련 목표 그전에는 일단 서울에 작은 집 마련
3순위	은퇴자금	30년 이후	주로 개인연금으로 일부를 준비하되 부부의 소득도 고려한 세재혜택이 부여되는 연금펀드도 일부 활용하기로 함
4순위	자녀교육2	18년 이후	물가상승률 헤지를 위한 현물 투자와 리츠 상품을 활용하기로 함
5순위	비상금 (차량교체, 가족 유럽 여행비용)	비상금이 모이는 순간	비상금

부부의 재무목표를 보니 자녀교육이 부부의 재무상황 중 가장 비중이 높다는 걸 확인할 수 있었다. 아내가 외국계 회사에 근무하다 보니 영어교육의 니즈가 굉장히 강해서 아이의 첫 유치원을 영어유치원에서 시작하려는 마음이 컸던 것 같다. 재무상담을 하다 보면 많은 가정들이 주택 마련 시기와 자녀 교육비 지출 시기가 겹치는 걸 볼 수 있다. 그 때문에 주택자금 조기상환이나 은퇴자금 준비 시기를 놓치기도 한다.

🅦 부부의 재무목표에 가까워지기 위해서는?

부부의 1순위 재무목표인 아이교육자금은 취학 전까지 연간 1,200만 원을 넘지 않기로 했으며, 이를 마련하기 위해 어린이적금 우대이율상품과 적립식 펀드(미국주식형과 원자재펀드)를 활용하여 3년 정도 시드머니를 만든 후 채권투자와 연계되는 CMA를 활용하기로 했다.

2순위 목표인 제주도나 강릉 쪽 주택마련은 10년 후쯤 작은 평수로 생각하고 있다. 그렇기 때문에 현재로는 아이 학군이 좋은 동네에 전세로 살다 교육이 끝나는 은퇴시점에 바다가 보이는 곳에 집을 지어 살 예정이다. 그 전까지는 청약을 통해 내 집 마련을 하려 하고 있다. 만약 청약이 당첨되지 않는다면 서울의 주택은 변동성이 있으니 주택구입 전 제주도나 강릉의 대지를 사서 조금씩 지을 집에 대해 준비하기로 했다.

3순위 목표인 은퇴자금의 경우 매월 나오는 연금 소득으로 걱정 없이 노후를 보내고 싶어 한다. 그렇기 때문에 국민연금 외 개인연금 추가 가입을 통해 노후를 더욱 더 탄탄히 준비했다. 물론 노후뿐 아니라 연말정산까지 고려했기에 1석 2조의 효과를 기대할 수 있다.

4순위 목표인 자녀의 대학입학자금은 부부의 노후준비만큼 기간이 많이 남아 있기에 장기적인 투자계획을 세워 공격적으로 운영하기로 했다. 투자상품에 대한 경험치 부족으로 두려움은 가지고 있지만 필요성은 누구보다 더 강하게 느꼈기 때문에 장기계획에 활용하기로 했다. 그 방법으로는 매달 금을 직접 사고, 연상여금은 매달 50만 원씩 달러로 환산해서 적립하기로 했다.

5순위 목표인 비상금의 경우 카카오뱅크를 통해 비상금을 모아 아내와 같이 관리하기로 했다. 급여 이외의 부수적인 금액이 들어오면 모두 여기에 적립하기로 했다.

이러한 목표달성을 위해 부부는 부부의 성향을 닮은 안전자산을 활용해 돈을 모으기로 했는데, 상품으로는 발행어음과 채권형 펀드상품 위주로 이자율을 높이는 방법을 선택했다.

💰 그렇다면, 누수지출은 없을까?

미래에 대한 준비과정을 하나씩 풀어나가면서 결국 이 부부는 지출을 줄여야 한다고 판단했다. 그러자 대뜸 "어떤 항목을 줄일까요?"라는 질문이 나왔고 식비와 부부 용돈, 아이 돌봄 비용 등이 목록에 올랐다. 부부의 총 비정기지출을 제외한 정기지출 금액은 378.5만 원이다. 더 큰 전셋집으로의 이사, 아이 출산으로 인해 비정기지출이 갑자기 늘어나고 아내의 일시적인 소득단절(현재 복직)로 부부는 가정경제의 일시적인 어려움을 느꼈다. 이는 정기지출과 비상금으로 활용할 비정기지출의 통장 쪼개기로 충분히 해결할 수 있다.

갓난아이가 있는 맞벌이 부부에게 무조건식 지출 줄이기는 오히려 독이 될 수 있다. 그래서 일단 부부의 통장을 급여 통장, 상여·비상금 통장, 투자 통장, 생활비 통장으로 쪼개기부터 했다. 그리고 가계부를 3개월 정도 쓰면서 누수되는 지출이 정확히 어떤 항목인지 짚어나가기로 했다.

재무설계와 자산관리의 가장 기본은 돈을 버는 순간부터 독립자금 모으기를 시작해서 노후 연금까지의 모든 비용을 산출해 하나씩 준비해나가며, 동시에 어느 한쪽에 쏠리지 않게 분배해나가는 것이다. 이는 현재의 상황에 맞추어 저축 및 지출 비율을 조정하는 것이지, 어느 특정 분야만 준비하는 것은 아니다. 이럴 경우에는 세로 저축의 형태로 불균형을 초래해 비상자금이 준비되지 않는 한 계속 구멍 난 바가지의 형태를 이루게 되어 있다. 이 과정에서 부족 자금을 해결하고자 누수된 지출, 목적과 거리가 먼 상품을 수정하는 것이다. 자산관리는 이렇게 하나씩 준비된 자산들을 다양한 은행과 보험사 · 증권사 등 금융기관에 투자하거나 부동산 구입 등의 방법으로 키우거나 보관하는 방법이다.

물론 소득은 한정적이고 소비는 평생 계속되기 때문에 자산관리의 가장 기본도 일생에 걸쳐 자신이 벌어들일 소득을 예상하고 이를 언제, 얼마만큼 소비하고 어떻게 저축해서 자산을 불리고 키울지 미리 계획을 세우는 것이 가장 중요하다. 따라서 젊었을 때 미리 훗날의 자금을 예측하고 미래의 물가상승률 대비 화폐가치를 고려해야 한다. 또 적절한 현물투자와 수익성도 생각해야 한다. 특히 버는 기간보다 쓰는 기간이 더 많기 때문에 누수지출은 항상 신경 써야 한다.

06

맞벌이 부부의 오피스텔 투자 어떨까요?

"초등학생 2, 4학년의 두 자녀를 키우고 있고 40대를 코앞에 둔 동갑내기 맞벌이 부부입니다. 저희 부부의 소득은 월 세후 610만 원으로, 월급 외에 어떠한 기타 소득도 없습니다. 자산이라고 해봤자 집값이 조금 뛴 아파트 한 채(대출 1.3억)와 자동차 두 대입니다. 최근에 오피스텔을 구입했는데, 오피스텔의 경우 현재 1,000만 원만 넣어둔 상태입니다.

지출이야 다른 집과 비슷한 상황으로 공과금, 생활비, 보험료, 교통비 등··· 뻔한 상황인데, 뻔한 상황에서 갑자기 발생하는 지출(의료비, 의류비, 경조사 등)이 생기게 되면 어쩔 수 없이 식비 및 생활비에서 줄여야 하는 것 같습니다. 성장기 아이들이다 보니 아무래도 잘 먹여야 한다는 생각이 큰 편인데, 빠듯하게 돌아가는 지출 때문에 고민이 많습니다. 또한, 애들 교육비의 경우 무작정 줄일 수 있는 상황도 아니고, 건드리기 꽤나 민감한 곳이다 보니 줄이기가 잘 안 되는 항목입니다. 정말 교육비는 항상 고민하게 만드는 지출 같습니다. 이런 지출 고민 때문에 오피스텔 작은 평수로 한 채 사서 임대를 놓을까 해서 구매하게 되었습니다.

앞으로 더 많은 지출이 발생할 것 같은데, 어떻게 저의 가계부 상태를 만져야 하는지 고민입니다."

❤️ 월 지출현황은?

    부부의 총수입은 월 610만 원이며 자산은 아파트 한 채, 자동차 2대, 오피스텔 분양권(내년 입주 전까지는 무이자 대출, 입주 시 3천만 원 필요), 부채는 아파트 대출 1억 3천만 원이다.

상담 전	
정기지출	
관리비,공과금	15만 원
식비,외식비,생활용품	140만 원
대출상환	73만 원
통신비(핸드폰,인터넷,TV)	18만 원
보험(건강,자녀,암,치아보험)	48만 원
자동차유류비	58만 원
자녀교육비	100만 원
비소비성지출	
청약저축(큰아이)	2만 원
청약저축(작은아이)	2만 원
적금(큰아이)	10만 원
적금(둘째아이)	10만 원
적금(생명보험)	50만 원
비상금	80만 원

상담 후	
정기지출	
관리비,공과금	15만 원
식비,외식비,생활용품	90만 원
대출상환	73만 원
통신비(핸드폰,인터넷,TV)	13.6만 원
보험(건강,자녀,암,치아보험)	29.5만 원
자동차유류비	58만 원
자녀교육비	100만 원
부부용돈	50만 원
비정기지출	
미용, 의류	150만 원
명절비	70만 원
여행비	150만 원
경조사	100만 원
비소비성지출	
청약저축(아빠)	2만 원
적금(큰아이)	10만 원
적금(둘째아이)	10만 원
통신사연계적금	20만 원
비대면 저축은행계좌	20만 원
발행어음	16만 원
조합원저축	30만 원
노후연금	25만 원
적립식펀드(혼합형 펀드,해외부동산,미국주식형)	
	30만 원
직접 금 투자	17만 원

🅦 오피스텔 투자에 대한 분석은 제대로 했는가?

요즘 들어서 자가주택을 마련하는 시기가 더 앞당겨졌다. 한동안의 폭발적인 부동산 상승을 보면서 무리한 대출을 하더라도 일찍 집을 사고 싶어 한다. 이 부부처럼 30대 중반이 되어 첫 주거용 주택을 마련한 후, 30대 후반이나 40대 초반이 되면 임대용 부동산에 대해 알아보기 시작한다. 이럴 때 얼마의 초기 비용이 들지 않는 오피스텔은 굉장히 매력적이다.

부부는 자택 근처의 시내를 돌다가 우연히 오피스텔 상담을 하게 되었고, 초기 1,000만 원을 납입 후, 60% 무이자 대출 후 입주 시 잔금 3,000만 원을 내면 큰돈이 당장 안 들어간다는 말을 들었다고 한다. 부부는 또한 아무리 시외 끝자락이라도 몇 년 후 광역버스와 도로망이 확충되고 더 좋아지면, 기존 경전철로 인해 인구 유입이 많아질 거라고 판단했다고 한다.

부부는 임대수익을 바라보고 투자했기에 투자를 생각하는 시점과 동시에 부가가치세, 종합소득세 등을 고려한 채 투자계획을 세워야 한다.

가장 큰 장점으로는 아파트나 빌라 투자보다 투자금액이 적고, 적은 금액이라도 꼬박꼬박 월세 수입이 생기므로 괜찮은 플러스 소득 투자라는 점이다. 단, 여기에 "필수 조건"이 붙는다. 수요적인 요소인 찾는 사람이 많아야 하고, 공급적인 부분에서는 공급물량이 따라가지 못하여야 하며, 분석적인 요소에서는 월세 수요가 많은 지역이어야 한다. 즉, 대학가나 업무지역 등이 오피스텔을 투자하기 좋은 지역이라는 거다.

그렇다면, 가장 큰 단점으로는 공실과 환급 수익성이다. 대체적으로 평수 대비 오피스텔의 관리비가 아파트보다 비싸기 때문에 공실이 생긴다면, 임대수익

빼고도 관리비의 부담도 따를 것이다. 그렇기 때문에 처음에 위치 분석이 정말 중요하다. 하지만, 만만치 않는 복병이 있다.

장기적으로 보면 환급 이익성에서는 오피스텔의 수익성이 많이 떨어진다. 처음에 오피스텔을 지을 때 이미 최고의 용적률로 건축하기 때문에 기존의 재건축 아파트처럼 용적률이 상향되어서 재건축되는 게 불가능하다. 그래서 오피스텔의 특성상(특히 임대 소득 목적의 오피스텔) 신축 오피스텔을 찾는 임차인이 많기 때문에 건물이 노후될수록 임대 소득은 자꾸 떨어지며 공실 확률이 높다.

오피스텔은 아파트처럼 억 단위로 프리미엄이 형성되기 힘들다. 그러기 때문에 단기로 소액의 시세차익을 남기는 거래 목표를 가지고 투자해야 한다.

마지막으로 임대 오피스텔의 특성상 세입자가 자주 바뀐다면 거기에 따른 임대수수료, 부동산 연결 수수료도 꼭 고려해야 할 사항이다.

ⓦ 오피스텔로 인한 재무계획이 변경될 수 있다

부부가 살고 있는 지역은 현재 자족도시의 형태가 아니다. 부부의 서울 직장과 가장 가까운 곳에 아직까지 다른 곳보다 저렴한 지역이다. 일자리와 문화, 쇼핑, 교육, 주거가 잘 갖추진 특정 산업이나 기능을 중심으로 하여 만든 자급자족형 복합 도시의 기능보다는 베드타운이라는 이미지가 더 강하다. 물론 지속적으로 시 자체에서 변화하고 있지만 아직은 아니다. 여기에 덧붙여서 재무계획을 세울 때에도 오피스텔로 인해 계획과 투자 형태가 바뀔 수가 있다.

오피스텔 투자 지속 시

1순위	오피스텔 입주자금 모으기
2순위	주거용 아파트 및 오피스텔 대출 상환
3순위	비상금

　현재 가지고 있는 돈으로 오피스텔을 구매했기에 비상금이나 목돈이 없는 상황이다. 즉, 입주금을 마련해야 하고, 대출 상환을 제외한 오피스텔 입주금이나 비상자금을 단기적으로 모아야 하기에 안전자산 중심으로 운영해야 한다. 즉, 물가상승률을 상회한 투자수익을 가져가기에는 힘들다.

오피스텔 투자 종료 시

1순위	비상금
2순위	아이교육자금
3순위	주거용 아파트 대출 상환
4순위	노후준비 및 시드머니 마련

　오피스텔 투자 종료 시 매도에 따른 비상자금을 바로 만들 수 있다. 또한, 시간을 두고 가로 저축의 형태로 밸런스 있게 교육자금, 대출상환, 노후준비, 시드머니를 준비할 수 있다.

ⓦ 숫자상으로 80만 원이 남아야 한다. 그런데, 왜 남는 돈이 없을까?

신용카드 지출 때문일 수도 있다. 그러나, 정확히 가계부에 있다. 이 간단한 가계부도 부부가 머리 맞대고 고민하며 작성했다. 부부는 소비항목을 정확히 나누는 연습을 지금까지 안 해왔다. 그러기에 이외에 들어가는 비정기지출(경조사비용, 여행비 등)의 비용을 정확히 산출하지 못했다.

일단 부부에게 가계부 목록 나누기와 이에 따른 통장 나누는 법을 먼저 실행하고 소비항목을 하나하나 점검해봤다. 다행히 부부는 명절과 휴가비용으로 1년에 500만 원 정도의 상여금을 받고 있었다.

부부의 상여금을 만들어 비정기지출 통장으로 활용할 수 있게 되다 보니 현재 생필품으로 지출하고 있는 이, 미용 비용 등의 지출을 생활비 목록에서 제외함으로써 생활비 부분을 줄일 수 있었다. 통신비도 새로운 요금제로 전환하다 보니 좀 더 줄일 수 있었다. 또한 기존의 보험에서도 중복되는 보험과 적립금(보험 만기 시 환급 : 부부가 100세)을 삭제해서 보험료를 줄였다. 그리고 적금이라고 말하는 50만 원짜리 종신보험(유튜브에서 재테크 전문가라는 사람이 특판 3.5% 상품이라며 소개해서 가입했다 함)을 해약환급금 예시표를 의뢰해서 바로 분석 후 해지했다. 마지막으로 아이의 청약통장이 아닌 부부의 청약통장을 만들어 혹시나 모를 민영 아파트에 대한 부동산 투자 준비를 하기로 했다.

지운, 혜원 씨의 통장 쪼개기

급여통장
은행(10일, 25일)
610만 원
순수월수령액

지운	302만 원
혜원	308만 원

비소비성 통장		정기지출 통장		비정기지출자금 연간지출	
은행,증권사(25일)		은행(25일), 체크카드 사용			
180만 원		**429.1만 원**		**통장** 340만 원+ 500만 원	
				비상금 1,000만 원	
투자상품비율	40%	관리비+공과금	15만 원	미용,의류	150만 원
안전상품비율	60%	생활비(식비,외식비,생필품)		명절비	70만 원
			90만 원	여행비	150만 원
		대출상환	73만 원	경조사	100만 원
		휴대폰+TV+인터넷	13.6만 원		
		보험	29.5만 원		
		자동차 유류비	58만 원		
		자녀 교육비(아이 용돈 포함)			
			100만 원		
		부부용돈(추가항목)	50만 원		

> 지운, 혜원 씨는 급여 외에 인센티브는 없지만, 여름 휴가와 추석·설날에 떡값을 받는다. 떡값을 CMA통장으로 이동하여 비상금과 비정기지출 통장으로 활용하기로 함

> CMA(수시)현재 : 부부의 보험 중 적립금 삭제로 인한 환급금, 종신보험 해지금의 환급금 총액으로 총 1,340만 원을 수령, 이중 1,000만 원은 가족의 비상금, 나머지 340만 원은 비정기소비통장에 적립해 떡값과 함께 새로 산출한 비정기지출의 소비통장으로 활용하기로 함

07

남편은 주식, 아내는 부동산 투자! 저희 부부 잘하고 있나요?

"저희 부부는 아이 욕심과 임신에 대한 계획이 없습니다. 또한 주택에 있어서 아파트에 대한 욕심도 없습니다. 일할 수 있는 동안 열심히 일해서 돈 벌고, 일할 수 없는 노후에 풍족하게 보내자는 결론하에 만약을 대비한 보험과 연금 목적의 저축보험을 가입하고 나서 나머지는 지출하는데, 지출 후에도 남는 돈은 자유 저축을 하고 있습니다.

하지만, 얼마 전부터 모든 게 바뀌어버렸습니다. 남편 직장 동료는 이번 코로나 사태로 주식으로 20% 가까이 돈을 벌었다 하고, 만나는 주위 모든 사람들이 주식 이야기를 하고 있습니다. 물론 제가 다니는 저의 직장 동료와 친구들도 주식 이야기를 많이 해요.

그러다 보니 저희 부부도 주식에 관심을 갖게 되었고, 합의하에 매달 100만 원씩 주식 투자를 해 보는 게 어떨까 하고 생각한 뒤 지난달부터 주식 투자를 시작하게 되었습니다. 운인지 동료의 정보 가 좋은 건지 계속 조금씩 수익이 나게 되었고, 그로 인해 조금씩 욕심이 생기네요. 그래서 보험 약 관대출을 받아 최근에 꽤 많은 금액으로 주식을 하고 있는데, 남편과 저, 계속 불안감과 환희를 왔다 갔다 하다 보니 삶 자체가 조금씩 무너지는 느낌이 듭니다. 저희, 주식거래를 계속해야 되 나요? 아님 얼마 정도 투자비율을 두고 해야 하나요?

두 번째 고민은 주택에 대한 욕심이 없다 보니 전세로 살고 있는데, 자꾸 주위에서 부동산으로 돈을 벌어야지 빨리 자산을 축적할 수 있다는 말에 회사 언니와 현재 거주하고 있는 지역의 신축 빌라 집을 보게 되었습니다. 새 집에 예쁜 인테리어, 공기청정기가 달린 엘리베이터도 있고, 회사와도 가까워 마음에 들더라고요. 또한 분양하는 곳에서 지금 살고 있는 집이 빠지지 않는다면 새 집의 전세까지 신경 안 쓰게끔 매물자를 찾아준다고까지 하더라고요. 저렴하게 집을 구하는 마지막 기회에다 지역 특성상 사다놓으면 조만간 재개발해서 큰돈도 벌 수 있다고 합니다. 회사 언니는 구입 하려고 생각 중인데, 저 또한 심각하게 마음이 흔들리네요."

₩ 월 지출현황은?

총수입은 남편 월급여 355만 원과 아내 월급여 298만 원, 그리고 연상여금 950만 원이다. 서울 ○○구 빌라 전세 2억 5천만 원에서 살고 있으며, 부채는 전세자금대출로 남편 회사에서 5천만 원을 무이자 대출받은 것이다.

상담 전		상담 후	
정기지출		**정기지출**	
관리비,공과금	15만 원	관리비,공과금	15만 원
식비,외식비	120만 원	식비,외식비	70만 원
교통비,유류비	36만 원	교통비,유류비	36만 원
통신료,인터넷,TV	14만 원	통신료,인터넷,TV	9.4만 원
부부 보험	55만 원	부부 보험	23만 원
약관대출이자	10.5만 원	약관대출이자	0만 원
부부 용돈	100만 원	부부 용돈	70만 원
남편 회사 대출상환	100만 원	남편 회사 대출상환	100만 원
문화여가비,생필품	15만 원	문화여가비,생필품	15만 원
비정기지출		**비정기지출**	
자동차세금,보험	140만 원	자동차세금,보험	140만 원
명절비용,양가선물	200만 원	명절비용,양가선물	200만 원
의류비	200만 원	의류비	200만 원
경조사	150만 원	경조사	150만 원
휴가비	180만 원	휴가비	180만 원

비소비성지출	
주식직접투자	100만 원
자유저축	30만 원
저축보험	30만 원

비소비성지출	
정기저축	100만 원
부부의 청약통장	22만 원
주식직접투자	60만 원
적립식 펀드	50만 원
노후연금	40만 원
금 현물 투자	30만 원
CMA	12만 원

ⓦ 코로나19로 주식 시장, 부동산 시장이 변화했다

코로나가 바꿔놓은 게 비단 마스크 착용만은 아닌 것 같다. 한동안은 맑은 하늘도 볼 수 있었고, 예전에 마스크를 끼지 않고 살았던 삶도 너무나 고맙다는 것도 느꼈다. 또한 순간 폭락한 주가도, 아직 코로나 사태가 종결되지 않았고 백신이 만들어지지 않았지만, 개인투자자들의 노력 때문인지 단기간에 많이 회복되었다. 부동산 시장 또한 조금 조정을 받더니 지역을 돌면서 꿈틀되고 있다.

"투자를 한다는 건 분명 잘못한 일이 아니다."

그러나, 여기에는 전제 조건이 있다.

첫째, 은행 금리보다 물가상승률이 더 높아야 한다.

둘째, 고수익을 원한다면 그만큼 고위험을 감당해야 하기 때문에 기대수익이 높은 재테크 대상일수록 여윳돈을 가지고 투자해야 한다.

셋째, 투자로 인해 돈이 묶여버려 필연적으로 다가올 미래의 재무상황을 포기하는 일이 벌어지면 안 되기 때문에 유동성 확보를 위한 비상금을 마련한 후 투자라든지, 미래의 목적자금 등을 안정적으로 적립하면서 일정 비율만큼 투자를 하는 방법도 좋다.

넷째, 자신만의 투자 원칙이 정확히 정해져야 한다. 특히 '주식 시장'에서는 투자회사의 뉴스가 나오기 시작하면 귀신같이 주식이 떨어진다는 속설이 있듯이, 소문으로 부화뇌동하지 말고 정확한 근거나 원칙을 가지고 투자를 해야 한다.

다섯째, 싸게 살 수 있으면 최대한 싸게 사야 한다. 주식 시장 같은 경우에는 공모주 청약의 방법과 장이 끝난 후에도 단일가 거래가 가능한 시간 외 거래 등의 방법도 있고, 부동산 같은 경우 대표적으로 분양이 있다. 또한 지역의 개발 등으로 인해 공급 부족이 예상되는 지역 같은 경우에는 인근 지역의 갭투자 형태도 나쁘지 않다.

투자에 대한 어떤 원칙이 있는지 스스로에게 물어보자

부부의 주식 투자에는 남편의 직장 동료가 있으며, 아내가 생각하는 부동산 투자에는 분양사 직원이 있다. 여기에서 문제는 부부가 스스로 공부하고 준비하는 부분이 없다는 거다. 언제까지 옆 동료가 정보를 줄 수는 없다. 또한 그 정보에 의한 주식 투자가 매번 연승을 거둘 수는 없다.

주식 투자를 할 때는 기본적인 차트와 거래량 분석, 영업실적이나 유상증자, 특허출원 등의 공시 등을 수시로 확인해야 한다. 부동산 시장 또한 처음 재테크를 시작한다면 좀 더 장기적인 관점으로 접근해서 특정 기간을 보유하거나 거주를 통한 양도 차익에 대한 비과세 부분 등이 포함되는 각종 세금 등을 고려해야 한다.

남편의 주식 투자가 보험의 약관대출까지 받으며 하기에는 위험성도 그만큼 크다는 거고, 무주택의 부부가 다른 대출을 받고 전세까지 끼며 지금 주택에 투자하기보다는 물론 합격 커트라인이 많이 높지만 청약을 통한 분양의 방법이 낫지 않을까 생각한다.

재개발이나 재건축은 거기에 맞는 몇 가지의 "절차"라는 게 있는데, "조합"도 만들어지지 않는 지역에 언제 재개발을 한다는 것인가? 조합을 설립하고, 거기에 따른 조합 인가를 받고, 사업 계획에 따른 사업 인가를 받고, 시행령이 떨어지고 나서도, 몇 년이 걸리는 게 재개발인데, 옆 동네가 재개발한다고 내가 투자할 동네가 바로 재개발되지 않는다. 또한 이왕 투자라는 걸 한다면 좀 더 여유 있는 환경에서 장기적으로 투자를 하는 게 리스크를 줄일 수 있다.

가령 부부는 "부부는 회사 내 단체보험 가입돼 있으며, 심지어 점심도 저렴하게 먹을 수 있다." 부부의 가치관을 바꾸라는 건 아니다. 부족하지 않게 쓰고 즐겨라! 하지만 누수되는 지출은 틀어막고 소비를 하게 되면 좀 더 투자를 안정적으로 하지 않을까? 내가 투자할 옆 동네가 재개발된다고 해서 내가 투자할 부동산이 바로 재개발이 이루어져 큰돈을 벌 수 있다는 생각을 버려야 한다.

💲 누수된 지출과 투자의 대상을 바꿔보자

부부의 현재 현금흐름표를 들여다보면, 크게 몇 가지 개선사항을 실천할 수 있다.

첫째, 누수된 지출로 보험과 식비다. 보험의 경우, 회사의 단체보험이 있는데도 개인보험에는 보장성보험료뿐 아니라, 만기 때 지급하는 적립보험료가 과하게 들어있었다. 그래서 약관 대출된 적립보험료를 빼버리고 중복보장을 정리해서 보험을 심플하게 정리했다. 점심 식비의 경우 회사 내 구내식당이 있음에도 불구하고 외부 식당을 자주 이용했었는데, 이 부분은 구내식당과 외부식당 비율의 기준을 정해놓고 지출하기로 했다.

둘째, 지출하지 않아도 될 법한 10.5만 원의 약관대출 이자다. 현재 주식 투자 때문에 거의 해지금만큼의 적립금을 약관대출받아서 주식 투자를 하고 있다. 이자만큼 수익이 나오지도 않는 부분과 원래 연금 목적으로 가입한 저축상품인데, 연금 전환 시 연금액이 정해지는 상품이기에 순수 연금보험과 성격이 달라 맞지 않다. 순수 연금보험의 경우 연금보험 가입 시 경험생명표를 적용해 연금 지급액을 결정한다.

경험생명표

우리나라의 경우 3~5년 주기로 경험생명표가 바뀐다. 특히 연금보험과 관련된 평균수명은 계속 늘어나고 있다. 따라서 사망보험금을 지급하는 종신보험의 경우에는 고객의 사망시기가 늦어지기 때문에 사망보험료를 지급해야 하는 시기가 길어져서 납입해야 할 보험료는 줄어든다. 연금의 경우에는 반대로 생존기간이 길기 때문에 동일한 연금보험료 대비 지급해야 할 연금액이 줄어든다.

셋째, 소득에 비해 저축과 투자가 적다. 이들 부부의 재테크 목적 부분의 기초인 청약저축으로 투자하고, 세제혜택을 받기 위해서 무주택 세대주인 남편 같은 경우에는 세제혜택을 받을 수 있는 금액만큼, 아내 같은 경우에는 최소한의 금액인 2만 원의 금액으로 매월 적립하는 방법으로 준비했다. 또한 현재의 월 주식 투자 금액을 좀 줄이고, 다른 분산투자를 통해서 리스크를 좀 줄이기로 했다. 부부의 현금흐름표를 일부분 수정해서 미래의 주택에 관련된 부분, 비상시에 대비한 부분, 노후에 대한 부분을 조금씩 준비해나가기로 했다. 또한 월 주식 직접투자 금액의 비중을 좀 줄여서 여러 분산투자를 통한 리스크 줄이기를 시도했다.

넷째, 일정 비율의 투자를 한다. 주식 투자가 무조건 나쁜 것은 아니다. 하지만 부부는 앞으로 살아가면서 맞이해야 하는 상황들이 있다. 그렇기 때문에 일정비율 이상의 투자는 오히려 위험한 상황을 가져올 수 있다. 또한 이런 투자로 인해 준비하지 못한 재무상황이 도래했을 때는 오히려 시급한 유동성 확보로 주식마저도 플러스, 마이너스에 상관없이 판매해야 한다. 그래서 몇 가지 원칙을 정했다.

포토폴리오에서 아이 계획이 없기에 노후에 대한 준비와 비상금에 대한 마련부분, 분산투자를 하기 위해 금 투자 등의 현물투자, 안전을 위한 예비장치인 안정자금에 대한 저축의 약속을 일순위로 정하고, 소비에 있어서도 급여가 들어오면 저축부터 먼저 하고 소비를 하기로 했다.

주식에 대한 원칙도 정했는데, 월 저축액의 20%선인 60만 원을 넘지 않기로 했다. 또한 주식 투자에 있어서 기본적인 차트 공부를 하면서 주식 투자와 매수와 매도의 원칙을 세우고 지키기로 했다(분할 매수와 분할 매도의 원칙을 약속). 마지막으로 Per와 ROE의 수치를 보고, 추세 상황에 맞춘 매수 및 매도를 하기로 약속했다.

Tip

주식 투자 시 기준점이 되는 용어

PER(Price Earning Ratio ; 주가수익비율)
주가를 주당순이익(EPS)으로 나눈 수치로 계산되며 주가가 1주당 수익의 몇 배가 되는가를 나타내는데 이를 통해 회사의 주식가치가 고평가되었는지 저평가되었는지 알 수 있다.
예를 들어 1주당 가격이 10만 원인 회사의 1주당 순이익이 1만 원이라고 하면 그 회사의 주가수익비율인 PER은 10이 된다. 즉, PER가 10인 회사는 주식의 가격이 수익에 비해서 10배의 가격으로 매매되고 있다는 이야기이며, PER가 낮다는 것은 주당순이익에 비해 주식가격이 낮다는 것을 의미한다. 그렇기 때문에 영업실적의 개선이 보이는 기업의 PER 값이 낮다면 앞으로 주가가 올라갈 가망성이 높다고 해석할 수 있다.

이번 코로나 사태로 처음 주식 시장에 입문하여 돈을 벌었다는 사람들의 이야기가 자주 들린다. 운이 좋아서 한두 번 수익은 낼 수 있다. 하지만 계속 이익을 낼 수는 없기 때문에 손실도 있기 마련이다. 그때 계속된 이익과 성공의 확신으로 단 한 번의 손실이 수익금액보다 더 크다는 거다. 그렇기 때문에 재테크에 있어서 재테크 종목에 대한 분산투자, 직접투자, 간접투자에 대한 분산투자, 시간에 따른 분산투자 등 여러 분산투자를 고려해야 한다.

부동산 또한 강남이나 송파에 재개발 호재로 인해 집값 부분이 다시 꿈틀거린다고 하지만, 서울의 모든 곳이 동시다발적으로 재개발되지 않는다. 또한 부동산은 여러 가지 세금들을 고려한 투자를 해야 하고, 싸게 살 수 있는 확실한 방법인 '분양'이라는 방법을 기본으로 깔고 간 상태에서 내가 모은 돈과 상환을 고려한 대출을 통한 투자금의 적절한 분배를 통한 다양한 투자 방법(세금에 따른 급매, 경매, 분양권 매매) 등을 활용해야 한다.

재테크를 흔히 마라톤이나 등반에 비교하기도 하는데, 온갖 고난을 극복하고 정상에 오르거나 완주를 하게 되면 성취감이 크게 다가오지만 그 이면에는 한 번의 성공이 아닌 수많은 실패가 존재했다는 걸 잊으면 안 된다. 정확히, 투자라는 것은 자기 자신이 하기로 결정했기 때문에 모든 책임은 자기 자신에게 있다는 걸 잊지 말자!

Tip

금 투자 방법

금 투자 방법은 직접투자(현물투자와 금 거래소 투자)와 간접투자의 방법으로 나누어진다. 직접투자의 가장 대표적이고 쉬운 방법은 금은방에서 직접 매매하는 방법이다. 큰 장점으로는 단골이 되면 어느 정도의 시세조정이 가능하다는 거다.

또 다른 직접 매입방법 중 하나가 골드바 거래인데, 한국조폐공사, 은행, 증권사 등을 통해 금괴를 직접 살수 있다. 현물 매입 시 당연히 부가세 10%가 발생한다는 게 가장 큰 단점 중 하나이며, 또한 기관에 따라서 다르지만 수수료 또한 발생하며 골드바를 제작할 경우 제작비용까지 지불해야 한다.

또한 주식처럼 직접 거래할 수 있는 금 거래소를 통한 투자 방법도 있다. KRX 금 거래소에서 거래하는 방법의 가장 큰 장점으로는 거래 단위가 1그램 단위로 가능해서 비교적 소액으로도 가능하고 매매차익에 대해서 비과세가 된다는 거다. 또한 장내 거래 시 부가세가 면제된다.

간접거래 방법 중 대표적인 방법이 계좌에 돈을 입금하면 은행이 입금액만큼 무게로 환산해서 적립해주는 골드뱅킹이 있는데 장점으로는 작은 그램수의 거래도 가능하다는 것이다. 단점으로는 간접투자다 보니 취급수수료가 발생하고 배당소득세도 발생한다. 또한 금펀드나 DLS, 선물가격이 반영되는 ETF나 ETN 상품들이 있는데, 배당소득세(매매차익의 15.4%)나 양도소득세(양도 차익의 22%) 부과도 유념해야 한다.

코로나의 장기화로 인한 전 세계 경제의 불확실성 증대로 안전자산이 중요해지면서 금을 투자수단으로 인식하는 경향이 늘어났다. 실제로 우리나라의 경우 금 거래소 투자자의 56.1%가 30대 이하(2020년 7월 1일 기준)다. 이렇듯 금 투자와 같은 경우 시장상황에 따라서(시장의 불확실성일 때) 반대 투자로도 매력 있는 상품이다.

06

이런 좋은 제도,
알고 있니?

01

꼭 주택을 사지 않아도 되는 정부의 임대주택제도

주택은 잠을 자거나 쉴 수 있는 공간이다. 이런 주택이 어느 순간부터 최고의 재테크가 되었고, 고공으로 치솟는 집값으로 인해 현재 정부에서는 많은 규제책이 나오고 있다. 이런 규제책이 나올 때마다 매번 나오는 의견들 중 하나가 강남이나 신도시에 더 많은 임대주택을 건설해달라는 것이다. 이러한 정부의 임대주택 제도는 크게 두 가지로 나누어진다.

주택을 지원하는 임대제도

주택 임대제도에는 저렴한 보증금이나 임대료로 장기적으로 거주할 수 있는 임대주택 또는 대학생이나 사회초년생, 신혼부부 등 젊은 층을 위한 행복주택이 있다. 이런 임대주택은 주거안정을 위해 국가재정과 주택도시기금을 지원받아 건설하고 공급한다.

ⓦ 보증금을 지원하는 임대제도

전세금을 지원해주는 전세임대 제도로, 1~2%의 저렴한 이자가 특징이다.

무주택 서민 임대주택

구분	국민임대	50년 임대	분양후전환임대주택
대상기준	무주택 세대구성원&도시근로자 가구원수별 가구당 월평균 소득의 70% 이하	세대원전원 무주택세대구성원 •1순위 : 주택청약종합저축 가입 1년(수도권 6개월)이 경과된 자와 매월 월납입금을 12회(수도권외 6회) 이상 납입자 •2순위 : 주택청약종합저축 가입자와 1순위 제외자	•무주택세대구성원과 소득 자산기준 충족자 •노부모부양, 다자녀가구, 신혼부부(맞벌이)의 경우 월평균 소득 120% 기준 적용 •생애최초, 신혼부부(배우자 소득이 없는 경우), 일반공급(공공주택 중 전용면적 60㎡ 이하)의 경우 월평균 소득 100% 기준 적용
자산기준	(총자산) 2억 8,000만 원 이하 (자동차) 2,499만 원 이하		(부동산) 2억 1,550만 원 이하 (자동차) 2억 7,990만 원 이하
임대 의무기간	30년	50년	5년, 10년 임대 후 분양 전환
임대료	시세대비 60~80%	시세대비 60~90%	보증금 + 임대료 (시중 시세 이하에서 결정)

젊은층의 주거 불안 해소를 위한 대표적인 임대주택

구분	행복주택
대상기준	무주택&소득 · 자산기준을 충족하는 대학생, 청년, 신혼부부, 산단근로자 등
소득기준	•도시근로자 가구원수별 월평균소득 100% 이하인 자 •대학생(본인+부모) 소득, 청년(본인)의 경우 80% 이하 기준 적용
자산기준	(총자산) 2억 8,000만 원 이하(2019년도 기준) / (자동차) 2,499만 원 이하(2019년도 기준)
임대의무기간	대학생 · 청년(6년), 신혼부부(6~10년), 주거급여수급자 · 고령자(20년)
임대료	시세대비 60~80%

자료 / 한국토지주택공사 참조

02

집주인이 국가인
정부의 전·월세제도

목돈 마련이 어려운 서민들이나 신혼부부, 대학생들에게는 내 집 장만보다 먼저 주거부터라도 안정되었으면 하는 생각을 많이 한다. 특히 월세에 대한 비용은 버려지는 돈으로 인식하기 쉽기 때문에 전세로 이사 가고 싶지만, 전세금인 목돈이 없기 때문에 고민이 깊다.

대학교를 갓 졸업하고 취업을 하고 나면 대학다닐 때 받은 학자금 대출의 상환과 독립 후 월세 및 생활비로 많은 돈을 저축하기 어렵다. 특히 소득이 적거나 연령대가 어릴수록 더욱 그렇다. 이럴 때 저소득층의 주거안정 지원책을 위해서 국가에서 지원해주는 제도가 LH전세임대제도다.

LH전세임대제도는 지원대상에 따라 '기존주택전세임대', '신혼부부전세임대', '청년전세임대'로 나눠지는데, 기존주택전세임대는 입주자가 직접 거주할 집을 찾으면 LH가 주택소유자와 전세계약을 체결한 뒤 입주대상자에게 저렴하게 재임대하는 구조이다. 소득 50% 이하, 장애인, 수급자, 한부모가족, 부도임대퇴거자, 긴급지원대상자, 유공자 등이 시 · 군 · 구청이나 LH로 신청하면 심사를 거쳐 최종 입주자를 선정한다.

전세지원금은 수도권 9천만 원, 광역시 7천만 원, 기타 6천만 원이다(지원한
도액을 초과하는 전세주택은 초과하는 전세금액을 입주자가 부담). 입주자가
전세보증금 9천만 원인 주택을 전세임대하는 경우 5%인 450만 원을 임대보증
금으로 내면, 나머지는 국가에서 주택소유자에게 지급을 하고 입주자는 입주
이후 매월 10만 원대의 임대료만 LH에 내면 된다. 그 외 국가의 전세제도인 청
년전세임대와 신혼부부전세임대의 경우는 아래와 같다.

₩ 대표적인 보증금을 지원하는 임대제도

구분	청년전세임대				신혼부부전세임대			
대상	무주택 청년층(19세~39세), 대학생, 취업준비생				(예비) 신혼부부, 한부모가족			
전세금 지원한도	구분	수도권	광역시	기타	구분	수도권	광역시	그 밖 지역
	단독거주 1인거주	1.2억원	9천5백만원	8천5백만원	전세임대 Ⅰ형	1.2억원	9천5백만원	8천5백만원
	공동거주 2인거주	1.5억원	1.2억원	1.0억원	전세임대 Ⅱ형	2.4억원	1.6억원	1.3억원
	(세어형) 3인거주	2.0억원	1.5억원	1.2억원				
거주 기간	• 최초 임대기간 : 2년 • 자격요건 충족 시 2회 재계약(2년 단위) 가능				• Ⅰ형 : 최장 20년(2년 단위 9회 재계약 가능) • Ⅱ형 : 최장 6년(2년 단위 3회 재계약 가능, 유자녀 4년 추가 시 최대 10년 가능)			
임대료	• 임대보증금 1·2순위 : 100만 원, 3·4순위 : 200만 원 • 월임대료 전세지원금 중 임대보증금을 제외한 금액에 대한 연 1~3% 이자 해당액				• Ⅰ형 임대보증금 : 한도액 범위 내에서 전세지원금의 5% • Ⅱ형 임대보증금 : 한도액 범위 내에서 전세지원금의 20% *월임대료 : 전세지원금 중 임대보증금을 제외한 금액에 대한 연 1~2% 이자 해당액			

| 소득기준 | • 1순위
① 생계·의료급여 수급자 가구
② 보호대상 한부모가족 가구
③ 수급자 또는 차상위계층에 해당하는 자 중 최저주거기준에 미달하거나 RIR이 30% 이상인 가구
④ 월평균 소득 70% 이하인 장애인 가구
⑤ 아동복지 시설 퇴소자
• 2순위
① 도시근로자 월평균 소득의 50% 이하인 가구
② 월평균 소득 100% 이하 장애인 가구의 청년
• 3순위
① 도시근로자 월평균 소득 100% 이하인 가구
② 월평균 소득 150% 이하 장애인 가구의 청년
• 4순위
① 본인이 월평균소득 80% 이하인 가구(세대원이 있는 세대주인 경우 100%)
*4순위는 타지역 출신 아니어도 가능 | • Ⅰ형 : 도시근로자 가구원 월평균소득 *70% 이하
*배우자가 소득이 있는 경우 90% 이하인 자
• Ⅱ형 : 도시근로자 가구원 월평균소득 *100% 이하
*배우자가 소득이 있는 경우 120% 이하인 자

• 자산기준 : 보유 자산(건물+토지+금융자산), 자동차의 가액이 기준금액 이하인 자
(총자산) 2억 8,000만 원 이하(2019년도 기준)
(자동차) 2,499만 원 이하(2019년도 기준) |

자료 / 한국토지주택공사

03

국가가 지원해주는
양육수당 및 출산수당

양육수당은 86개월 미만의 미취학 아동의 가정양육을 지원하기 위해 지급되는 복지수당으로, 낮아진 출산율로 인한 출산율을 높이기 위한 복지제도 중 하나다. 각 가정의 자녀양육에 대한 부담을 줄여주기 위해 소득수준과 상관없이 86개월 미만 취학 전 가정 양육 아동들을 둔 가정이라면 신청 가능하다. 단, 보육료나 유아학비, 또는 다른 기관에서 지원을 받는 게 없어야 한다(장애 아동 및 농어촌 지역에 따라 지원하는 금액이 다름).

양육수당은 매달 25일 지급되며, 가정양육수당을 신청하지 않으면 지원되지 않는다. 또한, 신청을 늦게 하면 지나간 개월 수에 대한 소급적용이 안 되기 때문에 꼭 챙겨서 신청해야 한다. 제일 좋은 방법은 아이가 태어나서 출생신고를 하러 주민센터에 갈 때 양육수당도 함께 신청하는 것이다. 방문 시에는 지급받을 부모의 통장 사본을 지참하면 된다.

아동수당은 만 7세 미만의 모든 아동에게 10만 원씩 지급하는 제도로 양육수당과 동일하게 25일에 지급한다. 이런 아동수당은 미국, 터키, 멕시코를 제외한 모든 OECD 국가에서 오래 전부터 시행 중인 제도로서 2018년 9월 1일 처음 도입되었으며, 초기에는 소득·재산 기준 하위 90% 가정의 만 6세 미만 아동에게 지급했으나 2019년 1월부터 모든 아동에 대해 지급하는 것으로 확대했고, 2019년 9월부터는 만 7세 미만으로 연령을 확대했다. 아동수당은 기존에 양육수당이나 보육료를 받고 있는 아동도 중복으로 받을 수 있다.

양육수당 VS 아동수당

구분	양육수당				아동수당
지원대상	취학 전 86개월 미만 아동				0~83개월 아동
지원금액	구분	양육수당	농어촌 양육수당	장애아동 양육수당	10만 원
	~12개월 미만	월 20만 원	월 20만 원		
	~24개월 미만	월 15만 원	월 17.7만 원	월 20만 원	
	~36개월 미만		월 15.6만 원		
	~48개월 미만	월 10만 원	월 12.9만 원	월 10만 원	
	~86개월 미만		월 10만 원		
신청방법	주민센터 방문 신청 또는 인터넷 복지로 사이트 내 신청				
지급일	매월 25일				
특징	• 보육료, 유아학비 지원 대상 아동 제외 • 종일제 아이돌봄서비스 지원 대상 아동 제외 • 해외 90일 이상 체류하는 대상 아동 제외				• 난민법상 난민 인정 아동 포함 • 국내 거주중인 재외국민 또는 복수 국적자 가능

복지로(https://online.bokjiro.go.kr/apl/aplMain.do)

ⓦ 지자체별 출산수당(동네 지자체 지원금, 국가 지원금 별도)

　국가 또는 지자체에서 출산을 장려하기 위해 아이를 낳은 가정에 지급하는 보조금 성격의 지원금으로, 경상북도 봉화군 같은 경우 (첫째 아이 기준) 경상북도에서 10만 원, 봉화군에서 700만 원의 출산지원금을 지급하고 있다.

　현재 지차체별 지원금 중 가장 많은 지원금을 주는 지역으로 1위 경북 봉화군(700만 원), 2위 경북 울릉군(690만 원), 3위 경북 영덕군(540만 원)을 꼽을 수 있는데 각 지역별 자녀 출산에 대한 지원금이 궁금하다면 '우리동네 출산축하금'이라는 사이트에서 확인할 수 있다. 이 사이트에서는 '시·도별 지원금' + '지자체별 지원금' + '정부정책 수당' 3가지를 한눈에 볼 수 있다.

시·도별 출산 지원금

지역	시·도 출산지원금	지역	시·도 출산지원금
서울시	0원	충청북도	첫째아 0원, 둘째아 120만 원, 셋째아 240만 원
경기도	첫째아 이상 50만 원	충청남도	첫째아 이상 130만 원
인천시	첫째아 이상 100만 원	전라북도	0원
강원도	육아기본수당 : 30만 원 × 48개월	전라남도	첫째아 이상 30만 원
대전시	첫째아 30만 원, 둘째아 40만 원 양육지원금 : 셋째아 5만 원 × 12개월	경상북도	첫째아 이상 10만 원
광주시	첫째아 10만 원, 둘째아 20만 원 셋째아 이상 60만 원	경상남도	0원
대구시	첫째아 0원, 둘째아 140만 원 셋째아 이상 410만 원	제주시	0원
울산시	첫째아 0원, 둘째아 50만 원 셋째아 이상 100만 원	세종시	0원
부산시	첫째아 0원, 둘째아 50만 원 셋째아 이상 150만 원		

우리동네 출산축하금(https://news.joins.com/digitalspecial/312)

2030 밀레니얼 세대는 이렇게 재테크한다

04

한부모가족·탈북자·다문화를 위한 복지

취약계층에 대한 정부의 복지지원제도는 아이의 출산 전 출산용품 지원부터 출산 후 양육비 지원 등 꽤나 잘 되어 있다. 이런 지원에 있어서 한번 생각해볼 문제는 분명 현금지원도 좋지만 그보다 먼저 일과 육아의 병행에 대한 지원도 필요하다는 것이다. 그 이유는 취약계층은 법으로 보장된 육아휴직과 출산휴가를 제대로 쓰기 어려운 환경에 놓여 있기 때문이다.

한부모가족 지원내용

주요사업명		지원대상	지원내용
한부모가족 아동 양육비 지원	아동 양육비	기준중위소득 52% 이하의 한부모가족 및 조손가족 중 지원 대상자로 결정된 저소득 한부모가구의 만 18세 미만의 아동	1인당 20만 원/월
	추가 아동 양육비	기준중위소득 52% 이하의 한부모가족 및 조손가족&만 25세 이상 미혼 한부모가족의 만 5세 이하 아동	1인당 5만 원/월
	중고등학생 학용품비	기준중위소득 52% 이하의 한부모가족 및 조손가족의 중학생 및 고등학생 자녀	1인당 5만 4,100원/년
	생계비 (생활보조금)	기준중위소득 52% 이하의 한부모가족 및 조손가족 중 한부모가족복지시설에 입소한 저소득 한부모가구	가구당 5만 원/월

청소년 한부모 자립 지원	아동 양육비	아동을 양육하는 부 또는 모가 만 24세 이하&기준중위소득 60% 이하	1인당 35만 원/월
	검정고시 학습비		1인당 154만 원 이내/년
	자립촉진수당		국민기초생활수급자 10만 원/월
	학용품비		1인당 5만 4,100원/년
주거		국민주택 분양 시 기관추천로 분양 신청 가능 영구임대주택, 전세임대주택 지원대상	
그 외 지원내용		• 학교 우유급식 • 미혼모 · 부 초기지원 : 출산비 및 아이의 입원비, 예방접종비 등 필요한 병원비 • 청소년방과후아카데미운영지원 • 방과후학교 자유수강권 • 한부모가족자녀 교육비 지원 : 고등학교 입학금과 수업료 지원 • 초 · 중 · 고 학생 교육정보화 지원 : PC와 인터넷 통신비를 지원 • 급식비 지원 등 다양한 복지 혜택 존재	

탈북자 · 다문화 지원내용

구분	내용
북한이탈주민 대표적 지원 사업	• 정착금 지원 : 정착금 기본금, 가산금, 장려금 등을 지급 • 교육비 지원 : 만 24세 이하의 중 · 고등학생과 만 34세 이하 대학생의 교육비 지원 • 취업 지원 • 탈북청소년 교육 지원 • 자립자활 지원 • 의료비 지원 • 상담 지원
다문화 가족 대표적 지원 사업	• 방문교육 서비스 • 다문화 및 탈북학생 멘토링 • 보육료 지원 • 결혼이민자 통번역 서비스 • 농어업인 정보화 교육 • 자녀 언어발달지원서비스 • 이주배경 청소년 지원

자산 형성을 돕는 적금상품들

구분	KB국민행복적금	우리희망드림적금
가입대상	① 기초생활수급자 ② 소년소녀 가장 ③ 북한이탈주민 ④ 결혼이민여성 ⑤ 근로장려금 수급자 ⑥ 한부모가족지원 보호대상자 ⑦ 차상위계층(만 65세 이상)	① 기초생활수급자 ② 소년소녀 가장 ③ 북한이탈주민 ④ 결혼이민자 ⑤ 근로장려금 수급자 ⑥ 차상위계층(만 65세 이상)
금리	정액 적립식 : 연 4.85% / 자유 적립식 : 연 3.85%	기본 연 2.0% + 만기 시 연 2.0% 우대 = 4.0%
저축금액	월 50만 원 한도	월 20만 원 한도
가입기간	1년	1년

구분	NH희망채움통장	BNK희망가꾸기적금(부산은행)
가입대상	① 기초생활수급자 ② 소년소녀가장 ③ 북한이탈주민 ④ 차상위계층 다문화가정 구성원 본인 ⑤ 근로장려금수급자 ⑥ 한부모가족 지원보호 대상자 ⑦ 차상위계층(만 65세 이상) ⑧ 장애수당수급자 또는 차상위계층 장애인 차상위계층 ⑨ 노숙인 ⑩ 기타 경제적 · 사회적 소외계층 및 복지수혜자	① 기초생활수급자 ② 소년소녀 가장 ③ 북한이탈주민 ④ 결혼이민자(본인, 그 배우자 및 자녀) ⑤ 장애인 ⑥ 한부모 가정
금리	1년 3.1%, 2년 3.15%, 3년 4.2%	1년 3.5%, 2년 3.7%, 3년 3.9%
저축금액	월 50만 원 한도	월 25만 원 한도
가입기간	6개월 ~ 36개월 이내	1년 ~ 3년 이내

구분	SH행복한미래적금	신한새희망적금
가입대상	① 기초생활수급자 ② 소년소녀 가장 ③ 북한이탈주민 ④ 결혼이민자 ⑤ 근로장려금 수급자 ⑥ 한부모가족지원 보호대상자 ⑦ 차상위계층(만 65세 이상)	① 기초생활수급자 ② 소년소녀 가장 ③ 북한이탈주민 ④ 결혼이민자(다문화 가정) ⑤ 근로장려금 수급자 ⑥ 한부모가족지원 보호대상자 ⑦ 차상위계층(만 65세 이상) ⑧ 장애인, 장애수당, 장애아동수당수급자
금리	3.5%	3.7%
저축금액	월 20만 원 한도	월 20만 원 한도
가입기간	3년	3년

구분	SC행복적금	씨티참행복한적금
가입대상	① 기초생활수급자 ② 소년소녀 가장 ③ 북한이탈주민 ④ 결혼이민자(다문화 가정) ⑤ 근로장려금 수급자 ⑥ 한부모가족지원 보호대상자 ⑦ 차상위계층(만 65세 이상)	① 기초생활수급자 ② 소년소녀 가장 ③ 북한이탈주민 ④ 결혼이민 여성 ⑤ 근로장려금 수급자 ⑥ 차상위계층(만 65세 이상)
금리	3.5%	3.0%
저축금액	월 30만 원 한도	월 30만 원 한도
가입기간	1년	1년 ~ 3년 이내

구분	우체국새출발자유적금	IBK사랑나눔적금
가입대상	① 기초생활수급자 ② 소년소녀 가장 ③ 북한이탈주민 ④ 결혼이민자 ⑤ 근로장려금 수급자 ⑥ 한부모가족지원 보호대상자 ⑦ 장애인 연금 · 장애수당 · 장애아동수당수급자	① 기초생활수급자 ② 소년소녀 가장 ③ 북한이탈주민 ④ 결혼이민여성 ⑤ 차상위계층(만 65세 이상) ⑥ 한부모가족지원 보호대상자 ⑦ 장애인
금리	3.3%	3.3%
저축금액	월 30만 원 한도	월 50만 원 한도
가입기간	3년	1년

구분	BNK희망모아적금(경남은행)	JB행복드림적금
가입대상	① 기초생활수급자 ② 소년소녀 가장 ③ 청년내일채움공제 가입자 ④ 다문화가정부부 ⑤ 근로장려금 수급자 ⑥ 한부모가족지원 보호대상자 ⑦ 장애인	① 기초생활수급자 ② 소년소녀 가장 ③ 근로장려금수급자 ④ 다문화가정 ⑤ 차상위계층(만 65세 이상) ⑥ 한부모가족지원 보호대상자
금리	정기 적립식 – 3.0% / 자유 적립식 – 2.0%	1년 3.9% / 2년 4.05% / 3년 4.05%
저축금액	월 30만 원 한도	월 50만 원 한도
가입기간	1년	6개월 ~ 36개월 이하

재무설계 시 가장 첫 번째와 마지막인 학자금 대출과 기초연금

💰 학자금 대출, 어떻게 받을까?

가까운 지인 기업 대표들과 '한사랑'이라는 봉사단체를 꾸려서 모 대학의 경영학과와 파이낸스 학과 학생들에게 장학금을 지원해주는 프로그램을 운영해왔다. 교육비는 이제 큰 재무 팩트가 된 지 오래다. 더 이상 한 가정의 문제가 아닌 국가 차원의 숙제가 되고 있다. 물론 자녀의 대학 입학 전에 교육비가 줄거나 대학등록금이 반으로 깎이거나 아니면 기적같이 국가의 노후보장 제도가 개선된다면 교육비 대출은 발생하지 않을 것이다. 하지만 지금의 현실에서 많은 대학생은 학자금 대출을 받아야 하고 사회에 나오면서부터 이를 갚아야 한다.

아이러니하게도 이런 학자금 대출을 받아도 대다수의 가정이 노후 준비가 잘 안 되어 있다. 참 안타까운 현실이다. 먼저 정부 지원 학자금 대출인 든든 학자금 대출은 대학이 통보한 등록금과 학생의 생활을 위한 생활비 두 가지로 나누어진다. 그리고 학자금 대출 상환 방법에 따라 ① 취업 후 상환 학자금 대출[소득 분위 8구간 이하 학부생(만 35세 이하)에게 학자금 대출(등록금 및 생활비)

을 대출해주고, 취업 등 소득이 발생한 시점부터 소득수준에 따라 원리금을 상환하는 제도)]과 ② 일반 상환 학자금 대출[모든 소득구간 대학원생 및 9분위 구간 이상 학부생에게 학자금 대출(등록금 및 생활비)을 지원하고, 대출 기간 동안 원리금을 분할하여 상환하는 제도], ③ 농어촌 출신 학자금 융자(농어촌 출신 학부생에게 등록금 전액을 무이자로 대출해주고 졸업 후 2년 뒤부터 분할 상환이 가능하도록 함으로써 농어업인 자녀들의 고등교육 기회를 보장하는 대출 제도)로 나누어지는데, 이러한 학자금 대출은 대학이나 대학원을 다니는 학생들의 학비 부담을 줄여 학업에 전념할 수 있도록 지원해주는 대출정책 제도이다. 농어촌 출신 학자금 융자는 말 그대로 농, 어업 종사자들의 자녀에게 지원해주는 제도이다.

든든 학자금 대출 제도

구분	취업 후 상환 대출	일반 상환 대출	농어촌 출신 대출
대출 대상	• 만 35세 이하 • 소득 1~8분위 학생들	• 모든 대학생 및 대학원생& 만 55세 이하 • 소득 9, 10분위 학생	농어촌 출신 학생들
대출 범위	• 등록금 대출 • 생활비 대출	• 등록금 대출 • 생활비 대출	등록금 대출
금리	변동금리	고정금리	무이자
신용도	무관	개인 신용도에 따라 대출 제한 있음(7~10등급)	신용도에 영향을 주는 것과 동시에 연체 이자 3~9% 부과
상환 방식 & 이자지원 방식	상환기준소득 이상 소득 발생 시에 상환을 하며 상환기간도 제한이 없다. 그리고 생활비 유예기간 동안은 무이자다.	소득 여부에 상관없이 의무 상환이며 최장 20년 상환이다.	2018년 2학기 이후 융자는 최장거치 10년, 최장상환 10년이다.

한국장학재단(http://www.kosaf.go.kr/)

이렇게 정부 학자금 대출인 든든 학자금 대출도 있지만, 저축은행의 학자금 대출 및 P2P 학자금 지원 제도 등도 있다.

그 밖의 학자금 대출 제도

구분	내용
제2금융권 학자금 대출	• 중도 상환제, 만기 상환제 등 언제든 자유 상환이 가능하다. • 최고 5년까지 연장이 가능하기 때문에 대출에 대한 부담을 줄일 수 있다. • 정규 대학 및 비정규 대학(사이버대, 방통대 등)의 대학생 누구나 대출 신청이 가능하다. • 대출 신청자의 통장으로 대출금이 송금되기 때문에 등록금뿐만 아니라 생활비로도 활용할 수 있다. • 신용등급이 일정 이상을 유지해야 하며, 연체기록이 없어야 한다(현금서비스 및 카드론 대출을 자주 보게 되면 신용등급이 하락됨).
P2P 대출	기존 P2P 대출 서비스를 학자금 대출에 적용하는 방식인데 보통 이자를 받는 대신 후원 형식으로 이루어진다. P2P 사이트를 통해서 대출자와 투자자 개인 간 거래 방식으로 진행되며, 투자자가 후원을 하고 싶은 학생에게 원하는 금액만큼 지원한다. 대출 신청자는 신분증 사본과 주민등록등본, 재학 증명서 등 필요 서류를 P2P 사이트에 제출하고 학자금이 필요한 이유와 상환 방식, 본인 소개 등을 사이트에 기재하면 된다. 이후 투자자들과 질문 답변 및 심사를 거쳐 대출 신청금이 지급된다.

이제는 많은 학생들이 학자금 대출을 받고 있다. 학자금 대출이 발생하는 일이 없었으면 좋겠지만, 누구에게는 좀 더 공부하고 싶은 소중한 기회가 될 수도

있다. 하지만 지금처럼 청년 실업이 심각해져서 취업을 포기하는 이들도 생기는 상황이라면, 학자금 대출 상환을 하지 못해 신용등급의 하락으로 이어지는 경우도 많다.

물론 한국장학재단의 신용회복지원프로그램(분할상한제도, 신용회복제도 등)이 있지만, 아직 사회의 첫발을 딛지도 못한 학생들에게 이런 상황은 가혹한 일이다. 효율적인 대출도 재테크의 기본 중에 기본이다.

기초연금, 저도 받을 수 있나요?

노후 준비는 국민연금이 기본 베이스가 되고, 그 위에 퇴직연금이 준비되며, 거기에 개인연금이 더해진다면 이상적이다. 하지만 자녀들의 양육과 교육에 큰 돈을 쓰다가 노후를 제대로 준비하지 못한 사람들이라면 이 제도만으로는 긴 노후생활을 보내기 힘들다. 이런저런 문제를 조금이나마 보완하기 위해서 나온 제도가 기초연금이다.

기초연금이란 노후생활을 돕고 연금혜택을 공평하게 나누기 위해 65세 이상 어르신 가운데 소득인정액이 선정기준액 이하인 경우 국가가 급여를 지급하는 제도다. 실제로 소득이나 재산이 전혀 없이 생활하거나 출가한 자녀가 부양하지 못해 경제적으로 어려운 어르신들을 주위에서 흔히 볼 수 있는데, 어르신들을 부양하는 자녀들의 경제적인 부담도 크기에 이런 지원을 하고 있다. 노령연금이라고 할 수도 있고, 예전에는 기초노령연금이라고 불렀다. 국민연금과 별개로 수급이 되고 있는 것이며, 신청을 한다고 모두 받을 수 있는 것은 아니다.

그럼 조건을 한번 보자.

구분	내용
대상	만 65세 이상&대한민국 국적&국내 거주 어르신 | 구분	단독가구	부부가구
---	---	---
일반수급자	148만 원	236만 8,000원
저소득수급자	38만 원	60만 8,000원	 1인 기준 최대 30만 원까지 단계별로 차츰 늘려가는 중으로, 현재 저소득수급자에 대해서만 최대 30만 원을 지급하고 있다.
소득	• 근로소득 • 사업소득 : 도매업 · 소매업, 제조업, 농업 · 어업 · 임업, 기타 사업소득 • 재산소득 : 임대소득, 이자소득, 연금소득(민간 연금보험, 연금저축 등) • 공적이전소득 : 국민연금, 공무원연금, 군인연금, 사립학교교직원연금, 산재급여 • 무료임차소득 : 자녀 소유 고가 주택에 거주하는 본인 또는 배우자에 대한 임차료에 상응하여 소득으로 인정하는 금액
재산	• 토지, 건축물, 주택 • 자동차 • 회원권 : 골프, 승마, 콘도, 종합체육시설이용, 요트 등 • 금융재산 • 기타(증여)재산
계산방법	소득인정액 계산방법 소득인정액 = 소득평가액(①) + 재산의 소득환산액(②) • 소득평가액 소득평가액 = {0.7 × (근로소득 − 96만 원)} + 기타소득 • 재산의 소득환산액 [{(일반재산 − 기본재산액)) + (금융재산 − 2,000만 원) − 부채} × 0.04(재산의 소득환산율, 연 4%) ÷ 12개월] + 고급 자동차 및 회원권의 가액)

위의 조건에 해당한다면 신청은 어떻게 할까?

구분	내용
신청대상	만 65세 이상의 한국 국적&국내 거주 어르신 또는 대리인 대리인 : 배우자, 자녀, 형제자매, 8촌 이내의 혈족, 4촌 이내의 인척, 사회복지시설장 등
신청장소	주소지 관할 읍 · 면사무소, 동주민센터, 가까운 국민연금공단 지사
준비서류	• 신분증 : 대리 신청 시, 신청자 본인 및 대리인의 신분증과 위임장이 필요 • 본인 계좌의 통장 • 배우자의 금융정보등제공동의서 • 전 · 월세 계약서(해당자에 한함) • 그 외 서류로는 신청서, 금융정보등제공동의서, 소득 · 재산 신고서, 수급희망 이력관리 신청서가 있다.

기초연금(http://basicpension.mohw.go.kr/Nfront_main/index.jsp)

부록

알아두면 쓸데있는
부동산 투자

01

시드머니로
갭투자하기

💲 시드머니를 만든 뒤 어디에 투자해야 할까?

1,000만원, 3,000만원, 5,000만 원을, 시간이 걸리긴 했지만 목표를 정하여 악착같이 모았다. 문제는 그 이후다. 막상 이 금액으로 안전한(?) 투자처를 찾으려고 하지만 쉽지가 않다. 그렇다고 이 돈으로 주식이나  펀드를 하기에는 위험 부담이 커서 불안하다. 이럴 때 부동산의 장세에 따라 투자할 수 있는 방법이 갭투자다. 갭투자란 전세 세입자를 구한 후(전세를 낀 주택 매매를 하는 경우도 있음) 전세가와 매매가의 차액으로 매매를 하여 적은 자금으로 투자를 할 수 있는 방법이다. 즉, 주택의 매매 가격과 전세금의 차액이 작은 집을 전세로 끼고 매입하는 투자 방식을 말한다. 예를 들어 매매 가격이 5억 원인 집의 전세가가 4억 5,000만 원이라면 전세를 끼고 5,000만 원의 자본만으로도 내 집을 살 수 있는 것이다.

이런 갭투자가 성행하는 것은 지역별로 차이는 있지만, 아파트 가격이 특정 금융위기 때를 제외하고는 지속적으로 상승하고 있기 때문이다. 또한, 비교적 젊은 30대 부부들은 청약가점이 낮아 아파트 청약에서 번번이 미끄러지고, 서울 아파트 값이 도저히 넘을 수 없는 수준까지 올라서이다. 분양가에 대한 통제로 인해 속칭, 돈 되는 새 아파트인 신규 분양 단지는 주변 시세보다 싼 '로또'라는 인식에 청약 고가점자들이 몰리면서 어느새 공공분양 같은 경우에는 청약점수가 50점을 넘어 60점 대가 되어가고 있다. 아이 한두 명을 둔 평범한 30대 부부들에게는 꿈에서 볼 수 있는 점수다. 아이를 셋 이상 낳고 부모님을 모셔야만 점수라도 올릴 수 있는데, 여러 여건상 불가능하다. 소위 말하는 돈 되는 지역으로, 교통과 학군이 좋은 강남, 잠실, 마포, 용산, 성동구의 신규 분양 단지는 분양가가 대부분 9억 원이 넘어 중도금 대출도 안 되기 때문에 절대로 살 수 없는 구조다.

또한, 분양을 포기하고 기존 아파트를 산다고 해도 가격이 오를 대로 오른 서울 등의 투기과열지구에서는 집값의 40%만 대출이 가능한 상황이라 주택을 사기 위해서는 몇 억의 돈이 필요하기 때문에 점점 멀어져 가는 내 집 장만의 이유로 갭투자가 성행하고 있다고 볼 수 있다.

ⓦ 갭투자의 올바른 수익 창출방법은?

이런 갭투자는 (예를 들어 주택 가격 5억 원, 전세값 4억 5,000만 원이라는 가정하에) 주택을 한 채 살 수 있는 돈으로 열 채를 살 수 있다는 큰 장점이 있다. 갭투자의 가장 큰 리스크는 주택 가격의 하락이고, 가장 좋은 시나리오는 집값이 올라서 갭투자로 수익을 내는 것인데 그러기 위해서는 전세가나 매매가가 상승해야 한다. 하지만 부동산의 매매 가격에 대한 전세 가격의 비율인 전세가율이 2017년 75%까지 올랐다가 그 후에는 서서히 떨어지고 있다. 물론 지역에 따라서는 매매가보다 전세가가 더 높은 경우도 있고, 80%를 넘는 전세가율을 보이기도 한다. 이는 주택의 가격이 올랐다는 의미로도 해석될 수 있기에 투자의 개념으로만 봤을 경우엔 잘한 투자다.

💰 수도권 9억 원 이하 아파트에 몰린 갭투자

2019년 12·16 부동산 대책 이후 정부는 2020년 1월 전세대출까지 규제하고 나섰다. 보증부 전세대출을 받은 뒤 9억 원이 넘는 고가 주택을 사거나 여러 채의 주택을 보유하면 곧바로 전세대출을 회수한다고 한다. 이를 바꿔서 생각한다면 9억 원 이하 아파트는 12·16 부동산 대책 이후에도 종전 대출한도가 유지되고, 무주택자가 주택담보대출을 받을 때 1년 이내 전입 요건도 필요 없으며, 전세자금대출을 통한 갭투자 규제를 적용받지 않는 게 된다. 즉 전세자금대출을 받고 9억 원 이하 아파트를 사더라도 전세대출을 회수당하지 않거나 9억 원 이하 1주택을 보유하고 있어도 전세대출이 가능하다는 것이다. 이런 부분을 이용해 풍선효과처럼 서울 도봉구와 노원구, 경기 수원과 안양, 용인 등의 아파트 가격이 꿈틀거렸다.

하지만 다주택자에 대한 양도세 강화 정책의 일환으로 양도세 세율의 인상과 더불어 다주택자에게 갭투자는 더 이상의 좋은 투자 방법은 아니다. 또한, 갭투자가 한 사람이 비교적 적은 금액으로 많은 부동산을 보유할 수 있는 시스템이기에 자신이 감당할 수 있는 영역을 벗어난 부동산을 소유·매입함으로써 전세가의 하락으로 전세 반환을 못하는 경우도 종종 발생한다는 점도 염두에 둬야 한다. 마지막으로 갭투자는 실수요층에게는 결코 반가운 소리가 아니다. 갭투자자들이 투자 개념으로 주택에 접근하다 보니 실거래가가 계속 올라가게 되고, 그 부담은 실수요층이 떠안게 되기 때문이다.

02

청약으로
새 아파트 분양받기

청약가점제도 배정기준은?

청약가점제란 조건에 따라 가점을 부여해 청약 기회를 차등하는 제도로, 청약 통장 1순위 조건에 해당하는 청약자 간의 경쟁에서 쓰인다. 서울을 포함한 수도 권에서는 청약 1순위 안에서도 청약가점이 60점은 족히 넘어야 겨우 당첨을 기 대할 수 있을 정도다. 그런 만큼 자신의 청약가점을 정확히 알아야 좋은 청약 전략을 세울 수 있다. 청약가점제 계산은 무주택기간, 부양가족수, 청약통장 가 입기간을 산정 기준에 따라 점수화함으로써 이루어진다. 첫 번째 무주택기간은 총 32점으로 15년 이상 무주택기간을 채워야 만점을 받을 수 있다(세대원 범위 에 배우자의 직계존속도 포함되며, 만 30세 미만의 미혼인 경우 무주택자의 가 점은 '0'점이다).

무주택기간에 따른 청약가점제

항목	구분	점수	구분	점수
무주택 기간 (32점)	30세 미만 미혼 무주택자	0	8년 이상 ~ 9년 미만	18
	1년 미만	2	9년 이상 ~ 10년 미만	20
	1년 이상 ~ 2년 미만	4	10년 이상 ~ 11년 미만	22
	2년 이상 ~ 3년 미만	6	11년 이상 ~ 12년 미만	24
	3년 이상 ~ 4년 미만	8	12년 이상 ~ 13년 미만	26
	4년 이상 ~ 5년 미만	10	13년 이상 ~ 14년 미만	28
	5년 이상 ~ 6년 미만	12	14년 이상 ~ 15년 미만	30
	6년 이상 ~ 7년 미만	14	15년 이상 ~	32
	7년 이상 ~ 8년 미만	16		

두 번째 부양가족수는 총 35점으로 부양가족이 6명 이상이면 만점을 받을 수 있다. 신청자 본인은 부양가족수에서 제외되며, 배우자가 임신 중일 경우 확인서를 제출해 자녀도 포함시킬 수 있다.

부양가족수에 따른 청약가점제

항목	구분	점수	구분	점수
부양 가족수 (35점)	0명(본인)	5	4명	25
	1명	10	5명	30
	2명	15	6명~	35
	3명	20		

세 번째 청약통장 가입기간은 총 17점으로 기간이 15년 이상이면 만점을 받는다. 청약통장 전환이나 예치금 변경 등으로 명의가 바뀌더라도 최초 가입일을 기준으로 가입기간이 산정된다. 또 성인이 되기 전 가입했다면 가입기간이 아무리 길어도 2년만 인정된다.

💰 어떤 집을 분양받아야 할까?

단순한 거주 외에 재테크의 목적을 조금이라도 갖고 있다면 어떤 집을 분양받는가도 중요하다. 청약 당첨의 관문을 넘어섰지만 당첨된 아파트의 동·호수가 마음에 들지 않아 계약을 포기하는 경우도 나오기 때문이다. 어린아이를 키우는 가정은 층간 소음 걱정 없는 1층을 로열층으로 여길 것이고, 대중교통을 이용하는 사람들은 버스 정류장이나 지하철 역과의 거리를 중요한 선택 요소로 삼을 것이다. 그런데 아이러니하게도 이런 개별적 상황과는 별개로 로열층은 따로 존재한다.

바로 상부층이다. 강이나 호수, 산 등의 조망을 볼 수 있고, 앞이 트여 일조량이 풍부해 난방비가 절감되며, 소음도 없기 때문이다. 여기에 학교와 정류장이 가깝다면 금상첨화일 것이다. 이런 조건들이 갖춰진 집들이 나중에 높은 매매 가격을 형성하게 된다.

💰 부동산 담보대출, 어느 정도가 적당할까?

대출 없이 집을 사기란 어렵다. 적절한 대출의 기준은 개개인의 소득에 따라 다를 수 있지만, 대출금액의 마지노선을 대략 매매가의 40%로 잡는 게 좋다고 생각한다. 부동산 담보대출의 경우 금융기관 입장에서는 부동산 담보물권의 가치를 대출 기준으로 삼지만 개인은 상환능력을 검토해야 한다. 물론 요즘처럼 비정상적으로 아파트 가격이 오르는 시기에는 대출 비중을 높여서라도 재테크의 실행력을 높이고자 하는 사람들도 있겠지만 무엇보다 본인이 대출 상환을 감당할 수 있는지가 중요하다. 고객들의 가계부를 보다 보면 수입의 20% 이상이 대출이자로 지출되면 가계상황이 무너지는 경우가 많았다. 미래를 위한 재테크 설계도 중요하지만, 현실이 너무 궁핍하게 되면 언젠가는 탈이 난다.

한편 주택담보대출의 신청대상은 대출 신청일 현재 만 20세 이상 65세 이하인 무주택자 또는 주택 취득 5년 이내 1주택자다.

03

신축빌라에
투자하기

💰 아파트가 아닌 빌라에 관심을 갖는 이유

사회초년생을 거쳐 결혼 전까지 직장생활을 하는 동안에는 회사와 가깝고 저렴한 집이 우선순위였지만, 결혼 후 거주할 집을 찾을 땐 무엇보다 치안과 편의성이 뛰어난 아파트를 알아보려 한다. 하지만 억 소리 나는 가격에 '이 가격이면 근처 소형 평수의 신축빌라를 구입하고도 돈이 남지 않을까?'라는 생각을 한다.

때로는 오를 때로 올라버린 주택을 구매하는 것보다 임대나 행복주택을 알아보고 시기를 기다리는 것도 좋은 방법이다. 하지만 소득의 제한이 있고, 하늘 높이 오른 청약 점수 때문에 '내게도 기회가 과연 올까?'라는 생각이 든다.

그러다 보니 대출 포함한 돈에 맞춰 집을 보게 되는데, 아무래도 가격 때문에 회사에서 멀리 떨어진 오래된 낡은 아파트를 보게 되는 경우가 많다. 이런 낡은 아파트의 경우 만만치 않은 수리비용과 회사와 멀리 떨어져 있는 불편함을 생각하게 돼 빌라에 귀가 쏠리기도 한다.

₩ 그렇다면, 빌라에 투자해보는 건 어떨까?

빌라 투자에는 크게 두 가지 방법이 있는데 기존 빌라를 대출을 통해 구입하는 것과 신축빌라를 분양대행사를 통해 높은 대출한도의 대출을 받아 얼마 되지 않는 시드머니(종잣돈)로 구입하는 것이다. 현재까지 우리나라의 부동산 시장을 봤을 때 재개발·재건축으로 인한 투자용 낡은 빌라를 제외하고는 빌라의 투자 성적이 좋지만은 않다. 오히려 감가상각으로 시간이 지나면 첫 구매액보다 떨어지는 경우도 허다하다. 하지만 워낙 아파트 가격이 높고, 청약통장을 통해 새 아파트를 분양받을 수 있는 청약가점 또한 높기에 자꾸 빌라 투자에 현혹되는 건 어쩔 수 없다.

현재 우리나라 재테크는 부동산, 그중에서도 아파트 투자가 끌고 왔다고 해도 과언은 아니지만 빌라 투자에도 분명한 몇 가지 장점은 있다. 첫째, 아파트의 전세 가격으로 웬만한 빌라는 매입할 수 있다. 주택 가격이 저렴하다 보니 전세나 월세 가격 또한 아파트보다 저렴하다. 공실의 위험부담률이 낮아 임대사업을 하기에는 아파트보다 비교적 저렴하고 수월하다. 요즘처럼 금리가 낮은 시기에 빌라는 소액 투자로 임대수익을 얻을 수 있는 좋은 상품이다. 둘째, 비슷한 가격의 오피스텔이나 도시형 생활주택은 상가와 술집 등이 혼재해 있어서 교육·환경적인 부분에서 아이 키우기가 좋지 않은데 빌라 같은 경우에는 어린 자녀가 1~2명 있는 가구가 밀집해 있는 지역도 많다 보니 부부가 차곡차곡 돈을 모아 주택을 확장할 때까지 살기 좋은 주거형태이다. 아파트보다 저렴한 관리비도 큰 장점이다.

그렇다면 이런 빌라 투자의 단점은 없을까? 첫째, 빌라 주택의 취득으로 아파트 특별공급 자격을 취득할 기회가 없어진다는 것이다. 과거부터 현재까지 대한민국의 재테크를 이끌어온 게 부동산이었고, 이중에 단연  대장은 아파트였다. 이런 아파트를 가장 저렴하게 구입할 수 있는 방법이 분양인데, 투자 과열로 인해 좀 더 확률을 높일 수 있는 방법이 그들만의 리그인 특별공급이다. 그 특별공급의 기본 자격 중 하나가 유주택이었을 경우에는 제외된다는 것이다. 둘째, 주거환경이 다소 열악하다. 아이를 키우는 과정에서 아파트와 비교되는 놀이터부터 녹지시설, 주차장 등이 부족하다. 또한 요즘 신축빌라에는 엘리베이터가 설치되는 경우가 있지만, 아직도 엘리베이터 등의 편의시설 등이 부족한 빌라도 많으며, 경비실 등이 없다 보니 치안의 취약성이 존재한다. 셋째, 아파트에 비해 매매 관련된 수요가 적다 보니 급할 때 환급성이 떨어진다. 한없이 올라가는 아파트 전셋값 또는 월셋값에 치이다가 "어차피 이리 비싼 거 빌라를 사볼까?"라는 생각으로 집을 알아본다. 거주 및 투자목적으로 구매를 하는데 빌라 투자에는 장점도 단점도 있어서 '그냥 내가 편하게 산다.'라는 생각으로 사는 건 다른 여타 주택의 가격 상승으로 비교되는 스트레스는 없을 거다. 만약 투자의 목적이라면 조금 낙후된 지역의 구옥 빌라 등을 사서 일부 리모델링 후 살면서 "재개발 추진"이라는 호재를 노려보는 것도 괜찮고, 차후 나의 주거용 주택이 해결된 후 임대수입으로 빌라 투자를 하는 방법도 괜찮다고 생각한다.

치솟는 전세나 월세의 가격으로 인해 어쩔 수 없이 빌라를 구매해야 한다면, 다음의 세 가지를 꼭 확인하자. 첫째, 지하철과 버스 등의 대중교통의 접근성과 주차장, 분리수거시설 등의 편의 시설이 있는지 확인한다. 둘째, 주거환경의 우수성(유흥가 여부, 일조권 확인)과 편리성(초등학교, 어린이집 등 접근성, 시장과의 거리)을 염두에 두어야 한다. 셋째, 예쁜 집보다는 위치를 우선으로 본다. 어떤 곳에 사는 게 자신의 생활패턴과 맞을지 생각해보고 자신의 생활패턴과 맞는 집을 골라서 빌라 구입을 한다면 좀 더 리스크를 줄일 수 있다.

04

경매투자로
시세차익 얻기

경매란 무엇인가?

부동산 경매는 채권자의 요청으로 법원이 돈을 갚지 않은 채무자의 부동산을 매각해서 채권자에게 돈을 돌려주는 절차다. 해당 부동산 물건의 감정평가를 통해 감정가를 정하고, 이를 바탕으로 경매를 진행하는

방식이다. 부동산 물건을 주변 시세보다 저렴하게 살 수 있다는 장점 덕분에 이러한 부동산 경매에 사람들이 폭발적인 관심을 갖는다. 하지만 경매 투자는 어렵고, 복잡하며, 힘들 수 있다.

최근 서울을 포함한 수도권 지역의 부동산 가격이 끊임없이 오르다보니 경매를 통해 돈을 벌 수 있다는 인식이 퍼지면서 경매 물건을 두고 경쟁이 치열하다. 적절한 비유인지는 모르겠지만 경매 낙찰가액을 남이 썼던 중고 주택의 가

격쯤으로 생각한다. 사람들 눈에는 아직까지 경매 물건을 감정가보단 싸게 살수 있다고 여긴다. 또 감정가 대비 경매 대출이 가능해 일반 대출 상품보다 더많은 대출을 받을 수 있으므로 적은 기회비용으로 경매 투자에 입문할 수 있다고 생각한다.

ⓦ 경매 권리 분석하는 방법

경매 투자의 첫걸음은 권리 분석이다. 권리 분석은 경매를 통해 구매하고자하는 부동산에 법률적 문제가 있는지를 점검하는 절차다. 낙찰자가 낙찰 금액외에 별도로 인수해야 하는 권리가 있는지 확인하는 과정이기도 하다.

예를 들어 입찰하려는 해당 물건에 임차인이 있는 경우 말소기준권리 상황에따라 임차인의 보증금 등과 관련해 낙찰금액 외에 더 지불해야 할 부분이 발생할 수 있다. 또한 주택이 감정가만큼의 가치가 있는지를 해당 물건이 있는 지역의 부동산을 찾아가 알아봐야 한다. 현재 시세, 전세 회전율, 교통편, 각종 편의시설, 해당 물건이 있는 지역의 인구 연령대 등을 살펴보면 된다.

한마디로 권리 분석은 선순위 세입자의 존재 등으로 발생할 수 있는 법적인문제와 물건의 시세, 대출 가능금액 등 경매 절차를 진행하는 과정에서 필요한정보를 찾아 분석하는 것을 말한다. 이를 통해 해당 물건에 대한 입찰 금액이산출된다.

ⓦ 낙찰부터 명도까지 직접 하기

경매 입찰은 보통 10시에 시작해서 12시쯤 개찰하는 경우가 대부분이며, 낙찰자는 최고가 매수인으로 정해진다. 입찰 시에는 최저 입찰 가격의 10%인 입찰

보증금이 필요하고, 입찰에 실패한 경우에는 입찰 보증금을 돌려받을 수 있다.

경매 당일 법원에 가면 경매 대출 상담사들이 낙찰받은 물건을 담보로 최대 80%까지 대출을 해준다며 명함을 주는 경우가 많은데, 자신이 알아본 대출과 한번 비교해보는 것도 좋다.

낙찰 후에는 기존에 살고 있는 이들을 내보내는 명도 절차에 들어간다. 직접 대면해 처리해야 하는 만큼 쉽지 않은 일이다. 기존 세입자의 재정 상태가 좋지 않아 관리비 미납액 문제를 해결해줬더니 추가 이사비 문제를 들고 나와 멱살 잡이까지 한 예도 있었다고 한다.

물론 세입자가 보증금을 돌려받으려면 낙찰자의 인감증명서와 명도확인서를 법원에 제출해야 하기 때문에 명도에 협조적일 수밖에 없다. 그럼에도 집에서 사람을 내보내야 하는 일이기에 감정을 다치지 않게 잘해야 한다.

🔘 경매가 주목받는 이유

우리 주변에 다양한 재테크 수단이 있지만 부동산 투자는 주거 문제 해결이라는 이점이 더해지면서 많은 사람들에게 인기를 얻고 있다. 하지만 꽤 큰돈이 들어간다는 단점이 있다. 또 지금처럼 정부의 부동산 규제책으로 대출받기가 더욱 힘들어지는 상황이라면 부동산 투자는 재테크로서의 매력이 점점 떨어질 수 있다. 이런저런 이유로 사람들의 시선이 경매 투자에 몰리고 있다.

부동산이 경매 물건으로 나오기까지는 보통 6개월 정도의 시간이 걸린다. 코로나19 확산의 여파로 실물경제가 악화되고, 더 나아가 경기 침체로 장기 불황이 온다면 앞으로 부동산 경매 건수가 증가할 가능성이 높다.

경매란 '남의 아픔으로 내게 오는 기회'라고 여겨질 수 있지만 주식이나 비트코인 투자보다는 리스크가 적고, 일반 부동산 거래보다 낮은 가격으로 주택을 매입할 수 있는 투자 방식이라는 점이 장점이다.

https://www.courtauction.go.kr/ 대법원경매 사이트

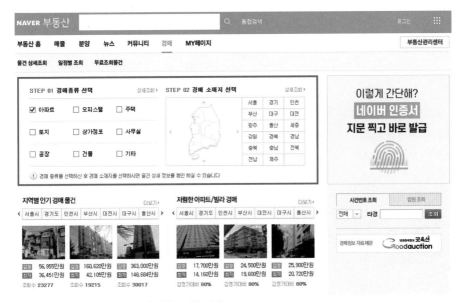

https://land.naver.com/auction/ 네이버 경매 사이트

좋은 **책**을 만드는 길
독자님과 **함께**하겠습니다.

2030 밀레니얼 세대는 이렇게 재테크한다!

초 판 발 행	2020년 09월 07일 (인쇄 2020년 07월 23일)
발 행 인	박영일
책 임 편 집	이해욱
저 자	서혁노
편 집 진 행	김준일 · 김은영 · 이보영
표지디자인	김도연
편집디자인	양혜련
발 행 처	(주)시대인
공 급 처	(주)시대고시기획
출 판 등 록	제 10-1521호
주 소	서울시 마포구 큰우물로 75 [도화동 538 성지 B/D] 9F
전 화	1600-3600
팩 스	02-701-8823
홈 페 이 지	www.edusd.co.kr
I S B N	979-11-254-7746-4 (13320)
정 가	15,000원